EPOCH TIMES

Wie der Teufel die Welt beherrscht

Band II

EPOCH TIMES

Die Originalausgabe erschien 2018 unter dem Titel
《魔鬼在統治着我們的世界》

3. Auflage Februar 2020
Epoch Times Europe GmbH
Kunz-Buntschuh-Strasse 11
D – 14193 Berlin

Printed in Germany

ISBN 978-3-9810462-1-2 – Band 1 - Wie der Teufel die Welt beherrscht
ISBN 978-3-9810462-2-9 – Band 2 - Wie der Teufel die Welt beherrscht
ISBN 978-3-9810462-3-6 – Band 3 - Wie der Teufel die Welt beherrscht

Auch als E-Book erhältlich unter: ISBN 978-3-9810462-4-3

Eine ungekürzte Ausgabe als Hörbuch-Version finden Sie auf Amazon,
Audible, iTunes, sowie anderen Kanälen und Streaming-Plattformen.

www.epochtimes.de

Für alle Menschen, denen das Schicksal der Menschheit am Herzen liegt

Inhaltsverzeichnis

Kapitel 12: Das Bildungswesen sabotieren: Wie Studenten zu dummen Radikalen umerzogen werden.........145

Weitere Themen in Band 1 und 3

Kapitel 9

Die kommunistische Wohlstandsfalle

Einleitung

Vor einem Jahrhundert veröffentlichte Karl Marx „Das Kapital", in dem er sich für die Abschaffung des Privateigentums und dessen Ablösung durch öffentliches Eigentum einsetzte. Ein Jahrhundert später ist diese Form des kommunistischen öffentlichen Eigentums in einem Drittel aller Nationen der Welt eingeführt worden.

Nach dem Zerfall des Sowjetblocks wurden viele osteuropäische Länder in den 1990er Jahren einer „Schocktherapie" unterzogen, um zur Marktwirtschaft zurückzukehren. Andere Länder, die nicht von kommunistischen Parteien regiert worden waren, aber dennoch die sozialistische Verstaatlichung angenommen und das Elend und die Armut des öffentlichen Eigentums sowie Planwirtschaft ertragen hatten, hatten letztlich ebenfalls keine andere Wahl, als Marktreformen einzuführen.

Um eine globale Vorherrschaft zu erlangen, hat das Gespenst des Kommunismus weltweit Offensiven gestartet. Betrachtet man die Länder, die den Kommunismus oder das sozialistische Wirtschaftsmodell aufgegeben haben, könnte man meinen, dass das Gespenst seine Ziele nicht erreicht hat. Doch die Realität sieht anders aus. Das kommunistische Gespenst folgt keinen festen Prinzipien. Stattdessen verschieben sich seine Methoden und Formen ständig, um den jeweiligen Situationen gerecht zu werden. Es kann seine bisherigen Aktionen zugunsten des größeren Ziels aufgeben oder kritisieren. Gerade im wirtschaftlichen Bereich zeigt sich dies sehr deutlich.

Bei einer Analyse unseres gegenwärtigen Wirtschaftssystems kommt man nicht umhin festzustellen, wie sich das kommunistische Gespenst in jeder Ecke ausgebreitet hat. Die Wunschvorstellungen vieler Menschen und ihr blinder Glaube an die Regierung haben die Wirtschaft beinahe aller Länder der Erde von den Prinzipien des freien Marktes entfernt. Nationen verlieren dadurch ihre moralischen Grundlagen und tendieren zum Kommunismus. Es ist an der Zeit, sich dieser Realität bewusst zu werden – und Maßnahmen dagegen zu ergreifen.

1. Westliche Wohlfahrtsstaaten: Kommunismus unter anderem Namen

Im „Kommunistischen Manifest" (ursprünglich „Manifest der Kommunistischen Partei") schreibt Marx, dass die kommunistische Theorie in einem Satz zusammengefasst werden kann: Das System des Privateigentums abschaffen. Für den Einzelnen bedeutet dies die „Abschaffung der bürgerlichen Individualität, der bürgerlichen Unabhängigkeit und der bürgerlichen Freiheit". Für die Gesellschaft bedeutet dies, dass „das Proletariat seine politische Vormachtstellung nutzen wird, um der bürgerlichen Gesellschaft das gesamte Kapital zu entreißen, um alle Produktionsmittel in den Händen des Staates, das heißt des als herrschende Klasse organisierten Proletariats, zu zentralisieren". [1]

Um dieses Ziel zu erreichen, setzten Kommunisten Gewalt und Massenmord in ihren Ländern ein. Als der gewalttätige Kommunismus seine Anziehungskraft verlor, wurden gewaltfreie Formen entwickelt. Diese Varianten des Sozialismus infiltrieren die gesamte Gesellschaft, sodass sie schwer zu identifizieren sind.

Die westlichen Länder setzen viele wirtschaftspolitische Maßnahmen ein, die weder im Namen noch in der Form einen Bezug zum Sozialismus zu haben scheinen, doch sie laufen alle darauf hinaus, die Menschen einzuschränken, zu schwächen oder ihnen das Recht auf Privateigentum zu entziehen. Andere schwächen die Mechanismen des freien Unternehmertums, erweitern die Macht der Regierung und führen die Gesellschaft demzufolge weiter in Richtung Sozialismus. Zu diesen Methoden gehören hohe Steuern, großzügige Sozialleistungen und aggressiver staatlicher Interventionismus.

a) Hohe Steuern und großzügige Sozialleistungen

Ein wichtiges Merkmal der kommunistischen oder sozialistischen Wirtschaft in den westlichen Ländern ist die starke Sozialfürsorge. Die gegenwärtige Sozialpolitik gibt Menschen, die aus sozialistischen Ländern kommen, das Gefühl, einfach in einen anderen sozialistischen Staat gezogen zu sein.

Verdeckter Sozialismus

Die Regierung selbst schafft keinen Wert. Vielmehr ist es so, als würde sie Wolle von einem Schaf scheren. Alle Sozialleistungen werden letztendlich von den Menschen getragen, die Steuern oder die Staatsschulden bezahlen. Ein hohes Maß an Sozialhilfe ist an sich schon eine Variante des Kommunismus, nur ohne die gewaltsame Revolution der kommunistischen Parteien.

Hohe Besteuerung ist die gewaltsame Verstaatlichung von Privatvermögen zur Umverteilung in großem Umfang. Gleichzeitig ist es ein versteckter Weg, das System des Privateigentums schrittweise abzuschaffen.

Das Endergebnis einer hohen Besteuerung ist das Gleiche wie das von kommunistischen Regimen aufgezwungene öffentliche Eigentum und die Gleichheit in der Gesellschaft. Der einzige Unterschied besteht darin, ob die Verstaatlichung vor oder nach der Produktion erfolgt. In kommunistischen Planwirtschaften werden die Produktionsmittel direkt vom Staat kontrolliert. Im Westen wird die Produktion privat kontrolliert, doch die Einnahmen werden über Steuern und Umverteilungssysteme in Staatsvermögen umgewandelt. So oder so ist das jedoch gleichbedeutend mit Raub und Plünderung des Reichtums anderer. In den westlichen Ländern wurde dies nicht durch Tötung und Gewalt, sondern ganz legal durch Demokratie und Gesetzgebung erreicht.

Einige staatliche Hilfen sind durchaus vernünftig, wie etwa die soziale Absicherung von Opfern von Katastrophen oder Unfällen. Aber die positiven Aspekte der Sozialhilfe machen diese zu einem bequemen Instrument der Täuschung, da sie als Vorwand benutzt werden, um die Steuern zu erhöhen. In dieser Hinsicht hat die großzügige Sozialfürsorge bereits die gleichen destruktiven Folgen wie die kommunistische Ökonomie für Mensch, Gesellschaft und moralische Werte. Von Natur aus bringt die kommunistische Ökonomie die dunkle Seite der menschlichen Natur zum Vorschein. Dies ist der Grund, warum das Gespenst die kommunistischen Wirtschaftswerte in der ganzen Welt vorantreibt, sei es in freien Gesellschaften oder in solchen, die direkt von kommunistischen Regimen kontrolliert werden.

Hohe Besteuerung

Die Sozialfürsorge in den entwickelten westlichen Ländern verbraucht einen großen Teil der Steuereinnahmen, die aus den vom Privatvermögen abgeführten Steuern stammt. Ohne solche hohen Steuereinnahmen oder eine hohe Verschuldung des Staates – und damit der Bürger – kann eine hohe Sozialfürsorge nicht aufrechterhalten werden.

In den Vereinigten Staaten wird mehr als die Hälfte der Steuereinnahmen für Sozialversicherung und medizinische Versorgung ausgegeben. Mehr als 80 Prozent dieses Geldes stammen aus persönlichen Einkommens- und Sozialabgaben; elf Prozent aus der Körperschaftssteuer. [2] Viele westliche Länder gehen sogar noch weiter als die Vereinigten Staaten, da sie ein noch umfassenderes Sozialsystem haben.

Nach den von der Organisation für wirtschaftliche Zusammenarbeit und Entwicklung (OECD) im Jahr 2016 veröffentlichten Daten von 35 Marktwirtschaften hatten 27 Länder einen Einkommenssteuersatz von über 30 Prozent. Die zwei Länder mit den beiden höchsten Ertragsteuern lagen mit 54 und 49,4 Prozent in Europa. Hinzu kommt, dass das Essen oder Einkaufen in vielen Teilen Europas mit einer Mehrwertsteuer von teilweise bis zu 20 Prozent verbunden ist. [3] Körperschaftssteuer und sonstige Steuern erhöhen den Gesamtsatz zusätzlich.

Andere Daten zeigen, dass im Jahr 1900 nur sieben von fünfzehn Ländern der späteren OECD in diesem Jahr eine Einkommensteuer hatten, wobei Italien mit einem Satz von zehn Prozent führend war. Australien, Japan und Neuseeland hatten Einkommenssteuersätze von etwa fünf Prozent. Doch bis 1950 stieg der durchschnittliche Höchststeuersatz in den OECD-Ländern auf über 60 Prozent, heute ist er langsam auf rund 40 Prozent gesunken. [4]

Hohe Steuern belasten nicht nur die Reichen, auch die Armen werden auf verschiedene Weise bestraft. Während die Reichen oft über verschiedene rechtliche Mittel verfügen, um sich vor Steuern zu schützen, erhalten die Armen keine Sozialleistungen mehr, wenn ihr Einkommen über eine bestimmte Schwelle hinaus ansteigt. Kurz gesagt, die Menschen werden dafür bestraft, dass sie härter arbeiten.

Hohe Sozialhilfe

1942 setzte sich der britische Ökonom William Beveridge für den Sozialstaat ein, einen Plan, der „alles umfasst, was Menschen und Bedürfnisse betrifft“. In der modernen Gesellschaft wurde das ausgeprägte Sozialsystem auf Arbeitslosigkeit, medizinische Versorgung, Renten, Arbeitsunfälle, Wohnen, Bildung, Kinderbetreuung und Ähnliches ausgedehnt, weit über die traditionellen Konzepte der Nächstenliebe für Menschen hinaus. Diese bezog sich stets auf Menschen, die unmittelbar Hilfe benötigten.

Ein Bericht der Heritage Foundation zeigt, dass im Jahr 2013 mehr als hundert Millionen Menschen in den Vereinigten Staaten oder etwa ein Drittel der Bevölkerung Sozialleistungen (ohne Sozialversicherung und Medicare) im Wert von durchschnittlich 9.000 US-Dollar pro Person erhielten. [5] Nach den Statistiken des US Census Bureau lebten im Jahr 2016 etwa 12,7 Prozent der US-Bevölkerung unter der Armutsgrenze – jedoch unter oft überraschenden Lebensbedingungen.

Laut Regierungsumfragen gaben 96 Prozent der Eltern in verarmten Haushalten an, dass ihre Kinder nie Hunger gelitten hätten. Fast 50 Prozent der verarmten Haushalte lebten in Einfamilienhäusern, 40 Prozent in Stadthäusern. Nur 9 Prozent lebten in Wohnmobilen. 80 Prozent hatten eine Klimaanlage und zwei Fünftel besaßen Breitbild-LCD-Fernseher. Drei Viertel der verarmten Haushalte besaßen Autos. [6] Die bewusste Kategorisierung einer großen Zahl von Menschen in die „verarmte“ Bevölkerungsschicht bietet reichlich Ausreden für die Ausweitung der Sozialhilfe.

Die Leistungen der US-Regierung sind im Vergleich zu den Mitgliedern der OECD unterdurchschnittlich. Die meisten Menschen, die in den nordischen Ländern und anderen westeuropäischen Ländern leben, genießen weitaus mehr Wohlstand als die Amerikaner. In Dänemark beispielsweise genießen selbst die reichsten Bürger ein soziales Sicherheitsnetz, das kostenlose medizinische Versorgung, Universitätsausbildung und andere großzügige Leistungen umfasst.

Vor dem wirtschaftlichen Zusammenbruch ihres Landes hatten die Griechen ein Jahresgehalt von vierzehn Monaten, einen Ruhestand im Alter von 61 Jahren und eine Rente in Höhe von über 90 Prozent ihres Gehalts. In Schweden haben die Menschen Anspruch auf 550 Tage ununterbrochenen Krankenurlaubs und andere Leistungen.

Die Ausdehnung der Sozialleistung von der traditionellen Rolle der Nothilfe zum konstanten Nutzen für die gesamte Bevölkerung ist in der Tat Teil des Plans des Teufels, eine kommunistische Wirtschaftsform einzuführen.

Sozialleistungen: Verbreitung von Korruption und Verschärfung der Widersprüche zwischen Arm und Reich

Aus wirtschaftlicher Sicht besteht Sozialhilfe darin, Geld von einigen Menschen zu nehmen und seinen Wert auf andere zu übertragen. Es ist jedoch die Regierung, die für die Verteilung des Reichtums verantwortlich ist. Dadurch geht das Wissen darüber verloren, dass man arbeiten muss, um etwas zu bekommen. Der Verlust dieses moralischen Prinzips zeigt sich besonders deutlich in Nordeuropa.

Die schwedische Wissenschaftlerin Nima Sanandaji demonstrierte diesen Punkt anhand von Daten aus dem World-Value-Survey. Anfang der 1980er Jahre stimmten 82 Prozent der Schweden und 80 Prozent der Norweger der Aussage zu, dass es falsch sei, staatliche Leistungen zu erhalten, die man nicht verdient. Bei Umfragen in Norwegen und Schweden in den Jahren 2005 und 2008 stimmten nur noch 56 Prozent der Norweger und 61 Prozent der Schweden dieser Aussage zu. [7]

Im Rahmen eines großzügigen Sozialsystems erhalten diejenigen, die hart arbeiten, weniger Rendite und diejenigen, die weniger fleißig sind, werden mit Sozialleistungen belohnt. Im Laufe der Zeit verzerrt dies auf subtile Weise die moralischen Traditionen, da diejenigen, die mit hoher staatlicher Fürsorge aufgewachsen sind, die Arbeitsfreude, die Unabhängigkeit, die Verantwortung und den Fleiß ihrer Vorfahren verlieren. Sie nehmen das System als selbstverständlich wahr und betrachten Sozialhilfe sogar als ein Menschenrecht. Sie haben es sich zur Gewohnheit gemacht, sich auf die Regierung zu verlassen und erpressen sie sogar, damit sie kontinuierlich Hilfe erhalten. Soziale Werte haben sich fast unumkehrbar verändert. Schritt für Schritt untergräbt der Kommunismus auf diese Weise die Moral.

Eine hohe staatliche Fürsorge verdrängt auch die Rolle der traditionellen Wohltätigkeitsorganisationen und nimmt sowohl den Spendern die Möglichkeit, gute Werke zu tun als auch den Empfängern die Gelegenheit, Dankbarkeit zu empfinden.

In der traditionellen Gesellschaft wurde Wohltätigkeit aus freien Stücken und nach eigenem Ermessen betrieben, entweder durch direkte Hilfe für die weniger Glücklichen oder durch Spenden an gemeinnützige Organisationen wie die Kirche. Es gab bestimmte Spender und Empfänger und die Möglichkeit, Hilfe zu erhalten, war ein Privileg und kein Recht. Die Empfänger waren dankbar für die Güte der Spender. Sie nutzten Wohltätigkeitsorganisationen, um ihre eigenen Bemühungen zur Verbesserung ihres Lebens zu ergänzen. Diejenigen, die Hilfe erhielten und ihr Leben umdrehen konnten, würden sich wahrscheinlich revanchieren, wenn andere mit den gleichen Herausforderungen konfrontiert sind.

Der französische Denker Alexis de Tocqueville schreibt, dass eine Wohltat die Tugenden der Großzügigkeit und Dankbarkeit beinhaltet. Sie übt einen positiven moralischen Einfluss aus. Gleichzeitig mildert die Beziehung zwischen Gebern und Empfängern Konflikte und Gegensätze zwischen Arm und Reich. Wohltätiges Verhalten verbindet die Menschen verschiedener Einkommensschichten miteinander. [8]

Das aufgeblähte System der modernen Sozialleistungen entfremdet Spender und Empfänger, indem es den Prozess der Wohltätigkeit bürokratisiert. Die „Spender" von heute sind Steuerzahler, die gezwungen sind, ihr Vermögen aufzugeben, anstatt es freiwillig zu teilen. Unterdessen haben die Sozialhilfeempfänger keine Verbindung zu ihren Wohltätern und empfinden keine Dankbarkeit für deren Opfer.

Tocqueville glaubte, dass die sozialen Hilfeleistungen die Konflikte zwischen Arm und Reich verschärfen. Nachdem ein Teil ihres Vermögens gewaltsam konfisziert worden war, führte es dazu, dass die Reichen gegenüber den Sozialhilfeempfängern verärgert waren. Tocqueville sagte, dass sich zudem die Armen weiterhin unzufrieden fühlen würden, da sie ihre wirtschaftliche Entlastung als selbstverständlich ansehen: „Eine Klasse betrachtet die Welt immer noch mit Angst und Abscheu, während die andere ihr Unglück mit Verzweiflung und Neid betrachtet." [9]

Aufgeblähte Sozialleistungen sind auch zu einem Faktor der Eifersucht und des politischen Konflikts geworden, den der Kommunismus nutzt, um die moralische und soziale Harmonie zwischen den Menschen zu zerstören. Dies war in der griechischen Wirtschaftskrise deutlich zu beobachten: Statt eines Konflikts zwischen Arm und Reich sollte der Kampf zwischen Mittel- und Oberschicht geführt werden. Unter den Angehörigen der letzteren sei die Steuerhinterziehung zu einem „Nationalsport" geworden, wie das britische Wirtschaftsmagazin The Economist griechische Beamte in einem Artikel zitiert. Gleichzeitig hat sich die griechische Regierung, um ihre Wähler nicht zu verärgern [10], auf die Aufnahme von Krediten verlassen, um die sinkenden Steuereinnahmen auszugleichen und das Sozialhilfeniveau anderer europäischer Länder aufrechtzuerhalten.

Nach der Wirtschaftskrise versuchte die griechische Regierung, die Sozialhilfe zu kürzen, stieß jedoch auf starken Widerstand der Bevölkerung. Die Menschen nahmen die Reichen ins Visier und forderten noch höhere Steuern von ihnen, was der Regierung Probleme bereitete, die bis heute noch nicht gelöst sind.

Das Sozialsystem untergräbt die traditionelle Arbeitsmoral und gibt den Menschen ein Recht auf das, was sie noch nicht verdient haben. Da fleißige Arbeit „bestraft" wird, leidet die gesamte Wirtschaft.

Eine praktische Studie von Martin Halla, Mario Lackner und Friedrich G. Schneider im Jahr 2010 hat gezeigt, dass Sozialhilfe langfristig den Anreiz, hart zu arbeiten, verringert. Das zeigt sich jedoch erst lange Zeit später. Die drei Ökonomen kamen zu dem Schluss, dass die Dynamik des Sozialstaates der gesunden wirtschaftlichen Basis einer Nation abträglich ist. [11]

Die Kultur der Armut

Im Jahr 2012 veröffentlichte die Zeitung *The New York Times* einen Artikel mit dem Titel „Profiting From a Child's Illiteracy" (etwa: „Vom Analphabetismus eines Kindes profitieren"), in dem sie die Auswirkungen der Sozialpolitik auf einkommensschwache Familien in den Appalachian Mountains im Osten der USA beschrieb.

Der Artikel beschreibt, wie viele verarmte Familien es aufgegeben haben, ihre Kinder zur Schule zu schicken, um sich für Sozialhilfe zu qualifizieren: „Mütter und Väter befürchten, dass ihre Kinder, wenn sie lesen lernen, sich nicht mehr für einen monatlichen Scheck wegen einer geistigen Behinderung qualifizieren." [12]

„Viele Leute in den Wohnmobilen hier sind arm und verzweifelt, und ein monatlicher Scheck von 698 US-Dollar pro Kind aus dem zusätzlichen Sozialeinkommensprogramm macht viel aus – und diese Schecks kommen, bis das Kind 18 wird."

Dieses Hilfsprogramm wurde vor etwa 40 Jahren mit dem Ziel gestartet, Familien zu helfen, die körperlich oder geistig behinderte Kinder großziehen. Als *The New York Times* im Jahr 2012 darüber berichtete, waren über 55 Prozent der für das Programm qualifizierten Kinder als „geistig behindert" („other mental conditions") eingestuft worden. Im Jahr 1983 lag der prozentuale Anteil der geistigen Behinderungen an dem Hilfsprogramm gerade einmal bei 5 Prozent. Diese „geistigen Behinderungen" sind jedoch in den USA nicht klar definiert. In den Vereinigten Staaten gibt es mittlerweile rund 1,2 Millionen Kinder mit „geistiger Behinderung", für deren Betreuung die Steuerzahler jährlich neun Milliarden US-Dollar bereitstellen. [13]

Hier bilden die Sozialhilfe und die Schwächen der menschlichen Natur einen Teufelskreis. Trotz der guten Absichten der Befürworter und Formulierer der Sozialhilfepolitik unterstützt diese indirekt das kommunistische Gespenst bei seinem Ziel, die Menschheit zu verderben und zu zerstören.

Vor über einem Jahrhundert machte Tocqueville die Beobachtung, dass nicht die Sozialhilfe zwischen Individuen diskriminiert, sondern die künstlich gezogenen „Armutsgrenzen". Dies macht es schwierig, die Hilfe effizient zu verteilen, da man nicht wissen kann, ob die qualifizierten Personen tatsächlich unter Umständen leiden, die sich ihrer Kontrolle entziehen, oder ob ihr Unglück von ihnen selbst verursacht wurde. [14]

Der Missbrauch von Sozialhilfe belastet nicht nur die öffentlichen Finanzen, sondern auch die Zukunft von Kindern, die in einem solchen System aufwachsen. Untersuchungen aus dem Jahr 2009 ergaben, dass zwei Drittel der Menschen, die als Kinder Sozialhilfe bekamen, diese bis ins Erwachsenenalter erhielten. Sie wurden zu Empfängern von Sozialhilfe für erwachsene Behinderte. Es besteht eine hohe

Wahrscheinlichkeit, dass sie für den Rest ihres Lebens auf Sozialhilfe angewiesen sind. [15]

Um Wählerstimmen zu bekommen, wurde der Begriff „Behinderung" immer weiter gefasst. So gehört ein immer größer werdender Teil der Bevölkerung in den Kreis der Sozialhilfeempfänger. Die Kriterien, die bestimmen, wer Anspruch auf Sozialleistungen hat, schaffen eine Atmosphäre der negativen Verstärkung, die den Missbrauch dieser Leistungen begünstigt. Der daraus resultierende Rückschritt in der Sozialmoral und die wirtschaftliche Misere hilft dem kommunistischen Gespenst, seine Ziele zu erreichen.

Die Sozialhilfe ist eine Sofortmaßnahme zur Unterstützung wirklich Bedürftiger, die unter Umständen wie Arbeitsunfällen, Epidemien, Naturkatastrophen und so weiter wirksam werden sollte. Sie sollte nicht zu einer Standardform des Lebensunterhalts werden, da sie nicht in der Lage ist, das Dilemma der Armut zu lösen. Im Jahr 2014 – 50 Jahre nach Beginn des „Kriegs gegen die Armut" unter US-Präsident Lyndon B. Johnson – mussten die amerikanischen Steuerzahler 2,2 Billionen Dollar für Sozialhilfe zahlen. Doch wie die Statistiken des U.S. Census Bureau zeigen, ist die Armutsrate in den vergangenen 40 Jahren (außer den ersten gut zehn Jahren) konstant geblieben. [16] Das heißt, dass die Armutsrate nicht durch die Sozialhilfe gemindert wurde. [17]

Nach Ansicht des amerikanischen Ökonomen William Arthur Niskanen hat das Sozialsystem eine Kultur der Armut hervorgebracht, die wiederum einen Teufelskreis der Abhängigkeit von staatlicher Hilfe, außerehelichen Kindern, Gewaltverbrechen, Arbeitslosigkeit und Abtreibung speist. Seine Analyse der US-Daten für das Jahr 1992 ergab Prognosen für die zu erwartenden Auswirkungen einer Erhöhung der Leistungen von „Aid to Families with Dependent Children" (AFDC, etwa: „Hilfe für Familien mit abhängigen Kindern") um ein Prozent des durchschnittlichen Pro-Kopf-Einkommens: Die Zahl der

AFDC-Empfänger würde um etwa drei Prozent steigen, die Zahl der Menschen in Armut um etwa 0,8 Prozent, die Zahl der Geburten alleinerziehender Mütter um etwa 2,1 Prozent und die Zahl der arbeitslosen Erwachsenen um etwa 0,5 Prozent. Auch Abtreibungen und Gewaltverbrechen würden häufiger vorkommen. Niskanens Ergebnisse deuten darauf hin, dass ein starkes Sozialsystem die Abhängigkeit vom System fördert und den Wunsch zur Eigenverantwortung verringert. [18]

Der Zerfall von Familien ist ein wesentlicher Bestandteil der „Armutskultur". In einer Studie über die Armut unter Schwarzen in der Vergangenheit und heute fand der Ökonom Walter E. Williams heraus, dass 85 Prozent der verarmten schwarzen Kinder mit alleinerziehenden jugendlichen Müttern lebten. Das Sozialsystem fördert dieses Phänomen, da es alleinerziehende Mütter ermutigt, ein Leben ohne Verantwortung für ihr Handeln zu führen. Sie können Subventionen, Wohngeld, Lebensmittelstempel und Ähnliches von der Regierung erhalten. Sozialhilfe hat dazu beigetragen, den Anteil an Alleinerziehenden zu erhöhen und mehr Armut zu verursachen. [19]

Trotz der Tatsache, dass die Sozialhilfe in den vergangenen Jahrzehnten zugenommen hat, ist auch die Kluft zwischen Arm und Reich immer größer geworden: Der inflationsbereinigte Durchschnittslohn steigt nur sehr langsam, während den Reichsten aus Kapitalerträgen immer mehr Wohlstand zufließt. Eine Klasse von „Working Poor" („arbeitenden Armen") hat sich herausgebildet. Bewaffnet mit diesen gesellschaftlichen Widersprüchen drängt die Linke auf immer größere Regierungen, höhere Steuern und mehr Sozialhilfe, um die Armut zu bekämpfen – und erreicht damit nichts anderes, als sie noch weiter zu verschärfen.

Die Linken verwenden Sozialhilfepolitik für den Stimmenfang

Linksorientierte Politiker fordern oft höhere Sozialhilfe und höhere Steuern. Mit einer Vielzahl von Wahlslogans überzeugen sie die Wähler von ihren „edlen Absichten“ und stellen sich selbst als moralisch hochstehend dar. Diese Politiker sind jedoch nicht diejenigen, die für die Sozialhilfe sorgen werden. Sie verteilen lediglich den Reichtum der oberen und mittleren Schichten unter den Armen. Da das System das grundlegende Verhältnis zwischen Spender und Empfänger verbirgt, behaupten die Politiker dennoch, eine entscheidende Rolle in diesem Prozess gespielt zu haben. Sie erhalten die Dankbarkeit der Empfänger in Form von Stimmen.

b) Aggressiver Wirtschaftsinterventionismus in den westlichen Ländern

Derzeit praktizieren die Regierungen der freien Welt bereits einen starken Interventionismus in ihren nationalen Wirtschaftssystemen. Eine Ursache dafür ist die unter sozialistischem Einfluss entwickelte Sozialhilfepolitik, die die Rolle des Staates in der Vermögensverteilung stetig ausweitete. Ein weiterer Impuls für diesen Trend war die Große Depression in den 1930er Jahren. Nach der Krise wurde die westliche Gesellschaft stark von den Theorien der keynesianischen Volkswirtschaftslehre beeinflusst. Diese befürwortet eine aktive staatliche Intervention und Regulierung der Wirtschaft durch den Einsatz von Finanzmitteln.

In einer normalen Gesellschaft ist die Rolle der Regierung eingeschränkt. Nur in Ausnahmesituationen sollte der Staat in die Wirtschaft eingreifen, etwa in Zeiten von Naturkatastrophen oder anderen Krisen. Doch heute hat sich die keynesianische Wirtschaftstheorie weltweit durchgesetzt. Die Regierungen aller Länder streben nach mehr Kontrolle über ihre jeweiligen Volkswirtschaften.

Wenn der Staat eine aktive Rolle in der Wirtschaft spielt, hat jede Aktion einen Dominoeffekt auf den Markt. Neue Richtlinien und Gesetze können ganze Branchen verändern und viele Unternehmen und Investoren von den Entscheidungen der Regierung abhängig machen. Der Staat, der traditionell nur Gesetze verabschiedete und durchsetzte, ist dadurch ein führender Akteur in der Wirtschaft geworden. Der Staat ist wie ein Schiedsrichter, der bei einem Fußballspiel auch noch zum Spieler wird: Er kontrolliert und reguliert das Kapital in einer Wirtschaft, die früher privat war und ersetzt damit die „unsichtbare Hand“ durch die „sichtbare Hand“.

Aktive Finanzkontrolle in Verbindung mit einer hohen Sozialpolitik hat viele Regierungen dazu veranlasst, hohe Schulden zu machen. Nach Angaben der Organisation für wirtschaftliche Zusammenarbeit und Entwicklung (OECD) haben nahezu die Hälfte der Mitgliedstaaten Staatsschulden von 100 oder mehr Prozent des Bruttoinlandsproduktes (BIP). Einige Länder haben sich mit mehr als 200 Prozent ihrer Wirtschaftsleistung verschuldet. Dies stellt eine große Verwundbarkeit bezüglich der sozialen und wirtschaftlichen Zukunft vieler Länder dar. [20]

Der mit dem Nobelpreis ausgezeichnete Wirtschaftswissenschaftler Ronald Coase schrieb mehrere Forschungsarbeiten über die Auswirkungen staatlicher Eingriffe. In seiner Arbeit stellte Coase fest, dass interventionistische Politik fast immer zu negativen Ergebnissen führt. Er glaubt, dass der Interventionismus den Punkt „abnehmender Grenzrenditen“ erreicht hat. [21]

Trotzdem sind die Regierungen aller Länder in ihrer Manipulation der Wirtschaft noch aktiver geworden und haben diese mehr und mehr unter die Kontrolle des Staates gebracht.

Konsequenzen und Realität des Interventionismus

Es gibt mindestens zwei Hauptfolgen der umfangreichen staatlichen Eingriffe. Erstens erweitert sich die Macht des

Staates hinsichtlich seiner Rolle und seines Umfangs. Regierungsbeamte entwickeln zunehmend Überheblichkeit hinsichtlich ihrer Fähigkeit, in die Wirtschaft einzugreifen und den Staat die Rolle des Retters spielen zu lassen. Auch nach der Bewältigung einer Krise behält die Regierung für gewöhnlich ihre erweiterten Befugnisse und Funktionen bei.

Zweitens führt der Interventionismus zu mehr Abhängigkeit von der Regierung. Wenn die Menschen auf Herausforderungen stoßen oder wenn der freie Markt nicht die Vorteile bieten kann, die sie sich wünschen, werden sie sich für mehr staatliche Eingriffe einsetzen, um ihre Forderungen erfüllt zu bekommen.

Sobald die Macht des Staates zunimmt, wird die Privatwirtschaft geschwächt und der freie Markt hat weniger Platz, um zu funktionieren. Menschen, die von der Politik profitiert haben und von ihr abhängig geworden sind, werden zunehmend verlangen, dass die Regierung die Verantwortung für die Verteilung des Reichtums übernimmt und Gesetze erlässt, um dies durchzusetzen.

Im Westen gibt es eine starke politische Strömung, die die Gesellschaft nach links drängt. In diesem Strom befinden sich der ursprüngliche linke Flügel aus Sozialisten und Kommunisten sowie diejenigen, die von ihm vereinnahmt wurden – auch wenn sie traditionell nicht mit dem linken Flügel verbunden waren. Die Vereinigung dieser ungleichen Kräfte ermutigt die Regierungen, größere Maßnahmen zu ergreifen, um in die Wirtschaft einzugreifen und die Privatunternehmen zu kontrollieren. Diese „Erosion" der normalen Wirtschaftstätigkeit scheint durch verschiedene soziale Bewegungen verursacht zu werden, doch in Wirklichkeit ist es das kommunistische Gespenst, das die Fäden zieht.

Es zeigt sich, dass westliche Regierungen unter dem Banner der Gleichheit und anderer politischer Ausreden ihre öffentliche Autorität benutzen, um die Interventionen zu verstärken. Sie erlassen sogar Gesetze, um dies zum Dauerzustand zu machen. Dieses Verhalten raubt den Marktwirtschaften ihre höchste Instanz: den freien Willen des Volkes. Der Staat erweitert im Wesentlichen seine Autorität über den freien Markt, um diesen in eine Kommandowirtschaft zu verwandeln. Langfristig führt das dazu, dass alle Aspekte der Wirtschaft und der Lebensgrundlagen der Bevölkerung unter öffentliche Kontrolle gelangen. Wirtschaftliche Mittel werden eingesetzt, um die politische Macht zu festigen und die Gesellschaft und ihre Bürger zu versklaven.

Mit einer Politik, die an der Oberfläche gutartig aussieht, aber die Wirtschaftsstruktur nach und nach in Richtung Zentralismus kippt, führt das Gespenst die Menschheit allmählich in den totalen Kommunismus.

c) Sozialistische Wirtschaftspolitik führt zum kommunistischen Totalitarismus

Hohe Steuern, hohe Sozialhilfeleistungen und weit verbreitete staatliche Eingriffe sind eindeutige Merkmale des Sozialismus innerhalb des westlichen kapitalistischen Systems. So hat der Sozialismus grundsätzlich die gleiche Natur wie die Planwirtschaft, da beide die Autorität des Staates nutzen, um die Wirtschaft zu manipulieren. Der zugrunde liegende Glaube ist hier die Allmacht der Regierung, die Gott spielen darf.

Der einzige Unterschied zwischen dem starken staatlichen Interventionismus im Westen und den Planwirtschaften der kommunistischen Länder besteht derzeit darin, dass in freien Ländern das Gesetz und einige grundlegende Aspekte des kapitalistischen Systems die Menschen vor einer totalen Kontrolle der Regierung schützen.

Friedrich Hayek (1899-1992), der bekannte österreichische Ökonom und Philosoph, warnte vor staatlich kontrollierter Planung und Umverteilung des Reichtums. Diese führe unweigerlich zu einer Manipulation des Marktes und zur Entstehung von Totalitarismus – unabhängig davon, ob das System demokratisch sei oder nicht. Hayek glaubte, dass der in Europa und Nordamerika praktizierte Sozialismus sich zwar von Staatsbetrieben und Planwirtschaft unterscheidet, aber dennoch zum gleichen Ergebnis führt. Die Menschen würden ihre Freiheit und ihre Lebensgrundlagen ebenfalls verlieren, nur langsamer und indirekter. [22]

Wie bereits in diesem Buch erwähnt, sahen Marx, Engels und Lenin den Sozialismus als einen obligatorischen Schritt auf dem Weg zum Kommunismus. Ein Zug, der unterwegs an einem Bahnsteig hält, verändert seine ursprüngliche Fahrtrichtung nicht. Das Gespenst des Kommunismus ist die treibende Kraft hinter einem Land, das sich in Richtung Sozialismus bewegt. Wenn die Menschheit die Traditionen aufgibt, sei es im wirtschaftlichen Bereich oder in anderen Bereichen, und die kommunistische Ideologie akzeptiert, ist das Tempo der Entwicklung irrelevant. Früher oder später wird das Ziel erreicht.

Das Ziel am Ende dieses Weges ist nicht der Himmel auf Erden, sondern die Zerstörung der Menschheit. Tatsächlich geht es dem Teufel nicht um die Verwirklichung des „Himmels auf Erden", denn das ist nur ein Köder, um die Menschen in ihr Verderben zu locken.

2. Der dystopische Sozialismus der Kommunistischen Partei Chinas

Nachdem das öffentliche Eigentumsrecht und die Planwirtschaft China in die Armut geführt hatten, war die Kommunistische Partei Chinas gezwungen, einen Prozess der „Reform und Öffnung" einzuleiten. Sie führte Elemente des freien Marktes in die chinesische Gesellschaft ein. Viele glauben, dass die Partei kapitalistisch geworden sei – doch das ist weit von der Wahrheit entfernt.

a) Die chinesische Wirtschaft: keine Lockerung der kommunistischen Kontrolle

Die KP Chinas hatte keine andere Wahl, als einige Aspekte der chinesischen Wirtschaft zu liberalisieren, wie zum Beispiel die Zulassung von Privatunternehmen. Das bedeutet jedoch nicht, dass die Kommunisten ihren Griff gelockert haben. Im Gegenteil, die Wirtschaftsreform ist genau die Strategie, mit der sie ihre Macht fortsetzen und die Welt täuschen wollen.

Das chinesische kommunistische Modell ist eine monströse Kombination aus Sozialismus, Etatismus und Marktwirtschaft. Obwohl es private Unternehmen gibt, hat die KP Chinas den Menschen nie ein Grundrecht auf Privateigentum versprochen. Alle Ressourcen und Grundstücke stehen der Partei letztlich zur Verfügung. Gleichzeitig nutzt die KP Chinas den Staat, um strenge Kontrollen in wirtschaftlichen Angelegenheiten durchzuführen. Sie setzt nach wie vor auf eine „Ökonomie der Macht", die sie durch rigorose Planung umsetzt. Der Markt ist nur ein Mittel des Staates zur Stimulierung der Produktion; er ist nicht wirklich unabhängig und es gibt auch keine Institutionen, die einen freien Markt unterstützen.

Der Geist des Gesetzes fehlt, und es gibt kein klares System von Eigentumsrechten. Der Wechselkurs darf sich nicht von selbst anpassen. Der Wohlstandsfluss in und aus dem Land ist begrenzt und internationale Unternehmen werden streng kontrolliert. Die KP Chinas nutzt staatliche Subventionen und niedrige Exportsteuern, um die Exporte anzukurbeln und damit Konkurrenten mit einem Preiswettbewerb zu besiegen. Die Partei hat die normale Ordnung des Welthandels gestört.

In China sind alle wirtschaftlichen Aktivitäten auf die Erfüllung politischer Bedürfnisse ausgerichtet. Die wirtschaftlichen Freiheiten von Unternehmen und Einzelpersonen sind den Launen des Staates untergeordnet und können jederzeit widerrufen werden. Insbesondere aus diesen Gründen hat sich die Welthandelsorganisation lange Zeit geweigert, China als Marktwirtschaft anzuerkennen.

Viele westliche Regierungen hatten die Hoffnung, dass die wirtschaftliche Entwicklung China eine politische Liberalisierung und Demokratie bringen würde. Diese Hoffnung war jedoch naiv. Stattdessen betrieb China nur zum Schein ein kapitalistisches Wirtschaftssystem. In Wirklichkeit baute es mit den Geldern sein sozialistisches System aus, belebte die Führung der Partei neu und ging den Weg der Bösartigkeit mit verstärkter Kraft weiter.

Mit diesen größeren finanziellen Mitteln begann die KP Chinas, die Menschen noch brutaler und raffinierter zu unterdrücken. Im Juli 1999 begann das Regime mit der Verfolgung von Falun Gong und richtete sich gegen seine hundert Millionen Anhänger. Dieser Krieg gegen die universellen Prinzipien Wahrhaftigkeit, Güte und Nachsicht dauert bis heute an. Seit 2009 hat die KP Chinas jährlich über 500 Milliarden Yuan (75 Milliarden Dollar) ausgegeben, um die Kosten für die „Aufrechterhaltung der Stabilität", das heißt die Überwachung der chinesischen Bevölkerung, zu decken.

b) Die Wahrheit über Chinas wirtschaftlichen Aufstieg

Aufgrund des rasanten BIP-Wachstums Chinas in den vergangenen 40 Jahren glauben viele an die Überlegenheit der sozialistischen Wirtschaft. Diese Entwicklung hat viele Westler, darunter Eliten in politischen und akademischen Kreisen sowie Expertengruppen, über die vermeintliche Effizienz des totalitären Systems staunen lassen. Tatsächlich kann das von der KP Chinas entwickelte Wirtschaftsmodell nicht vervielfältigt werden. Einerseits zeigen die Gründe für den wirtschaftlichen Aufstieg die innere Instabilität des sozialistischen Systems. Andererseits lässt das Modell der Partei eine Fülle von Lastern erahnen, die durch ihre skrupellose Machtwirtschaft entstehen.

Das Wirtschaftswachstum Chinas in den vergangenen 40 Jahren beruht zu einem großen Teil auf folgenden Faktoren: Erstens haben die Lockerung der staatlichen Wirtschaft und die Aufgabe der vollständigen zentralen Planung sowie die Wiederbelebung des Privatsektors der chinesischen Wirtschaft einen starken Produktivitätsschub verliehen. Die Chinesen sind fleißig und intelligent, doch die Partei hat ihr Potenzial jahrzehntelang behindert. Der Wunsch, sich von der Armut zu befreien, hat die Motivation, Geschäfte zu machen, neu entfacht und dadurch die enorme Wirtschaftskraft der Chinesen freigesetzt.

Der zweite Faktor war der massive Zustrom von westlichem Kapital und westlicher Technologie nach China während der Reformzeit. Unter der Kommandowirtschaft gab es in China riesige Flächen an zu gering genutztem Land, an zu wenig eingesetzten Arbeitskräften und florierenden Märkten. Die Situation nach dem Ende dieser Kommandowirtschaft lässt sich mit einem neu eröffneten Markt für Gold vergleichen, auf dem der Preis noch nicht festgelegt ist. Die Kombination von Kapitalinvestitionen und unerschlossenen Ressourcen heizte das Wirtschaftswachstum Chinas an. Ohne die totalitäre Herrschaft der Partei hätte dies bereits Jahrzehnte früher, kontrollierbarer und nachhaltiger geschehen können.

Das Ausmaß der westlichen Investitionen in China ist immens. Laut Statistik erreichten die amerikanischen Direktinvestitionen in China von 2000 bis 2016 knapp 800 Milliarden US-Dollar. [23] Der Gesamtwert des ausländischen Kapitals, das von 1979 bis 2015 nach China kam, lag bei etwa 1,64 Billionen US-Dollar. [24]

Drittens: Westliche Länder gaben dem chinesischen Regime sogar einen bevorzugten Handelsstatus und einen breiten Marktzugang. Im Mai 2000 gewährte die US-Regierung China dauerhaft normale Handelsbeziehungen. Am 11. Dezember 2001 schloss sich China offiziell der Welthandelsorganisation (WTO) an und trat dem internationalen Markt bei.

Viertens: Die KP Chinas entwickelte ihre Wirtschaftskraft mit unethischen Mitteln. Dazu gehören unter anderem die Ausbeutung von Arbeitern und Bauern, der gewaltsame Abriss von Wohnungen, die Umsiedlung der Bevölkerung und vieles mehr. Um des kurzfristigen Wachstums willen ignorierte die KP Chinas Umweltzerstörung und andere Gefahren, um so viel Profit wie möglich aus ihrem Land, ihren Menschen und ihren Ressourcen herauszupressen.

Die Kommunistische Partei nutzte das westliche Kapital, die Technologie, die Märkte, den günstigen Handelsstatus und die billigen inländischen Produktionskosten, um riesige Summen an Devisenreserven anzuhäufen. Das Handelsdefizit zwischen den Vereinigten Staaten und China stieg von rund 80 Milliarden US-Dollar im Jahr 2000 auf über 375 Milliarden US-Dollar im Jahr 2017.

Die KP Chinas hebelte die Konventionen des internationalen Handels aus, indem sie die ihr zur Verfügung stehenden Mittel ohne Rücksicht auf Verluste voll ausschöpfte. So setzt China in großem Umfang auf den Raub von geistigem Eigentum, um andere Länder industriell und technologisch zu überholen. Das ist der größte Diebstahl, den es in der Geschichte je gegeben hat.

Im Bericht der „Commission on the Theft of American Intellectual Property“ (auf Deutsch: Kommission über den Diebstahl von amerikanischem geistigem Eigentum) aus dem Jahr 2017 heißt es, dass Chinas gefälschte Waren, raubkopierte Software und gestohlene Geschäftsgeheimnisse den Vereinigten Staaten jährlich einen Verlust von 225 bis 600 Milliarden US-Dollar zufügen. Diese Zahl schließt die Verluste durch den Diebstahl geistigen Eigentums selbst nicht ein.

In den vergangenen drei Jahren sind den USA 1,2 Billionen US-Dollar durch intellektuellen Diebstahl verloren gegangen. Das meiste davon ging an China. [25][26] In einem Bericht des „Office of the Director of National Intelligence" (auf Deutsch: Büro des Direktors der nationalen Nachrichtendienste) heißt es, dass 90 Prozent der Cyberangriffe auf US-Unternehmen von der chinesischen Regierung ausgehen und jedes Jahr schätzungsweise 400 Milliarden US-Dollar wirtschaftlichen Schaden anrichten. [27]

Chinas Wirtschaftswachstum wurde durch die scheinbare Lockerung der sozialistischen Ideologie, Investitionen aus gut entwickelten westlichen Ländern und das unmoralische Geschäftsgebaren der KP Chinas angeheizt. Dies zeigt weder die Überlegenheit des Sozialismus noch eine Entwicklung der Partei auf dem normalen kapitalistischen Weg. Westliche Beobachter bezeichnen das skrupellose Geschäftsmodell des kommunistischen Chinas manchmal als „Staatskapitalismus". Das ist ein unangemessenes Lob an die Partei. Unter der totalitären Herrschaft der KP Chinas ist die Wirtschaft nur ein politisches Instrument. Mit ihrer oberflächlich vorhandenen Marktwirtschaft täuscht die KP Chinas die Welt.

Das Wirtschaftsmodell der KP Chinas nutzt die staatliche Autorität, um eine schnelle wirtschaftliche Entwicklung herbeizuführen und gleichzeitig mit hinterhältigen Tricks wettbewerbsfähig zu bleiben. Es hat andere Länder ermutigt, stärkere staatliche Maßnahmen zu ergreifen. Diese Länder haben den schwerwiegenden Fehler begangen, das Modell der Partei als Erfolg zu verehren und gleichzeitig die menschlichen und moralischen Tragödien des chinesischen Volkes zu ignorieren.

c) Konsequenzen des chinesischen Wirtschaftsmodells

Das Wirtschaftsmodell der KP Chinas hat die Gesellschaft in eine moralische Krise gebracht – genau im Einklang mit dem Ziel des kommunistischen Gespenstes, die Menschheit zu zerstören. Sie versteckt die „Erosion der Moral" hinter dem wirtschaftlichen Wachstum, sodass sie die Menschen in luxuriöse Dekadenz und letztendliche Vernichtung zieht.

Das heutige China ist überschwemmt mit gefälschten Waren, giftigen Lebensmitteln, Pornografie, Drogen, Glücksspiel und Banden. Korruption und Prostitution sind zu Errungenschaften geworden, auf die man stolz ist, während soziales Vertrauen praktisch nicht vorhanden ist. Die wachsende Kluft zwischen Arm und Reich geht einher mit sozialen Konflikten und dem Missbrauch der Justiz. Die Bürger verschließen die Augen vor dem Leid ihrer Landsleute. In der Wirtschaft der kommunistischen Machthaber nutzen Parteifunktionäre ihre Autorität, um Reichtum anzuhäufen. Das Ausmaß der Korruption nimmt mit der Karrierestufe und dem Rang zu. Die Unterschlagung von mehreren Milliarden Yuan ist ein normaler Vorgang. Es gibt keine Regierung, die so korrupt und moralisch derart verkommen ist wie das kommunistische Regime in China.

Im Oktober 2011 war die Welt schockiert über den Tod von Yueyue, einem zweijährigen Mädchen in der Provinz Guangdong, das von einem Lastwagen überfahren wurde. Anstatt auszusteigen, um zu helfen, legte der Fahrer den Rückwärtsgang ein, um Yueyue erneut zu zerquetschen und damit sicherzustellen, dass sie tot war. Während der Tragödie kamen 18 Menschen vorbei, ohne stehenzubleiben. Yueyue starb später im Krankenhaus. Internationale Medien fragten sich, ob China seine Seele verloren hat. Es mag verständlich sein, dass die Menschen zögern, anderen zu Hilfe zu kommen, wenn es um Gefahren geht – wie bei einem bewaffneten Überfall. Doch Yueyue stellte für niemanden eine nur irgendwie denkbare Bedrohung dar, als sie unter den Reifen eines herzlosen Truck-Fahrers tödlich verletzt wurde. Die chinesische Gesellschaft hat ihren moralischen Tiefpunkt erreicht.

Wirtschaftswachstum ohne Moral ist chaotisch, kurzlebig

und führt zu Katastrophen. Unter der unmenschlichen Politik der KP Chinas gibt es viele soziale Konflikte, die Umwelt steht kurz vor dem Zusammenbruch. Die Folgen des moralischen Verfalls sind fatal. China nennt sich ein starkes Land, doch seine Stärke ist eine bösartige Illusion. Sein oberflächlicher Wohlstand, der auf dem rücksichtslosen Streben nach Reichtum aufbaut, ist dazu verdammt, in den anwachsenden moralischen Krisen und sozialen Konflikten zusammenzubrechen.

China hat keine gute Zukunft, wenn das Land den Fallen des Teufels nicht entkommen kann. Das Gespenst des Kommunismus hat tatsächlich nicht die Absicht, ein gesundes und nachhaltiges Wachstum entstehen zu lassen und zu fördern, da sein eigentliches Ziel die Zerstörung Chinas ist.

3. Die Verwüstungen durch den Sozialismus in den Entwicklungsländern

a) Die sozialistische Wirtschaft belastet Osteuropa bis heute

In der heutigen Welt betreiben die entwickelten westlichen Länder versteckten Sozialismus. Die Kommunistische Partei hat China ein autoritäres sozialistisches System auferlegt. Osteuropa wird weiterhin vom Kommunismus heimgesucht. Die Verbrechen der Regime des ehemaligen Sowjetblocks wurden noch nicht vollständig aufgearbeitet.

Die anhaltende Präsenz des Kommunismus zeigt sich in verschiedenen Facetten der osteuropäischen Politik und Wirtschaft. Russland und Weißrussland haben beispielsweise mächtige Staatsunternehmen, eine hohe Sozialhilfe und eine aggressive Interventionspolitik. Während der Übergangszeit nach dem Kommunismus erlebten die osteuropäischen Länder Krisen des langsamen Wirtschaftswachstums und der hohen Arbeitslosigkeit. All dies förderte den Rückfall zum

Kommunismus und Sozialismus in neuen Formen. Der Geist des Kommunismus ist nicht gebannt worden. Linke Parteien wurden neu belebt und nähren die Sehnsucht der Menschen nach der sozialistischen Vergangenheit. [28]

b) Sozialistische Wirtschaftspolitik scheiterte in den Entwicklungsländern

In den Entwicklungsländern Asiens, Afrikas und Lateinamerikas hatten sich bis in die 1960er Jahre viele neue unabhängige Länder zum Sozialismus bekannt. Die Folge war ein ziemliches Durcheinander. Zu den jüngsten Fällen gehören Venezuela und Simbabwe.

Venezuela war einst das reichste Land Lateinamerikas. Da der Sozialismus seine Wirtschaft zum Zusammenbruch brachte, ist Venezuela heute voller Armut, Kriminalität und Hunger. Simbabwe war einst das reichste Land Afrikas. Heute befindet es sich in einer Katastrophe, weil die Inflation extrem angestiegen ist.

Venezuela: Wie der Sozialismus ein wohlhabendes Land in den Ruin trieb

Venezuela verfügt über beträchtliche Ölreserven. In den 1970er Jahren war es das am schnellsten wachsende Land Lateinamerikas mit der geringsten Einkommensungleichheit und dem höchsten Pro-Kopf-BIP in der Region. [29] Die relativ freie Wirtschaft Venezuelas zog qualifizierte Einwanderer aus Italien, Portugal und Spanien an. Zusammen mit dem Schutz der Eigentumsrechte ermöglichten diese Faktoren von 1940 bis 1970 ein rasantes Wirtschaftswachstum. [30]

Nachdem 1999 ein neuer Präsident sein Amt angetreten hatte, startete er ein Verstaatlichungsprogramm, das die venezolanische Wirtschaft ins Chaos stürzte. Der Präsident erklärte öffentlich, dass er den Sozialismus des 21. Jahrhunderts aufbauen werde. [31]

Um einen sozialistischen Staat zu errichten, beschlagnahmte oder verstaatlichte die venezolanische Regierung viele private Unternehmen aus unterschiedlichen Branchen, darunter Öl, Landwirtschaft, Finanzen, Schwerindustrie, Stahl, Telekommunikation, Energie, Transport und Tourismus. Zwei Putschversuche scheiterten. Nach der Wiederwahl des Präsidenten im Jahr 2007 wurde der Prozess der Verstaatlichung noch weiter intensiviert. Seine Regierung enteignete von 2007 bis 2012 genau 1.147 Privatunternehmen – mit katastrophalen Folgen.

Einst produktive Wirtschaftszweige wurden stillgelegt und durch ineffiziente Staatsbetriebe ersetzt, wodurch Investoren abgeschreckt wurden. Als die Produktion sank, wurde Venezuela stark von Importen abhängig. In Verbindung mit einer Reihe von staatlichen Interventionen mit Devisenreserven und Preiskontrollen kam es unweigerlich zu einer Katastrophe, als der Ölpreis fiel.

Einige führten diese Tragödie auf die Ölkrise zurück, aber die Ursachen für das dramatische Scheitern Venezuelas sind nicht hier zu finden. Nach Angaben der Weltbank erlebten sieben Länder, die noch stärker als Venezuela auf Ölexporte angewiesen waren, in den Jahren 2013 bis 2017 ein Wirtschaftswachstum. [32]

Die Wurzel des Problems liegt im sozialistischen Wirtschaftssystem. Venezuelas Wirtschaftspolitik folgte im Wesentlichen den zehn revolutionären Forderungen, die Marx im Kommunistischen Manifest vorgeschlagen hatte. [33] Venezuela traf sein wirtschaftliches Schicksal, weil es sich in Richtung Kommunismus bewegte.

Simbabwe: vom Brotkorb Afrikas zu einem Land mit Hungersnot

Nach der Unabhängigkeitserklärung Simbabwes im Jahr 1980 versuchte das Land, einen sozialistischen Staat nach marxistisch-leninistischen Prinzipien aufzubauen. Von seinem ersten Präsidenten ist bekannt, dass er in seinen Jugendjahren an den Marxismus glaubte. Seine von den Ideen Mao Tse-tungs geleitete Guerilla wurde bedingungslos von der Kommunistischen Partei Chinas unterstützt und unterhielt eine enge Beziehung zu China. Im Gegensatz zu anderen afrikanischen Ländern, die den Sozialismus einführten, setzte Simbabwe nicht sofort eine Verstaatlichungspolitik durch.

Die wirtschaftlichen Probleme Simbabwes begannen nach der Landreform im Jahr 2000. Im Rahmen des Reformprogramms wurde das Land der weißen Bauern beschlagnahmt und unter den landlosen Schwarzen sowie denjenigen mit dem „richtigen" politischen Hintergrund neu verteilt. Die Folge war ein starker Rückgang der landwirtschaftlichen Produktivität. Um der Krise zu entgehen, druckte die Zentralbank Simbabwes mehr Geld – was zu einer anhaltenden Hyperinflation führte.

Zahlen der Zentralbank von Simbabwe zeigen, dass im Juni 2008 die jährliche Inflationsrate des Landes 231 Millionen Prozent erreichte. Bis Mitte November 2008 hatte die Inflation ihren Höhepunkt bei fast 80 Milliarden Prozent erreicht, worauf die Behörden die Veröffentlichung monatlicher Statistiken aufgaben. Ein Jahr später erreichte der Wechselkurs des simbabwischen Dollars gegenüber dem US-Dollar fünfunddreißig Billionen zu eins. Simbabwe war schließlich gezwungen, seine Währung aufzugeben und neu herauszugeben. [34]

Im Jahr 2008 wurde Simbabwe von einer großen Hungersnot heimgesucht. Von den 16 Millionen Einwohnern des

Landes hungerten 3,5 Millionen. Unterernährung ist heute chronisch und weit verbreitet.

Das kommunistische Gespenst plagt die Welt. Menschen in verschiedenen Ländern können die reale und potenzielle Gefahr sehen, die es gebracht hat. Auch gut entwickelte westliche Länder beginnen, Krisen zu erleben.

Inzwischen ist die Tragödie des Sozialismus in den Entwicklungsländern bereits zur Realität geworden. Das Prinzip ist einfach: Das Gespenst nutzt die Ökonomie, um kurzfristige Annehmlichkeiten und Zufriedenheit zu versprechen. Dabei werden Menschen in moralische Verkommenheit gelockt und in den Abgrund gezogen.

4. Staatseigentum und Planwirtschaft sind Systeme der Sklaverei

Der Himmel – zieht man das Christentum zu Rate – hat den Menschen erschaffen und ihn mit Weisheit und Stärke ausgestattet. Er legte fest, dass sein Leben eines sein soll, in dem er die Früchte seiner Arbeit erntet und genug zum Leben hat. So wie es in der Unabhängigkeitserklärung der Vereinigten Staaten heißt: „Wir halten diese Wahrheiten für selbstverständlich, dass alle Menschen gleich erschaffen wurden, dass sie von ihrem Schöpfer mit gewissen unveräußerlichen Rechten begabt wurden, dazu gehören Leben, Freiheit und das Bestreben nach Glückseligkeit.“ [35]

Natürlich gehört zu diesen Rechten auch das Recht, Eigentum und Vermögen zu besitzen und zu verwenden.

Demgegenüber steht Marx’ Aussage aus dem „Manifest der Kommunistischen Partei“: „In diesem Sinn können die Kommunisten ihre Theorie in dem einen Ausdruck: ‚Aufhebung des Privateigentums’, zusammenfassen.“ [36] Diese Theorie verweist auf das System des Kollektiveigentums, das mit der Planwirtschaft zwingend einhergeht. Es missachtet die Prinzipien des Himmels, läuft der menschlichen Natur zuwider und ist eine Form von Sklaverei.

a) Staatseigentum: eine totalitäre Bürde

Der antikommunistische Pionier Fred Schwartz erzählt in seinem Buch „You Can Trust the Communists to be Communists" (auf Deutsch: Du kannst den Kommunisten vertrauen, dass sie Kommunisten sind) [37] den folgenden Scherz, bei dem ein Besucher zuerst die Arbeiter einer sowjetischen Autofabrik und anschließend die Arbeiter in einer amerikanischen Autofabrik interviewt:

> „Wem gehört diese Fabrik?"
> „Uns", antworteten die sowjetischen Arbeiter.
> „Wem gehört das Land, auf dem sie steht?"
> „Uns."
> „Wem gehören die Produkte, die in der Fabrik hergestellt werden?"
> „Uns."
> Am Rande eines großen Parkplatzes standen drei alte verbeulte Kisten. Der Besucher fragte die Arbeiter:
> „Wem gehören die Autos da draußen?"
> „Sie gehören uns, aber eines fährt der Betriebsleiter, eines der Politkommissar und das dritte die Geheimpolizei", antworteten sie.
> Derselbe Ermittler ging in eine Fabrik in Amerika und fragte die dortigen Arbeiter: „Wem gehört diese Fabrik?"
> „Henry Ford", war ihre Antwort.
> „Wem gehört das Land, auf dem sie steht?"
> „Henry Ford."
> „Wem gehören die Produkte, die in der Fabrik hergestellt werden?"
> „Henry Ford."

> Vor der Fabrik befand sich ein sehr großer Parkplatz, auf dem alle möglichen modernen amerikanischen Autos verschiedener Marken standen. Er fragte die Arbeiter: „Wem gehören die ganzen Autos da draußen?"
> Sie antworteten: „Oh, die gehören uns."

Diese Geschichte zeigt anschaulich die Auswirkungen und Unterschiede zwischen den Systemen des Privateigentums und des Kollektiveigentums. Beim Kollektiveigentum werden die Ressourcen und die aus der Arbeit erzielten Gewinne verstaatlicht. Vorbei ist es mit den Mechanismen, die den individuellen Enthusiasmus, das Streben nach Innovation sowie das Verantwortungsbewusstsein antreiben, welche durch das Recht auf persönliches Eigentum entstehen. Kollektiveigentum bedeutet, dass sich die Bürger eines Landes dessen Vermögen teilen. In der Praxis jedoch bedeutet es, dass die privilegierte Schicht die Mittel an sich reißt und dabei zuerst an sich selbst denkt.

Der Mensch ist der entscheidende Faktor für Wirtschaftswachstum. Das System des Staatseigentums unterdrückt die Kraft und Leistungsmotivation der Menschen, untergräbt die Moral, fördert Unwirtschaftlichkeit und verursacht Verluste. Von den sowjetischen Kolchosen bis hin zu den Volkskommunen in China, einschließlich der gescheiterten Kollektivierung in Kambodscha und Nordkorea, hat das System des Kollektiveigentums überall Hungersnöte verursacht. In China starben Dutzende Millionen von Menschen infolge einer von Menschen verursachten Hungersnot.

Das System des Privateigentums entspricht dem Prinzip, dass ein Mensch für sein Brot arbeitet. Das System des Kollektiveigentums läuft diesem Prinzip zuwider. In der Menschheit existieren sowohl das Gute als auch das Böse. Privateigentum ermöglicht einem Menschen, seine gutherzige Natur zu entwickeln und Fleiß und Sparsamkeit zu entfalten. Kollektiveigentum hingegen bringt das Böse in der menschlichen Natur zum Vorschein und fördert Neid und Faulheit.

Friedrich Hayek schreibt, dass das Wachstum einer Zivilisation von sozialen Traditionen abhängt, die das Privateigentum in den Mittelpunkt stellen. Solche Traditionen hätten den modernen Kapitalismus und das damit verbundene Wirtschaftswachstum (die „erweiterte Ordnung“ oder „extended order“, ein Begriff von Hayek) hervorgebracht. Es sei eine organische, selbst erzeugte Ordnung, die für ihr Funktionieren keiner Regierung bedarf. Die kommunistischen und sozialistischen Bewegungen versuchen jedoch, diese spontan entstehende Ordnung zu kontrollieren – was Hayek ihre „verhängnisvolle Anmaßung“ [38] nennt. Dieser Versuch ist zum Scheitern verurteilt.

Privateigentum und Freiheit sind untrennbar miteinander verbunden. Dies gilt analog für Staatseigentum und Unterdrückung. Hier werden Ressourcen verstaatlicht, die wirtschaftliche Produktivität herabgesetzt und die Menschen zu Dienern und Sklaven ihres Landes gemacht. Alle Menschen müssen den Befehlen der zentralen Partei gehorchen. Und alle Ideen und Stimmen, die nicht regimekonform sind, können durch wirtschaftliche Sanktionen ausgeschaltet werden. Gegen staatliche Intervention und Sklaverei sind die Menschen machtlos.

Die Abschaffung des Privateigentums und die Einrichtung des Staatseigentums haben zwangsläufig totalitäre Folgen. Kollektivismus ist eine Bürde, welche die Menschen in einem totalitären Staat um den Hals tragen. Die Freiheit, einschließlich der Freiheit, gut zu sein, wird ihnen entzogen, und alle Menschen müssen sich den unmoralischen Befehlen in einem kommunistischen Regime beugen.

Es gibt einige Menschen, die klar vorhergesagt haben, warum Macht nicht privatisiert und Besitz nicht kollektiviert werden darf. Andernfalls erwarte die Menschheit eine Katastrophe. Das ist tatsächlich wahr.

b) Planwirtschaft: zum Scheitern verurteilt

Die Ressourcen sowie die Produktion und Verteilung aller Produkte einer Gesellschaft basieren in der Planwirtschaft auf einem zentralen Plan, den der Staat festlegt. Dies unterscheidet sich vollkommen von der organischen Planung durch Unternehmen und Einzelpersonen.

Die Planwirtschaft hat offenkundige Mängel. Erstens macht sie die Sammlung großer Datenmengen erforderlich, um vernünftige Arrangements für die Produktion treffen zu können. Für ein Land, insbesondere für ein modernes Land mit einer großen Population, ist die Menge der relevanten Informationen unvorstellbar groß. So musste beispielsweise das Warenpreisbüro der damaligen Sowjetunion die Preise für 24 Millionen unterschiedliche Waren festlegen. [39] Derartige Berechnungen sind kaum sinnvoll möglich.

Eine einheitliche Planwirtschaft kann der Komplexität und den ständigen Veränderungen einer Gesellschaft und ihrer Menschen nicht gerecht werden. [40] Selbst mithilfe von „Big Data" und künstlicher Intelligenz sind menschliche Gedanken keine Variablen, die man erfassen kann. Deshalb wird dieses System stets lückenhaft sein.

Der Ökonom Ludwig von Mises erörterte in seinem bekannten Artikel „Economic Calculation in the Socialist Commonwealth" (auf Deutsch: Wirtschaftliche Berechnungen im sozialistischen Gemeinwesen) [41] die Beziehung zwischen Sozialismus und dem Markt. Er stellte fest, dass eine sozialistische Gesellschaft – in der kein echter Markt vorhanden ist – nicht in der Lage ist, vernünftige wirtschaftliche Berechnungen anzustellen. Somit ist eine sinnvolle Verteilung der Ressourcen nicht machbar und die Planwirtschaft zum Scheitern verurteilt.

Zweitens ist für die wirtschaftliche Planung eine staatliche Ressourcenkontrolle zwingend notwendig. Diese führt unweigerlich zu absoluter Macht, zu Quoten und zu Befehlen. Des Weiteren ist eine solche „Ökonomie für die Macht" zuallererst der Politik verpflichtet und nicht den Bedürfnissen des Volkes. Wenn die Anforderungen der wirklichen Welt dem Plan des Staates nicht entsprechen, dann tritt die Staatsmacht die natürliche Konjunkturentwicklung mit Füßen. Dies führt zur verstärkten Fehlleitung des Kapitals und den damit verbundenen Schwierigkeiten. Die Planwirtschaft nutzt die begrenzte Macht und Weisheit der Regierung, um Gott zu spielen – was zum Scheitern verurteilt ist.

Wirtschaftsplanung (Planwirtschaft) und eine Politik, die starken Druck ausübt, sind untrennbar. Da es nicht ausbleibt, dass staatliche Pläne auch fehlerhaft sind, werden diese beim Auftauchen von Problemen innerhalb und außerhalb der Regierung infrage gestellt. Die Machthaber fühlen sich dann in ihrer Autorität bedroht, worauf sie mit politischem Druck und Säuberungsaktionen reagieren. Mao Tse-tung beispielsweise ignorierte die Gesetze der Ökonomie und setzte den „Großen Sprung nach vorn" durch, was in einer dreijährigen Hungersnot endete und Dutzenden Millionen von Menschen das Leben kostete. Dadurch wurde er nur noch mehr angezweifelt – ein wesentlicher Grund, warum er später die Kulturrevolution anzettelte.

Die derzeitigen Zustände der staatlichen Unternehmen in China spiegeln die verheerenden Auswirkungen von Planwirtschaft und Staatseigentum voll und ganz wider. Viele staatseigene Unternehmen in China verlangsamten in den vergangenen Jahren ihre Produktion oder stellten sie ganz ein, jedes Jahr erlitten sie Verluste oder meldeten Konkurs an. Um ihren Betrieb am Laufen zu halten, sind sie auf staatliche Subventionen und Roll-over-Kredite, deren Zinssatz je nach Marktlage variabel ist, angewiesen. Sie sind im Grunde genommen Parasiten der Volkswirtschaft; viele von ihnen sind weithin als „Zombieunternehmen" bekannt. [42]

Bis auf die staatlichen Monopole in den lukrativen Sektoren Erdöl und Telekommunikation verzeichnen die 150.000 staatseigenen Unternehmen in China nur geringfügige Gewinne. Sie sind Kapitalvernichtungsmaschinen, die seit Jahren hohe Verluste ausweisen. Ende 2015 wurde ihr Gesamtkapital mit 176 Prozent des Bruttoinlandsprodukts ausgewiesen, Schulden mit 127 Prozent und Gewinne mit nur 3,4 Prozent des Bruttoinlandsprodukts. Einige Ökonomen sind der Ansicht, dass die „Zombieunternehmen" die Wirtschaft Chinas in Geiselhaft halten. [43]

Die Planwirtschaft beraubt die Menschen ihrer Freiheit und zwingt den Staat, sich um sie zu kümmern. Im Wesentlichen geht es bei dem Projekt darum, die Menschen zu Sklaven und Maschinen zu machen. Alle Aspekte des menschlichen Lebens werden vom Staat kontrolliert. Er sperrt die Menschen in ein unsichtbares Gefängnis, möchte den freien Willen abschaffen und verändert die von Gott festgelegten Parameter für menschliches Leben. Dies ist eine weitere Erscheinung der kommunistischen Auflehnung gegen Gott und das „ius naturale" („Naturrecht").

5. Die Ausbeutungstheorie von Marx: Umkehrung von Gut und Böse

Marx sagte, dass nur Arbeit Werte schaffe. Angenommen, der Inhaber eines Unternehmens investiert in einem Jahr zehn Millionen US-Dollar und der Umsatz des Unternehmens beträgt elf Millionen US-Dollar. Dann wäre diese eine Million US-Dollar Gewinn von den Mitarbeitern erwirtschaftet worden. Nach der Theorie von Marx schafft Kapital keinen Wert, sondern wird nur auf einen Teil der Fertigungskosten übertragen. Der von den Mitarbeitern des Unternehmens geschaffene Wert (elf Millionen US-Dollar) ist in diesem Beispiel höher als seine Kosten (zehn Millionen US-Dollar). Das schließt die Gehälter der Mitarbeiter, die die Kosten für ihre Arbeit sind, mit ein. Der Gewinn, hier eine Million US-Dollar, ist nach der marxistischen Theorie ein „Mehrwert", den die Mitarbeiter geschaffen haben, der ihnen aber ungerechterweise von den Kapitalisten vorenthalten wird.

Daher behauptete Marx, hinter das Geheimnis gekommen zu sein, wie Kapitalisten ihr Geld verdienen – durch Ausbeutung. Er war der Ansicht, dass Ausbeutung die „Erbsünde" des Bürgertums sei. Kapitalistische Investitionen zur Gründung von Fabriken und Unternehmen sind selbstverständlich gewinnorientiert, sodass laut Marx das Proletariat zwangsläufig ausgebeutet würde. Diese „Erbsünde" der Ausbeutung sei charakteristisch für das zum Bürgertum gehörende kapitalistische System. So kam Marx zu dem Schluss, dass zur Beseitigung dieser Sünde die ganze kapitalistische Gesellschaft zerstört werden müsse. Das heißt in der Praxis: Beseitigung des Bürgertums und Beschlagnahmung ihres Vermögens, während die Führung der Partei alles Eigentum kollektiviert und den Kommunismus einführt.

Die Absurdität dieser Theorie der Ausbeutung zeigt sich vor allem in zwei Punkten. Erstens werden die Menschen in zwei entgegengesetzte Klassen eingeteilt: das Bürgertum, das Kapital hat, und das Proletariat, das kein Kapital hat. Mit dem Aufkommen der Industriegesellschaften nahm die soziale Mobilität zwischen den Schichten rapide zu. Zum Beispiel ähnelte die soziale Mobilität zu Zeiten von Marx (Anfang der 1800er bis 1850er Jahre) jener der 1970er Jahre in Großbritannien und den Vereinigten Staaten. [44] Der Wechsel zwischen den Schichten ist von der Antike bis zur Gegenwart ein dynamischer Prozess. Ein vermeintlicher Angehöriger des Proletariats gehört nicht mehr zum Proletariat, sobald er Aktien an einem Unternehmen erwirbt. Wenn die Klassenzuordnung so einfach geändert werden kann, dann dienen Versuche, die Menschen in solche Gruppen einteilen, nur dem Zweck, Klassenhass zu schüren.

Außerdem täuscht der Marxismus die Menschen mithilfe einer Reihe aufwendig gestalteter „Theorien". Er ersetzt die traditionellen moralischen Normen durch seine eigenen, die Recht und Unrecht umkehren. Ob ein Mensch gut oder schlecht ist, wird nach Auffassung des Marxismus nicht nach seiner Moral und seinem Handeln beurteilt, sondern danach, ob man Kapital besitzt oder nicht. Wer zur Klasse der Kapitalisten gehört, macht sich der Ausbeutung des Proletariats (Arbeiterklasse) schuldig. Und da die Mitglieder des Proletariats die Unterdrückten und Ausgebeuteten sind, sind sie moralisch natürlich überlegen. Ganz gleich, wie sie die Kapitalisten auch behandeln, können die Proletarier erhobenen Hauptes dastehen. So wurde der Besitz von Eigentum zu einem Verbrechen, der Diebstahl von Reichtum zu Gerechtigkeit und gewaltsame Enteignung legal und gerechtfertigt. Diese Umkehr von Recht und Unrecht, Gut und Böse, hat das Übel noch begünstigt.

In China, der ehemaligen Sowjetunion und in den kommunistischen Ländern Osteuropas raubten die kommunistischen Parteien das Land, lynchten Gutsherren und nahmen den Kapitalisten die Fabriken weg. Schlimmer noch, die Partei ermordete sogar „Klassenfeinde", beging Brandstiftung, beschlagnahmte das Vermögen von Generationen, zerstörte die menschliche Natur und führte gegen die Menschen eine allumfassende Kampagne des Staatsterrorismus durch. Dieses ganze Übel war die Folge dieser Theorien. Gleichzeitig wurden die traditionellen moralischen Normen und der Glaube an das Göttliche, an Heilige und berühmte Gelehrte und Persönlichkeiten als zur „ausbeutenden Klasse" zugehörig gebrandmarkt und verfemt. Solche Ansichten sollten angegriffen und beseitigt werden.

In wirtschaftlichen und philosophischen Kreisen wurden Marx' Theorien stark kritisiert. [45] Nachfolgend nur einige Beispiele, die die Absurdität seiner Ausbeutungstheorie veranschaulichen.

Marx behauptete, dass Arbeit Werte schaffe, und dass diese Werte durch die für die Produktion erforderliche Arbeitszeit bestimmt werden. Diese Theorie ist lächerlich. Der Wert einer Ware ist keine ihrer intrinsischen Eigenschaften. Die Menschen fügen jeder Ware meistens subjektive Elemente hinzu – am auffälligsten zeigt sich das im Prinzip von Angebot und Nachfrage. Viele Ökonomen haben den Prozess der Wertbestimmung untersucht. Im Gegensatz zum Monismus (alles in der Welt lasse sich auf ein einziges Grundprinzip zurückführen) von Marx glauben die meisten Volkswirte, dass bei dem Wertschöpfungsprozess zahlreiche Faktoren eine Rolle spielen – darunter Land, Kapital, Arbeit, Wissenschaft und Technologie, Management, das Risiko von Investitionen und so weiter. Wirtschaftliches Handeln besteht aus einem komplexen System, das verschiedene Glieder der Produktionskette beinhaltet. An die verschiedenen Produktionsfaktoren gibt es bestimmte betriebswirtschaftliche Anforderungen, und verschiedene Personen haben unterschiedliche Positionen inne, die für die gesamte Kette unverzichtbar sind und zur Schaffung der „Buchwerte" beitragen.

Ein Beispiel: Ein Kapitalist möchte eine Million US-Dollar investieren, um zwei Ingenieure einzustellen, die ein bestimmtes neues Spielzeug entwerfen und herstellen sollen. Auch stellt der Unternehmer einen Marketingfachmann ein, um das neue Produkt zu bewerben und zu vermarkten. Zwei Jahre später hat das Spielzeug einen hohen Beliebtheitsgrad erlangt und einen Gewinn in Höhe von 50 Millionen US-Dollar erzielt. Ist dieser geschaffene Buchwert von 50 Millionen Dollar nun der Arbeit der Ingenieure und des Marketingfachmannes zuzuschreiben? Nein, natürlich nicht. Der Grund, dass das Produkt Millionen eingebracht hat, ist der Umstand, dass die Leute es haben wollten. Die Marktkenntnis des Kapitalisten, Organisationstalent und Führungsqualitäten, sowie der Mut, ein Risiko einzugehen, haben auch zu dem letztendlichen Wert des Spielzeugs beigetragen.

Angenommen, das Spielzeug ist durch die Kreativität von einem der Ingenieure entstanden. Ist der Wert des Spielzeugs in Höhe von 50 Millionen US-Dollar dann auf den Umstand zurückzuführen, dass der Kapitalist die Kreativität des Ingenieurs ausgenutzt hat, ohne ihm etwas zurückzugeben? Nein! Wenn der Ingenieur der Meinung ist, dass seine Kreativität nicht ausreichend honoriert wird, könnte er zu einem anderen Unternehmen wechseln, das ihm mehr bezahlt.

Auf dem freien Markt gibt es letztendlich eine Balance zwischen Fähigkeiten sowie Zielen und dem eingesetzten Kapital. Kapitalisten, die unrealistische Gewinne fordern, werden gegen die Konkurrenz verlieren beziehungsweise keine fähigen Mitarbeiter gewinnen können. Da außerdem die Erträge, die das Kapital bringt, ein schnelles Ausgeben des Kapitals weniger attraktiv machen, sind die Gewinne zum Teil auch den Bemühungen des Investors zu verdanken. Daher ist es normal, einen zusätzlichen Betrag als Gegenleistung zu erhalten. Das Prinzip unterscheidet sich nicht von der Kreditvergabe gegen Zinsen.

Es gibt auch viele „zufallsbedingte" Faktoren, die den Wert einer Ware mitbestimmen. Solche zufälligen Faktoren können nur durch ein Bezugssystem, das auf traditionellen Überzeugungen und Kulturen beruht, angemessen erklärt werden.

In bestimmten Situationen kann die Wertschöpfung und Wertzerstörung einer Sache von der Arbeitsfrage völlig losgelöst sein. Ein Diamant im Wert von zehn Millionen US-Dollar war vor 5.000 Jahren womöglich wertlos, weil ihn niemand wollte. Ein vom Großvater geerbtes karges Stück Land könnte durch den Wohlstand einer nahegelegenen Stadt oder die Entdeckung von Seltenen Erden hundertfach an Wert gewinnen. Hier wurde die Wertsteigerung nicht durch Arbeit geschaffen. Ein solch enormer, unerwarteter Reichtum wird einfach Glück genannt. Sowohl westliche als auch östliche kulturelle Traditionen sind der Auffassung, dass Glück ein Segen des Himmels für die Menschen sei.

Um zu zeigen, dass Kollektiveigentum „rational" und „notwendig" sei, erfand Marx die auf dem Mehrwert basierende Theorie der Ausbeutung. Sie stempelte wirtschaftliches Handeln – ein normaler Teil des Lebens der Menschen – als negatives und unethisches Verhalten ab. Seine Theorie schürt Hass und Verachtung gegenüber der bestehenden Wirtschaftsordnung. Dies ist Teil der Bemühungen, diese Ordnung zu untergraben und zu stürzen.

Die Kapitalisten und Arbeiter, die Gutsbesitzer und Bauern bilden in Wirklichkeit eine Gemeinschaft gemeinsamer Interessen. Ihre Beziehung sollte von Kooperation und wechselseitiger Abhängigkeit geprägt sein; sie unterstützen einander, um zu überleben. Marx hat ihre Gegensätze bewusst verabsolutiert und extrem und absurd überspitzt, als würden sie sich auf Leben und Tod feindlich gegenüberstehen. Es gibt gute und schlechte Menschen unter den Kapitalisten. Ebenso gibt es gute und schlechte Menschen unter den Arbeitern. Im wirtschaftlichen Austausch sollten weder Kapitalisten noch Arbeiter für ihre Tätigkeiten bestraft werden, sondern diejenigen, die das normale wirtschaftliche Handeln untergraben. Moralische Werte und moralisches Handeln sollten die Kriterien für die Beurteilung von Menschen sein, nicht ihr Reichtum.

Die Menschen können ihren wirtschaftlichen und sozialen Status aus eigener Kraft verändern. Arbeitnehmer können durch die Anhäufung von Vermögen zu Investoren werden. Investoren können aufgrund von Misserfolg ihrer Investitionen zu Arbeitnehmern werden. Die Gesellschaft verändert sich ständig und ist wie ein Fluss – ständig in Bewegung. Die Rollen von Arbeitern und Investoren in der modernen Gesellschaft ändern sich oft. Die meisten Menschen spielen auch beide Rollen, indem sie ihre Gewinne investieren und dadurch Arbeitsplätze schaffen, den sozialen Wohlstand erhöhen und der Allgemeinheit nützen. Sogar der Gründer einer amerikanischen Gewerkschaftsbewegung war der Meinung: „Das schlimmste Verbrechen gegen die arbeitende Bevölkerung ist ein Unternehmen, das nicht mit Gewinn arbeitet." [46]

Die absurde „Mehrwert"-Theorie etikettiert die normalen Aktivitäten von Landbesitzern und Kapitalisten als „Ausbeutung". Die Folgen dieser Theorie haben bereits das Leben von Millionen Menschen zerstört. Sie verwirrt das menschliche Denken, stachelt Hass und Neid an und kann zum Kampf führen.

6. Hass und Neid: der Ursprung der absoluten Gleichmacherei

Der Kommunismus vertritt die absolute Gleichheit der Ergebnisse in der Gesellschaft – also einen absoluten Egalitarismus. Dieser Begriff mag vielleicht hochtrabend klingen, sodass viele blind an seine Rechtschaffenheit glauben. Doch gleichzeitig ruft er auch Hass und Neid hervor. Eine Folge des Egalitarismus ist, dass die Menschen den Erfolg anderer nicht akzeptieren können – wenn diese etwa reicher sind, ein bequemeres Leben führen, eine leichtere Arbeit haben oder ihre Lebensbedingungen einfach besser sind. Alle sollten gleich sein nach dem Motto: Ich will und soll das haben und bekommen, was du hast und bekommst.

Der absolute Egalitarismus zeigt sich auf mindestens zwei Arten: Erstens, wenn Menschen denken, dass alle gleich sein sollten, werden einige mit ihrem wirtschaftlichen Status bestimmt unzufrieden sein. So ist es einfach, Neid und Hass unter den Menschen zu schüren. Die Menschen begehren die Dinge, die ihre Mitmenschen besitzen, und versuchen sogar, diese mit unlauteren und gewaltsamen Methoden in ihren Besitz zu bringen. Im Extremfall zerstören sie das Eigentum der anderen oder töten, um reich zu werden. Die schlimmste Erscheinungsform hierbei ist die gewaltsame Revolution.

Um Unzufriedenheit hervorzurufen, teilte Marx die Gesellschaft in zwei gegensätzliche Klassen ein: diejenigen, die die Produktionsmittel besitzen und diejenigen, die sie nicht besitzen. Auf dem Land sind dies die Großgrundbesitzer und die Bauern, in der Stadt die Kapitalisten und die Arbeiter. Dadurch wird Klassenhass geschürt, und die vermeintlich Entrechteten werden benutzt, um gewaltsame Revolutionen durchzuführen. Die Grundherren sind reich und die Bauern sind arm – nehmt euch ihren Reichtum! Warum sind die Grundherren reich? Jeder sollte reich sein. So rief die Kommunistische Partei Chinas die Bauern zur „Landreform" auf, was bedeutete, die Grundbesitzer anzugreifen, das Land zu erobern und unter sich aufzuteilen. Wenn sich die Grundbesitzer nicht fügten, wurden sie getötet. Zuerst brachte die Partei Randalierer dazu, Ärger zu machen. Dann ermutigte sie die Bauern, sich aufzulehnen und die Klasse der Grundbesitzer anzugreifen. In der Folge wurden Millionen von Grundbesitzern getötet.

Und zweitens: Der absolute Egalitarismus zeigt sich auch innerhalb der Gruppen, die im Wesentlichen den Zustand der „Gleichheit" bereits erreicht haben: Wenn es Vorteile gibt, erhält jeder den gleichen Anteil davon. Alle, die auffallen, werden kritisiert. Alle werden gleichbehandelt, ob jemand nun mehr, weniger oder gar nicht arbeitet.

Oberflächlich gesehen scheinen die Menschen gleich zu sein. Doch sie unterscheiden sich in Persönlichkeit, Intellekt, körperlicher Stärke, Moral, Beruf, Stellung, Bildung, Lebensbedingungen, Leidensfähigkeit und Ausdauer, Innovationsgeist und so weiter. Auch das, was die Menschen zur Gesellschaft beitragen, ist unterschiedlich. Warum also sollten alle das gleiche Ergebnis bekommen? In diesem Sinne ist Ungleichheit die wahre Gleichbehandlung, während die vom Kommunismus angestrebte Gleichheit wahre Ungleichbehandlung und wahre Ungerechtigkeit ist. Die Menschen im alten China sagten, dass der Himmel diejenigen belohne, die hart arbeiten, wobei die Höhe der Belohnung dem Einsatz des Menschen entspreche. Absolute Gleichheit (Egalitarismus) ist in der realen Welt undenkbar.

Im absoluten Egalitarismus ist das Resultat das Gleiche, ganz gleich, ob man etwas gut oder schlecht macht, ob man fleißig arbeitet oder faul ist. Unter dem Deckmantel dieser Gleichmacherei werden die Faulen begünstigt, während diejenigen, die hart arbeiten und fähig sind, bestraft werden; man nimmt es ihnen sogar übel und betrachtet sie mit Hass. Alle verlangsamen ihr Tempo, um nicht schneller zu sein als der Langsamste. Das führt dazu, dass alle faul werden und darauf warten, dass jemand anderes etwas tut, um einen Vorteil daraus zu ziehen. So bekommt man etwas, ohne etwas dafür getan zu haben, oder man nimmt Dinge von anderen. Die Folge davon ist ein umfassender moralischer Verfall.

Hass und Neid, die den absoluten Egalitarismus anspornen, sind die giftigen Wurzeln der kommunistischen Wirtschaft. Die menschliche Natur trägt sowohl das Gute als auch das Böse in sich. Westliche Religionen sprechen von den sieben Todsünden. Die östliche Kultur lehrt, dass der Mensch sowohl Buddha-Natur als auch Dämon-Natur besitzt. Die Buddha-Natur zeigt sich als Gutherzigkeit, Leidensfähigkeit und Rücksichtnahme auf andere. Die Dämon-Natur zeigt sich als Egoismus, Faulheit, Neid, Bosheit, Raub, Hass, Zorn, Begierde, Tyrannei, Missachtung gegenüber dem Leben, Säen von Zwietracht, Stiften von Unruhe, Erfinden und Verbreiten von Gerüchten, Schmarotzertum und so weiter. Der kommunistische Zugang zur Wirtschaft stimuliert bewusst die Dämon-Natur der Menschen und verstärkt Neid, Gier, Faulheit und weitere bösartige Faktoren. Dadurch verlieren die Menschen ihre Menschlichkeit und geben die jahrtausendealten traditionellen Werte auf. Dies verstärkt das Böseste in der menschlichen Natur und macht die Menschen zu kommunistischen Revolutionären.

In „Theorie der ethischen Gefühle“ (erstmals 1759 erschienen) sagte Adam Smith, dass Moral die Grundlage für den Wohlstand der Menschheit sei. Die Einhaltung dieser allgemeinen moralischen Regeln „ist Voraussetzung für die Existenz der menschlichen Gesellschaft, die sich in nichts auflösen würde, wenn die Menschen grundsätzlich keine Ehrfurcht vor diesen wichtigen Verhaltensregeln hätten“. [47]

Lawrence Kudlow, Direktor des Nationalen Wirtschaftsrats der USA, ist der Ansicht, dass wirtschaftlicher Wohlstand mit Moral einhergehen müsse. Er schrieb, dass die Entwicklung der Vereinigten Staaten kaum Grenzen haben werde, wenn das Land am „obersten Prinzip“ – der Einhaltung moralischer Werte, auf denen Amerika gegründet wurde – festhalte. [48]

Die negativen Folgen, die der absolute Egalitarismus den Ländern auf der ganzen Welt brachte, sind nicht überraschend. Der kommunistische Egalitarismus nutzt die Autorität des Staates, um Privateigentum und Vermögen anderer zu rauben. Einerseits stärkt dies die Autorität und Macht der kommunistischen Ideologie. Andererseits werden die Menschen davon überzeugt, dass Schmarotzertum ihr gutes Recht sei. Auf diese Weise täuscht der Kommunismus die Menschen.

a) Die Förderung der wirtschaftlichen Gleichstellung: ein Zwischenschritt auf dem Weg zum Kommunismus

Unter dem Einfluss des absoluten Egalitarismus wurden im Westen Forderungen nach „sozialer Gerechtigkeit“, Mindestlohngesetzen, Fördermaßnahmen für Benachteiligte, gleichem Lohn für gleiche Arbeit und dergleichen laut. Dahinter steht der Wunsch nach Gleichstellung; und dahinter wiederum verbergen sich die Faktoren des Kommunismus. Diese Falle ist schwer zu erkennen.

Aus kommunistischer Sicht spielt es keine Rolle, ob diese gefährdeten Gruppen Gleichstellung erlangen oder sich ihr sozialer Status verbessert. Sie sind lediglich Schachfiguren in einem Spiel und werden noch dazu benutzt, Groll anzustacheln. Wenn die Kommunisten einmal bekommen haben, was sie wollen, stellen sie einfach neue Forderungen nach „Gleichstellung“ auf. Dabei kennen sie keine Grenzen. Wenn ihre Forderungen nicht erfüllt werden, zetteln sie einen Krieg in der Öffentlichkeit an, indem sie negative Gefühle schüren. Sie verstärken die Anschauungen der Menschen über die „Gerechtigkeit der Gleichstellung“ und nutzen diese Anschauungen, um die öffentliche Meinung zu beeinflussen.

Weil der Kommunismus in vielen Bereichen und mit so vielen verschiedenen Mitteln arbeitet, sind soziale Unruhen und eventuell sogar Revolutionen die Folge, wenn diese Ressentiments alle gleichzeitig eskalieren. Kommunisten werden immer gefährdete Gruppen finden, für die sie finanzielle Gleichstellung fordern können. So wird der Prozess wiederholt, bis die absolute Gleichstellung erreicht ist. Daher sind Forderungen nach sogenannter sozialer Gerechtigkeit ein wichtiger Zwischenschritt auf dem Weg zum Kommunismus. Die kommunistische Ideologie hat die freien Länder im Westen untergraben – so sieht die Realität derzeit aus.

Die Durchführung dieser Politik führt in Wirklichkeit oft zum Gegenteil des gewünschten Ergebnisses. Diejenigen, die dadurch eigentlich geschützt werden sollen, werden diskriminiert und angegriffen. Nehmen wir als Beispiel das Mindestlohngesetz, dessen Ziel es ist, die Rechte der Arbeitnehmer zu schützen. Doch das hat zur Folge, dass viele Fabriken einfach kein Personal mehr einstellen, weil es sich für sie nicht rentiert. Infolgedessen verlieren noch mehr Arbeitnehmer ihren Arbeitsplatz.

Ein Mensch erwirbt seine Fähigkeiten nicht alle auf einmal. Es gibt einen ständigen Prozess des Fortschritts und der Weiterentwicklung der Fähigkeiten und der Arbeitsmoral. Die

Durchsetzung eines Mindestlohns hat auch zur Folge, dass die Menschen nicht mehr für Niedriglohnjobs ausgebildet werden und versuchen, sich einen Weg in höher bezahlte Positionen zu bahnen. Der Einheits-Ansatz verstößt ebenfalls gegen die Wirtschaftstheorie und führt zu übermäßigen staatlichen Eingriffen in die Wirtschaft.

Den Slogan „gleicher Lohn für gleiche Arbeit" benutzen manche Menschen als Vorwand, um eine soziale Revolution zu fordern. Sie zitieren Statistiken und behaupten, dass in den USA das durchschnittliche Gehalt von schwarzen Männern niedriger sei als das von weißen Männern, dass das durchschnittliche Gehalt von Frauen niedriger sei als das von Männern, und dass diese Diskrepanzen das Ergebnis von Rassismus und Sexismus seien. In Wirklichkeit sind solche Vergleiche nicht richtig.

Wenn man Äpfel mit Birnen vergleicht, ist das Ergebnis ein anderes. Wissenschaftler fanden heraus, dass das Einkommen von schwarzen Familien, in denen beide Partner einen Hochschulabschluss oder einen noch höheren Abschluss besitzen, in Wahrheit höher ist als das von weißen Familien in vergleichbarer Situation. [49] Da schwarze Familien dieser Art verhältnismäßig selten sind, gibt es hinsichtlich des Einkommens tatsächlich Unterschiede. Genaue Vergleiche anzustellen wäre sinnvoll. Doch wenn kommunistische Faktoren zu Zwietracht und Kampf aufhetzen, scheinen die Menschen den Durchblick zu verlieren.

Der Kommunismus kümmert sich nicht um das Wohlergehen benachteiligter Gruppen. Er interessiert sich einfach für Slogans, die die Menschen in den Kommunismus und letztlich in den Ruin treiben.

b) Gewerkschaften: So untergräbt der Kommunismus freie Gesellschaften

Der Verlust von Arbeitsplätzen im Produktionssektor in den

Vereinigten Staaten ist ein bekanntes Phänomen. Viele Menschen erkennen jedoch nicht, dass hier die Gewerkschaften zu den Hauptschuldigen zählen. Die Gewerkschaften behaupten, dass sie der Arbeiterklasse zu Vorteilen verhelfen wollen. Doch sie erreichen genau das Gegenteil. Das wird deutlich, wenn man die Geschichte der Gewerkschaften und ihre Entwicklung zurückverfolgt.

Gewerkschaften wurden ursprünglich von Mitgliedern der Arbeiterklasse mit geringen oder gar keinen Fähigkeiten gegründet, um mit dem Management zu verhandeln. Bis zu einem gewissen Grad ist eine Gewerkschaft dazu in der Lage, Konflikte zwischen Arbeitern und Kapitalisten zu klären und aufzulösen. Später gelangten kommunistische Faktoren in die Gewerkschaften und machten diese zu einem Werkzeug zur Förderung kommunistischer Bewegungen und Strategien.

Friedrich Engels schrieb zu diesem Thema: „Der Zeitpunkt rückt auch schnell näher, da die Arbeiterklasse verstanden haben wird, dass der Kampf um höhere Löhne und kürzere Arbeitszeiten und das gesamte derzeitige Handeln der Gewerkschaften kein Selbstzweck ist. Er ist ein Mittel, ein sehr notwendiges und wirksames Mittel, allerdings nur eines von mehreren Mitteln, für ein höheres Ziel: die Abschaffung des gesamten Lohnsystems.“ [50]

Lenin glaubte, dass die Gründung und Legalisierung der Gewerkschaften ein wichtiges Mittel der Arbeiterklasse sei, um den Kapitalisten die Führung der demokratischen Revolution zu entreißen. Auch glaubte er, dass die Gewerkschaften eine Stütze der Kommunistischen Partei und eine entscheidende Kraft im Klassenkampf sein würden. Lenin rief in einer Rede dazu auf, die Gewerkschaften zu einer „Schule des Kommunismus“ und zu einem Bindeglied zwischen der Kommunistischen Partei und den Massen zu machen. Die tägliche Arbeit der Gewerkschaften bestand darin, die Massen zu überzeugen und sie vom Kapitalismus in den Kommunismus zu führen. „Die Gewerkschaften sind ein ‚Reservoir' der Staatsmacht", so Lenin. [51]

Mitte bis Ende des 19. Jahrhunderts nutzten linksgerichtete Kräfte die Gewerkschaften, um die Arbeiter zu großen Streiks anzuregen, rigorose Forderungen zu stellen und sogar gewalttätige Maßnahmen zur Zerstörung von Maschinen und Fabriken zu ergreifen. Die Gewerkschaften wurden zu einer mächtigen Waffe des Kommunismus, um den Kapitalismus zu bekämpfen und den politischen Kampf weiterzuführen. Um ihre Ziele zu erreichen, erzeugten sie Chaos in der Welt.

Im Oktober 1905 nahmen mehr als 1,7 Millionen Arbeiter in Russland an einem landesweiten politischen Streik teil und lähmten auf diese Weise die Wirtschaft des Landes. Zu dieser Zeit wurde der „Petrograder Sowjet", eine noch aggressivere Gewerkschaftsorganisation, gegründet. Lenin nannte dies das Aufkeimen einer revolutionären Regierung und glaubte, dass er das politische Zentrum Russlands werden würde. Mit anderen Worten: Das während der Oktoberrevolution 1917 errichtete Sowjetregime entstand aus einer aggressiven Gewerkschaft. [52]

Die Gewerkschaften in westlichen und entwickelten Ländern werden ebenfalls weitgehend von kommunistischen Faktoren benutzt und infiltriert. Arbeiter und Kapitalisten sollten eigentlich in Symbiose leben. Doch kommunistische Kräfte versuchen, Konflikte zwischen ihnen zu provozieren und zu verschärfen. Eines ihrer wichtigsten Mittel, um das zu tun, sind die Gewerkschaften. Diese benutzen sie, um den Verhandlungsprozess zwischen Management und Arbeitnehmern eskalieren zu lassen und zum Klassenkampf zu stilisieren. Die Gewerkschaften verschärfen die Konflikte und nutzen sie, um ihre eigene Existenz zu rechtfertigen. Von da an schüren sie die Unzufriedenheit der Arbeiter, geben den Kapitalisten die Schuld an allen Problemen und rufen Konflikte zwischen beiden Seiten hervor. So konnten Gewerkschaften bis heute überleben.

Kurzfristig sind Gewerkschaften vielleicht dazu in der Lage, den Arbeitnehmern kleine Vorteile zu verschaffen. Aber langfristig und aus wirtschaftlicher Sicht sind die Arbeiter die wahren Opfer der Gewerkschaften. Denn wenn kapitalistische Unternehmen zerfallen, verlieren die Arbeiter am meisten: ihren Arbeitsplatz und ihren Lebensunterhalt. Nach außen hin setzen sich die Gewerkschaften für die Interessen der Arbeitnehmer ein. In Wirklichkeit untergraben sie die industrielle Wettbewerbsfähigkeit der Unternehmen. Dafür gibt es zwei Gründe.

Erstens: Unter dem Vorwand, die Rechte und Interessen der Arbeitnehmer zu wahren, machen Gewerkschaften die Entlassung nicht leistungsfähiger Mitarbeiter schwer. Daraus entsteht eine Kultur des Müßiggangs. Gegenüber den fleißig arbeitenden Mitarbeitern ist dies unfair und demotiviert sie. Der wichtigste Faktor für das Wachstum eines Unternehmens sind seine Mitarbeiter. Doch da die leistungsschwachen Mitarbeiter unter dem Schutz der Gewerkschaft stehen, können die Unternehmen leicht ihre Wettbewerbsfähigkeit auf dem Markt verlieren.

Zweitens: Unter dem Vorwand, die Arbeitnehmer bezüglich Rente, Krankenversicherung und dergleichen abzusichern, erhöhen die Gewerkschaften ständig die Kosten der Unternehmen. So zwingen sie diese letztendlich, ihre Investitionen in Forschung und Entwicklung einzuschränken – und damit auch ihre Wettbewerbsfähigkeit. Zudem müssen die Unternehmen ihre Produktpreise erhöhen, was wiederum nicht im Interesse der Verbraucher ist. Studien zeigen, dass genau dies die Gründe sind, warum Unternehmen ohne Gewerkschaften, wie die japanischen Autokonzerne Toyota und Honda in der Lage waren, qualitativ hochwertige Autos kostengünstig zu produzieren und warum amerikanische Automobilwerke mit Gewerkschaften in Detroit weniger wettbewerbsfähig wurden. [53]

Edwin Feulner, der Gründer der „American Heritage Foundation", sagte über die Gewerkschaften Folgendes: „Sie sind wie eine Last, die das Unternehmen um den Hals hat – dadurch ist es weniger flexibel und weniger in der Lage, auf die Anforderungen eines sich verändernden Marktes vernünftig zu reagieren." [54]

All dies wird durch die Monopolstellung der Gewerkschaften am Arbeitsmarkt noch verstärkt. Sie führt teilweise zu übermäßig harten Forderungen. Unternehmen, die diese Forderungen nicht erfüllen, werden dann mithilfe von Streiks und Protesten bekämpft, was wiederum der Wirtschaft abträglich ist.

Die „United Auto Workers" (UAW) ist jene Gewerkschaft, die die Arbeiter in der US-Automobilindustrie in Detroit vertritt und routinemäßig streikt. Vor der Finanzkrise im Jahr 2008 forderte die Gewerkschaft 70 US-Dollar pro Stunde an Löhnen und Leistungen. Infolgedessen stand die US-Automobilindustrie kurz vor dem Bankrott. [55]

Der Verlust von Arbeitsplätzen in der Fertigungsindustrie in den USA ist heute weithin bekannt. Weniger bekannt ist, dass die Gewerkschaften dabei ein Schlüsselfaktor sind. Die Anzahl gewerkschaftlich organisierter Arbeitsplätze im Fertigungsbereich ist zwischen 1977 und 2008 um 75 Prozent gesunken. Im selben Zeitraum stiegen die nicht gewerkschaftlich organisierten Arbeitsplätze in der Fertigung laut „Heritage Foundation" um sechs Prozent. In anderen Sektoren ist die Situation ähnlich, etwa in der Baubranche. „Anders als die Fertigungsindustrie hat die Baubranche seit Ende der 1970er Jahre stark expandiert. Insgesamt ist dieses Wachstum jedoch ausschließlich auf nicht gewerkschaftlich organisierte Arbeitsplätze zurückzuführen, deren Anzahl seit 1977 um 159 Prozent gestiegen ist – gleichzeitig sanken die gewerkschaftlich organisierten Arbeitsplätze um 17 Prozent." [56]

Gewerkschaften sind zudem das Werkzeug kommunistischer Faktoren, um in den Unternehmen den Egalitarismus zu fördern. Die „Heritage Foundation" stellte fest: „Gewerkschaften verlangen von den Unternehmen, ihre Mitarbeiter nach der Dauer ihrer Betriebszugehörigkeit (beziehungsweise in sozialistischen Ländern nach der Dauer der Dienstjahre) zu bezahlen. Die Arbeitsleistung und der Einsatz des Mitarbeiters werden dabei nicht berücksichtigt. Das hat den vorhersehbaren Effekt, dass die Löhne produktiver Mitarbeiter gedrückt und die von weniger kompetenten Mitarbeitern erhöht werden." [57]

Die Idee, die hier am Werk ist, nämlich die Umverteilung des Vermögens unter den Mitarbeitern des Unternehmens, ist die gleiche wie die des absoluten Egalitarismus im Kommunismus. Der Eingriff in interne Entscheidungen von Unternehmen und die Monopolstellung am Arbeitsmarkt ist eine Aushöhlung des freien Marktes.

Die aggressive Fürsprache der Gewerkschaften für das, was sie Arbeiterwohlfahrt nennen, begünstigt letztendlich einige Arbeitnehmer gegenüber anderen und belastet Unternehmen und die Wirtschaft als Ganzes. Eine 2005 durchgeführte Umfrage ergab, dass selbst „die meisten Gewerkschaftsmitglieder die amerikanischen Gewerkschaften negativ bewerten" und dass „der Hauptgrund für diese Meinung nie offen in den Gewerkschaftsmedien oder auf Gewerkschaftsversammlungen angesprochen und diskutiert wurde". [58]

Die Arbeitnehmer, die wirklich fleißig sind, wurden zu Opfern, und der Kommunismus zum größten Gewinner. Die Kommunisten benutzen die Gewerkschaften, um die freie kapitalistische Wirtschaft zu zerstören und das kapitalistische System und das normale Leben der Menschen schrittweise zu untergraben.

Die vom Kommunismus infiltrierten und unter der Anleitung der linksgerichteten Parteien stehenden Gewerkschaften haben sich zu einer Lobbyistengruppe entwickelt, die einem großen kommerziellen Unternehmen gleicht. Ihre Führung hat ein großes persönliches Interesse am Gewinn des Unternehmens. Korruption ist weit verbreitet. [59]

In demokratischen Ländern sind die Gewerkschaften weitgehend zu einem Instrument für die Linken im Kampf gegen den Kapitalismus geworden. Zielstrebig fordern sie „soziale Gerechtigkeit" und „Fairness" und schaffen für Gesellschaft und Wirtschaft eine enorme Belastung. Sie sind ein Hindernis für Reformen und blockieren die Bemühungen, den Fertigungs-, Dienstleistungs- und Bildungssektor sowie die Verwaltung effizienter zu machen. Wenn die Zeit noch nicht reif ist, halten sie sich verborgen. Doch sobald die Bedingungen günstig sind, kommen sie heraus und mobilisieren eine soziale Bewegung. Gewerkschaften sind zu einem Keil in der Hand des Kommunismus geworden, der dazu benutzt wird, freie Gesellschaften zu spalten.

7. Kommunistische „Ideale": die Menschheit in die Zerstörung locken

Obwohl die kommunistische Theorie voller Lücken und Widersprüche ist, täuscht sie immer noch viele Menschen. Denn Marx zeichnete das Bild eines kommunistischen Paradieses, das die Menschen auf der ganzen Welt genießen könnten. Das war seine zentrale Fantasie- und Wahnvorstellung. Für die Darstellung seiner Vision verwendete er Ausdrücke wie „überwältigender materieller Wohlstand", „erhöhte Moral" und „jeder nach seinen Fähigkeiten, jedem nach seinen Bedürfnissen". Es gäbe kein Privateigentum, keine Kluft zwischen Arm und Reich, keine herrschende Klasse und keine Ausbeutung. Stattdessen gäbe es Freiheit und Gleichheit für alle. Jeder Mensch könne seine besonderen Talente entwickeln. Das Leben wäre wunderbar.

Von diesen trügerischen Argumenten fühlten sich viele

Menschen angezogen, sodass sie dafür kämpften. Allerdings haben die meisten Menschen im Westen noch nie in einem kommunistischen totalitären Staat gelebt und diese Erfahrung nicht gemacht. Daher halten sie weiterhin an der vergeblichen Hoffnung auf ein kommunistisches Paradies fest und schaufeln sich ihr eigenes Grab, indem sie diese Ideen vertreten.

In Wirklichkeit sind alle diese Vorstellungen von Marx nur Illusionen. Im Marxismus wird behauptet, dass kommunistische Gesellschaften materiellen Überfluss hervorbringen würden. Menschliche Wünsche und Bedürfnisse sind jedoch grenzenlos. Aber der Mensch hat nur begrenztes Wissen, begrenzte Arbeitszeit und begrenzte Ressourcen zur Verfügung. Daher lassen sich nicht alle Wünsche erfüllen. Das ist der grundlegende Ausgangspunkt für viele wirtschaftswissenschaftliche Studien. Ohne solche Einschränkungen müssten die Menschen nicht erforschen, welche Produktionsmethode am effizientesten ist – da der angebliche Überfluss für alle da wäre und nach Belieben verschwendet werden könnte.

Der Marxismus behauptet, dass sich die Moral in kommunistischen Gesellschaften sehr verbessern würde. Doch in jedem Menschen existieren das Gute und das Schlechte gleichzeitig. Um den moralischen Maßstab zu erhöhen, bedarf es der Anleitung durch aufrichtige Überzeugungen und Werte sowie des persönlichen Einsatzes bei der eigenen moralischen Entwicklung.

Der Marxismus predigt Atheismus und Klassenkampf, beides verstärkt die schlechten Seiten der Menschen. Glaubensfreiheit existiert nicht, da Religion für die Kommunistische Partei nur ein politisches Werkzeug ist. Der Kommunismus nutzt religiöse Institutionen, um seine Gewaltherrschaft zu sichern, die Welt in die Irre zu führen, sich dem Göttlichen zu widersetzen und die Menschen dazu zu bringen, sich noch weiter vom Göttlichen abzuwenden. Ohne aufrichtigen Glauben an das Göttliche und ohne Selbstdisziplin kann die Moral der Menschheit nur sinken. Alle kommunistischen Führer – Marx, Engels, Lenin, Stalin und Mao Tse-tung – waren anmaßende Tyrannen, sie waren unanständig und vollkommen unmoralisch. Zu erwarten, dass ihre Anhänger eine höhere Moral hätten, ist gegen alle Vernunft.

Der Marxismus predigt außerdem Gleichheit für alle, bereits der Sozialismus führt unweigerlich zum Totalitarismus. Macht ist die Grundlage der Ressourcenverteilung, doch die Verteilung der Macht ist in totalitären Staaten äußerst ungerecht. So ist in solchen Staaten auch die Ressourcenverteilung am ungerechtesten. In allen Ländern, in denen der Sozialismus herrscht oder geherrscht hat, sieht man – wie in anderen totalitären Gesellschaften auch – eine privilegierte Schicht, extreme Unterschiede zwischen Arm und Reich und die Unterdrückung der Menschen durch den Staat.

Der Marxismus täuscht die Menschen mit dem Versprechen „jeder nach seinen Fähigkeiten, jedem nach seinen Bedürfnissen". [60] Sozialistische Volkswirtschaften sind jedoch immer eng mit Macht und ihrem Missbrauch verbunden. Die normalen Menschen haben keine grundlegenden Freiheiten, ganz zu schweigen davon, dass sie nach ihren eigenen Fähigkeiten nach Belieben handeln könnten. Da die Wünsche der Menschen keine Grenzen kennen, kann selbst der reichste Mensch der Welt nicht alles bekommen, was er will – geschweige denn ein Durchschnittsmensch. Angesichts der natürlichen Ressourcenknappheit ist es ohnehin nicht möglich, einen Überfluss an Gütern zu erreichen und diesen an diejenigen zu verteilen, die ihn benötigen.

Weiterhin täuscht der Kommunismus die Menschen mit dem Versprechen, dass jeder seine persönlichen Fähigkeiten voll entfalten könne. Der Marxismus behauptet, Arbeitsteilung führe zur Entfremdung vom Produkt. Doch in der Tat ist Arbeitsteilung in jeder Gesellschaft notwendig. Adam

Smith erklärt in „The Wealth of Nations“ (auf Deutsch: Der Reichtum der Nationen), dass Arbeitsteilung die Produktivität enorm steigert und den Wohlstand fördert. Die durch Arbeitsteilung entstandenen Unterschiede sind nicht unbedingt Konflikte und müssen auch nicht zu Entfremdung und Entpersonalisierung führen.

Über ein Jahrhundert kommunistischer Geschichte hat in der Realität gezeigt, dass sie eine Geschichte der Anstiftung zum Bösen, zu Hass und zu Verrat ist. In allen kommunistischen und anderen totalitären Ländern finden die grausamsten Morde statt. Die Menschen in diesen Ländern haben die geringsten Freiheiten und Menschenrechte. Viele Ressourcen werden für militärische Zwecke verbraucht. Den Menschen wird ihr Eigentum geraubt, um die Macht der privilegierten Klasse zu vergrößern, während die Mehrheit der Menschen in Armut leben muss.

Der Kommunismus raubt den Menschen nicht nur ihr Leben, sondern er führt auch zu einer totalen Zerstörung der traditionellen Werte und Kultur. Insbesondere in China ist die Moral bereits in einem erschreckenden Ausmaß gesunken. Die Gräueltaten gehen über das normale Vorstellungsvermögen hinaus. Die Organentnahmen an Lebenden, die sich bemühen, gute Menschen zu sein, sind zu einem staatlich anerkannten Industriezweig geworden. Medizinisches Personal, das den Kranken helfen sollte, kann zum dämonischen Mörder werden. Das Böse der KP Chinas hat die ganze Welt erfasst. Länder, die die Menschenrechte wahren sollten, werden durch wirtschaftliche Anreize dazu verleitet, die Augen davor zu verschließen.

Im Laufe des vergangenen Jahrhunderts haben Kommunisten mithilfe ihrer Lehre die breite Öffentlichkeit, Intellektuelle und die junge Generation in ihren Bann gezogen. Nach dem Zusammenbruch der osteuropäischen Staaten bemühten sich die übrig gebliebenen kommunistischen Staaten, ihre Untaten zu vertuschen. Stattdessen nahmen sie scheinbar das kapitalistische Wirtschaftssystem an und verwandelten sich in Regime, die hohe Steuern, hohe Sozialleistungen und Vermögensumverteilung fördern. Sie behaupten, dass sie den allgemeinen Lebensstandard anheben würden und dass alle Menschen in den Genuss der „guten Tage" des Sozialismus kämen. So werden die Menschen weiterhin getäuscht.

Der Kommunismus nutzt den Wunsch der Menschen nach Güte aus – doch bringt er sie in Wirklichkeit dazu, sich wie religiöse Fanatiker für die kommunistische Ideologie zu engagieren.

Er will die Menschen vom Göttlichen abbringen und verschmutzt ihre Gedanken. Sie bemerken nicht, wie er ihre gutartige Natur verdreht und sie, um dem Kommunismus zu dienen, zu Untaten veranlasst. Die Menschen vergessen, dass das Leben einen höheren Sinn hat und verlieren sich in materiellem Genuss. Der Kommunismus ist ein Köder, an dem sich die Menschen vergiften und der die Menschheit in den Abgrund führt.

Wenn die Menschen auf der Welt jetzt nicht aufwachen, werden sie noch schrecklicheren Katastrophen ausgesetzt sein.

Fazit: Wohlstand und Frieden können nur durch Moral erlangt werden

Das Streben nach Glück liegt in der Natur des Menschen. Eine florierende Wirtschaft kann den Menschen Glück und Zufriedenheit bringen, doch die Wirtschaft existiert nicht in einem luftleeren Raum. Wenn der Weg der wirtschaftlichen Entwicklung von Ethik und Moral abweicht, kann eine wirtschaftliche Krise die Folge sein. Eine Gesellschaft, die nur reich ist, kann weder Freude noch Glück bringen. Auch wird ihr Wohlstand nur von kurzer Dauer sein. Wenn die Grundlage von Ethik und Moral zerfällt, hat das katastrophale Folgen.

Im Jahr 2010 berichtete *People's Daily*, dass der Nationale

Glücksindex in China trotz der wirtschaftlichen Entwicklung jährlich zurückgegangen sei. Die zweitgrößte Volkswirtschaft der Welt wird von Korruption, Umweltverschmutzung und Skandalen bei der Lebensmittelsicherheit heimgesucht, was das chinesische Volk sehr verunsichert. Der Wohlstand nahm zu, während Moral und Zufriedenheit abnahmen.

Dies spiegelt die fatale Schwäche des Kommunismus wider: Menschen bestehen eben nicht nur aus Fleisch, sondern weit mehr aus Geist und Verstand. Bevor ein Mensch auf die Welt kommt, ist sein Weg bereits festgelegt. Die Chinesen sagen: „Jeder Bissen und jeder Schluck sind vorherbestimmt." Das ist mit dem Tischgebet gläubiger Menschen im Westen vergleichbar, wobei sie Gott für seine Vorsehung danken. Menschen, die an das Göttliche glauben, verstehen, dass Reichtum eine vom Himmel gegebene Gnade ist. Sie sind demütig und dankbar, deshalb sind sie glücklich und mit wenigem zufrieden.

Unter den Passagieren der untergehenden „Titanic" war auch der Millionär John Jacob Astor IV., mit dessen Vermögen man 30 solche Schiffe hätte bauen können. Doch als er dem Tod ins Auge sah, entschied er sich für das, was er für moralisch korrekt hielt: Er beschützte Frauen und Kinder und trat seinen Platz im Rettungsboot an zwei verängstigte Kinder ab. [61] Ähnlich handelte Isidor Straus, Mitinhaber des Kaufhauses „Macy's". Er sagte: „Ich werde nicht vor den anderen Männern gehen." Auch seine Frau weigerte sich, in ein Rettungsboot zu steigen, und überließ ihren Platz ihrer neuen Haushälterin Ellen Bird. Sie beschloss, ihre letzten Momente mit ihrem Mann zu verbringen. [62]

Diese reichen Menschen haben sich dafür entschieden, traditionelle Werte und Glauben über die Chance zu stellen, ihr Vermögen und ihr Leben zu retten. Ihre Wahl zeigt, dass für sie ein edler Charakter wertvoller war als das Leben, das seinerseits noch wertvoller ist als Reichtum.

Herr Li Hongzhi, der Gründer von Falun Dafa, schreibt in „Reich, doch mit Tugend“:

Das Volk zu bereichern,
das Dao des Herrschers.
Geld anbeten,
unedles Tun.
Reich, doch ohne Tugend,
schadet allen Wesen,
reich, doch mit Tugend,
alle erhoffen.
Daher der Reiche keinesfalls Tugend nicht fördern.

Tugend gesammelt in Vorleben.
Herrscher, hohe Beamte, Reiche, Würdenträger,
alle entstanden aus Tugend.
Keine Tugend, kein Gewinn,
Tugend verloren, alles zerfließt und schwindet.
Daher nach Macht und Reichtum Trachtende
Tugend sammeln zuvor.
Leid ertragen, Wohltat üben,
viel Tugend gesammelt.
Es müssen erkannt sein
die schicksalhaften Wirkungen.
Das erkannt, das Herz der Regenten und des Volkes
von selbst beherrscht.
Reich unter dem Himmel, friedvoll. [63]

Wenn die Menschheit diese Werte für Wohlstand und Leben beibehält, werden die wirtschaftlichen Schwierigkeiten, die durch Gier, Trägheit und Neid der Menschen entstehen, erheblich reduziert. Sobald die Menschen ihre egoistischen Begierden unterdrücken, wird die Ideologie des Kommunismus keine Verlockung mehr darstellen. Nur eine Menschheit, die einen hohen moralischen Maßstab hat, kann von Gott gesegnet werden. Dann wird eine ideale Wirtschaft entstehen: Wohlstand für die Welt, Frieden in unseren Herzen und Frieden in der Gesellschaft.

Das kommunistische Gespenst hat umfassende detaillierte Arrangements getroffen, um die Menschheit zu zerstören. Die wirtschaftlichen Arrangements sind nur ein Teil davon. Um uns von der Kontrolle der kommunistischen „Ideale" zu befreien, müssen wir diese Form der Verschwörung offenlegen. Es ist nötig, die arglistigen Botschaften zu identifizieren und keine weitere Hoffnung auf diese Ideologie zu setzen, die zum Bankrott führt. Wir müssen die traditionellen Werte, Moral und Tugend wiederherstellen. So wird die Menschheit in der Lage sein, ewigen Wohlstand und Glück zu erfahren und wahren Frieden zu finden. Dann wird die menschliche Zivilisation wieder von neuer Lebenskraft erfüllt sein.

Quellen zu Kapitel 9

[1] Karl Marx und Friedrich Engels, „Manifest der Kommunistischen Partei", Marx/Engels Ausgewählte Werke, Band 1 (Moskau: Progress-Verlag, 1969), S. 98-137.
[2] Max Galka, „The History of U.S. Government Spending, Revenue, and Debt (1790-2015)" (Die Geschichte der Ausgaben, Einnahmen und Schulden der US-Regierung), Metrocosm, 16. Februar 2016, http://metrocosm.com/history-of-us-taxes/
[3] „Die OECD-Steuersätze über Arbeitseinkommen gingen 2016 weiter langsam zurück", so der OCED-Bericht. Report, http://www.oecd.org/newsroom/oecd-tax-rates-on-labour-income-continued-decreasing-slowly-in-2016.htm
[4] Kenneth Scheve und David Stasavage, „Die Besteuerung der Reichen: Eine Geschichte der Steuergerechtigkeit in den Vereinigten Staaten und Europa" (Kindle Standorte 930-931) (Princeton: Princeton University Press, Kindle Auflage).

[5] Rachel Sheffield und Robert Rector, „Der Krieg gegen die Armut nach 50 Jahren", Bericht der Heritage Foundation, 15. September 2014.
[6] Ebd.
[7] Nima Sanandaji, „Skandinavische Ungewöhnlichkeit: Kultur, Märkte und das Scheitern des Dritte-Wege-Sozialismus" (London: Institut für Wirtschaft, 2015), S. 132.
[8] Alexis de Tocqueville, Memoiren über Pauperismus, Übersetzer Seymour Drescher (Lancing, West Sussex, Großbritannien: Hartington Fine Arts Ltd, 1997).
[9] Ebd.
[10] „A National Sport No More", The Economist, 3. November 2012. https://www.economist.com/europe/2012/11/03/a-national-sport-no-more
[11] Martin Halla, Mario Lackner und Friedrich G. Schneider, „Eine empirische Analyse der Dynamik des Sozialstaates: Der Fall der Leistungsmoral", Kyklos, 63:1 (2010), S. 55-74.
[12] Nicholas Kristof, „Vom Analphabetismus eines Kindes profitieren", New York Times, 7. Dezember 2012. https://www.nytimes.com/2012/12/09/opinion/sunday/kristof-profiting-from-a-childs-illiteracy.html
[13] Ebd.
[14] Alexis de Tocqueville, Memoiren über den Pauperismus, Übersetzer Seymour Drescher (Lancing, West Sussex, UK: Hartington Fine Arts Ltd, 1997).
[15] Nicholas Kristof, „Vom Analphabetismus eines Kindes profitieren", New York Times, 7. Dezember 2012. https://www.nytimes.com/2012/12/09/opinion/sunday/kristof-profiting-from-a-childs-illiteracy.htmlhttps://waysandmeans.house.gov/hearing-on-supplemental-security-income-benefits-for-children/
[16] Robert Rector, „Der Krieg gegen die Armut: 50 Jahre Misserfolg", Bericht der Heritage Foundation, 23. September 2014.
[17] U.S. Census Bureau, „Annual Social and Economic Supplements", Current Population Survey, 1960 to 2016.
[18] Niskanen, A., „Wohlfahrt und die Kultur der Armut", das Cato Journal,

16:1(1996).
[19] Walter E. Williams, „The True Black Tragedy: Illegitimacy Rate of Nearly 75%", cnsnews.com, 19. Mai 2015.
[20] „OECD Data"
[21] Thomas Winslow Hazlett, „Auf der Suche nach Ergebnissen: Ein Interview mit Ronald Coase", Reason, (Januar 1997).
[22] F. A. Hayek, „Der Weg zur Leibeigenschaft" (London: Routledge Press, 1944).
[23] „Direct Investment Position of the United States in China from 2000 to 2016", Statistica.com
[24] „Report on Foreign Investments in China, 2016", A Chronicle of Direct Foreign Investments in China, The Ministry of Commerce of China [〈中国外商投资报告 2016〉，《中国外商直接投资历年概况》，中國商務部] – „Bericht über Auslandsinvestitionen in China, 2016", Eine Chronik der direkten Auslandsinvestitionen in China, Das Handelsministerium von China.
[25] Liz Peek, „Finally, a President Willing to Combat Chinese Theft", The Hill, 26. März 2018, http://thehill.com/opinion/finance/380252-finally-a-president-willing-to-combat-chinese-theft.
[26] Die Kommission zum Diebstahl des amerikanischen geistigen Eigentums, Aktualisierung des Berichts der IP-Kommission, 2017. http://www.ipcommission.org/report/IP_Commission_Report_Update_2017.pdf
[27] Chris Strohm, „No Sign China Has Stopped Hacking U.S. Companies, Official Says", Bloomberg News, 18. November 2015, https://www.bloomberg.com/news/articles/2015-11-18/no-sign-china-has-stopped-hacking-u-s-companies-official-says
[28] Kurt Biray, „Kommunistische Nostalgie in Osteuropa: Sehnsucht nach der Vergangenheit", 10. November 2015. https://www.opendemocracy.net/can-europe-make-it/kurt-biray/communist-nostalgia-in-eastern-europe-longing-for-past
[29] John Polga-Hecimovich, „Die Wurzeln des gescheiterten Staates Venezuela", Origins, 10:9 (Juni 2017). http://origins.osu.edu/article/roots-venezuelas-failing-state.
[30] José Niño, „Venezuela Before Chavez: A Prelude to Socialist Failure",

Mises Wire, May 04, 2017, https://mises.org/wire/venezuela-chavez-prelude-socialist-failure.
[31] John Bissett, „Hugo Chavez: Revolutionärer Sozialist oder Linksreformer?“ Sozialistische Norm Nr. 1366 (Juni 2018). https://www.worldsocialism.org/spgb/hugo-chavez-revolutionary-socialist-or-leftwing-reformist
[32] Julian Adorney, „Socialism Set Fire to Venezuela's Oil Crisis“, Real Clear World, 29. August 2017, https://www.realclearworld.com/articles/2017/08/29/socialism_set_fire_to_venezuelas_oil_crisis_112520.html
[33] José Niño, „John Oliver is Wrong About Venezuela – It's a Socialist Country“, Mises Wire, 30. Mai 2018, https://mises.org/wire/john-oliver-wrong-about-venezuela-%E2%80%94-its-socialist-country.
[34] „10 Numbers Tell You What Is Going On in Zimbabwe“, BBC Chinese edition (11. November 2017), http://www.bbc.com/zhongwen/trad/world-42077093
[35] „Unabhängigkeitserklärung der Vereinigten Staaten von Amerika",
http://www.ushistory.org/declaration/document/.
[36] Karl Marx und Friedrich Engels: „Manifest der Kommunistischen Partei“, ausgewählte Werke von Marx/Engels, Band 1, Progress Publishers, Moskau, 1969.
[37] Fred Schwartz und David A. Noebel: „You Can Trust the Communists to be Communists“, Manitou Springs, CO: Christian Anti-Communism Crusade, 2010, 43-45.
[38] Friedrich August von Hayek: „Die verhängnisvolle Anmaßung: Die Irrtümer des Sozialismus", Mohr-Siebeck, Tübingen, 1988.
[39] Thomas Sowell: „Intellectuals and Society“ (überarbeitete und erweiterte Auflage), Basic Books, New York, 2012, Kapitel 2.
[40] Friedrich August von Hayek: „The Use of Knowledge in Society“, The American Economic Review, Jahrgang 35, Heftnummer 4, September 1945, 519-530.
[41] Ludwig von Mises: „Economic Calculation in the Socialist Commonwealth“, Mises Institute, https://mises.org/library/economic-calculation-socialist-commonwealth (letzter Zugriff am 26. Juli 2018).
[42] Shi Shan: „Quagmire in the Reform of China's State-Owned Enterprises“, Radio Free Asia, 22. September 2015, https://www.rfa.org/mandarin/

yataibaodao/jingmao/xql-09222015103826.html.
[43] Linette Lopez: „Zombie Companies Are Holding China's Economy Hostage", Business Insider, 24. Mai 2016, https://www.businessinsider.com/chinas-economy-is-being-held-hostage-2016-5.
[44] Jason Long: „The Surprising Social Mobility of Victoria Britain", European Review of Economic History, Jahrgang 17, Nummer 1, 1. Februar 2013, 1-23, https://doi.org/10.1093/ereh/hes020.
[45] John Kenneth Galbraith: „The Good Society: The Humane Agenda" (Boston, MA: Houghton Mifflin Co., 1996), 59-60; Karl Popper, The Open Society and Its Enemies (Routledge, 2012).
[46] Michael Rothschild: „Bionomics: Economy as Business Ecosystem" (Washington, D.C.: BeardBooks, 1990), 115.
[47] Adam Smith: „Theorie der ethischen Gefühle", (Philadelphia: Anthony Finley, J. Maxwell Printer, 1817).
[48] Lawrence Kudlow: „American Abundance: The New Economic and Moral Prosperity" (New York: Harper Collins Publishers, 1997).
[49] Thomas Sowell: „Economic Facts and Fallacies" (New York: Basic Books, 2008), 174.
[50] Friedrich Engels: „1881: Trades Unions", Marxists.org, 20. Mai 1881, https://www.marxists.org/archive/marx/works/1881/05/28.htm
[51] Vladimir Lenin, n.d.: „The Trade Unions, The Present Situation and Trotsky's Mistakes", letzter Zugriff am 8. Juli 2018, https://www.marxists.org/archive/lenin/works/1920/dec/30.htm.
[52] Lü Jiamin: „A History of Leninist Theory on Unions", Liaoning People's Press (1987).
[53] James Sherk: „What Unions Do: How Labor Unions Affect Jobs and the Economy", Heritage Foundation Website, 21. Mai 2009, https://www.heritage.org/jobs-and-labor/report/what-unions-do-how-labor-unions-affect-jobs-and-the-economy.
[54] Edwin J. Feulner: „Taking Down Twinkies", Heritage Foundation Website, 19. November 2012, https://www.heritage.org/jobs-and-labor/commentary/taking-down-twinkies.
[55] James Sherk: „What Unions Do: How Labor Unions Affect Jobs and the Economy", Heritage Foundation Website, 21. Mai 2009, https://www.

heritage.org/jobs-and-labor/report/what-unions-do-how-labor-unions-affect-jobs-and-the-economy.

[56] Ebenda.

[57] Ebenda.

[58] Steve Inskeep: „Solidarity for Sale: Corruption in Labor Unions“, National Public Radio, 6. Februar 2007, https://www.npr.org/templates/story/story.php?storyId=5181842.

[59] Ebenda.

[60] Karl Marx: „Kritik des Gothaer Programms”, https://www.marxists.org/archive/marx/works/1875/gotha/ch01.htm.

[61] Children on the Titanic (Dokumentation, 2014).

[62] Isidor Straus: „Autobiography of Isidor Straus“ (The Straus Historical Society, 2011), 168-176.

[63] Li Hongzhi: „Reich, doch mit De”, Essentielles für weitere Fortschritte I, 27. Januar 1995, http://de.falundafa.org/buecher_online/essentials/jjyz02.html.

Kapitel 10

Das Rechtssystem missbrauchen

1. Recht und Glaube

In Gesetzen wohnt die Kraft der Fairness und Gerechtigkeit, die das Gute bejaht und das Böse bestraft. Was gut und was böse ist, muss von denen bestimmt werden, die die Gesetze schreiben. Aus der Sicht von Gläubigen kommen diese Kriterien von Gott. Daher bildeten die religiösen Schriften die Grundlage für die Gesetze, die die menschliche Gesellschaft regieren.

Der Kodex von Hammurabi im alten Babylon war wahrscheinlich das erste niedergeschriebene Gesetz der Menschheitsgeschichte. Es wurde in eine Steintafel eingraviert. Über dem Code ist eine machtvolle Szene zu sehen: Shamash, der Gott der Sonne und der Gerechtigkeit, schenkt König Hammurabi die Gesetze. Dieses Bild stellt damit dar, wie eine Gottheit einem menschlichen Souverän die Autorität gibt, sein Volk mithilfe der Gesetze zu regieren.

Für die Hebräer galten die Zehn Gebote des Alten Testaments gleichzeitig als göttliches und weltliches Gesetz – eine Tradition, die zur Grundlage der westlichen Rechtskultur wurde. Beginnend mit den römischen Kaisern des vierten Jahrhunderts, vor allem dem oströmischen Justinian I. und seinen Nachfolgern, bis hin zu Alfred dem Großen, dem ersten angelsächsischen König in Großbritannien, ließ sich das Rechtssystem von den Zehn Geboten des Moses und der christlichen Lehre inspirieren. [1]

Religiöse Menschen glauben, dass Gesetze göttlichen Standards von Gut und Böse sowie religiösen Lehren entsprechen müssen, um als rechtmäßig zu gelten. Das Denken hinter dem gewaltfreien zivilen Ungehorsam in den Vereinigten Staaten kann auf die frühchristliche Lehre zurückgeführt werden. Der römische Kaiser befahl den Christen, römische Götter anzubeten; außerdem sollten laut seiner Anordnung Statuen von ihm vor jüdischen Synagogen errichtet werden. Da dies einen direkten Verstoß gegen die ersten beiden Gebote bedeutet hätte, entschieden sich die Christen lieber dazu, gekreuzigt oder auf dem Scheiterhaufen verbrannt zu werden, als die Befehle des Kaisers zu befolgen. Mit anderen Worten: Das weltliche Gesetz musste dem göttlichen Gebot untergeordnet sein, das heilig und unantastbar ist.

Generell lassen sich die Zehn Gebote aus dem 2. Buch Mose in zwei Kategorien einteilen. Die ersten vier Gebote beschreiben die Beziehung zwischen Mensch und Gott und regeln die angemessene Verehrung des Göttlichen. Die anderen sechs regeln die Beziehungen zwischen den Menschen. Jesus bezog sich auf die Zehn Gebote und wies verstärkt auf die Barmherzigkeit hin: andere so zu lieben, wie man sich selbst liebt. Die Ehrfurcht vor Gott ist ein Gebot, das die Menschheit zu unveränderlicher Fairness und Gerechtigkeit befähigt.

Dasselbe gilt für China, wo die Gesetze historisch gesehen durch kaiserliche Verordnungen verkündet wurden. Der Kaiser, der als Sohn des Himmels galt, musste dem Schicksalsweg und den Prinzipien von Himmel und Erde folgen. Dies ist das „Tao“ oder der „Weg“, der von Laotse und dem Gelben Kaiser vermittelt wurde. Ein wichtiger Gelehrter der Han-Dynastie,

Dong Zhongshu, sagte: „Die Größe des Tao kommt vom Himmel. Der Himmel ändert sich nie und das Tao auch nicht." [2] Im alten chinesischen Sprachgebrauch ist „Himmel" der Ausdruck für das höchste Göttliche. Der Glaube an das Tao des Himmels bildet das moralische Fundament der chinesischen Kultur. Die daraus abgeleitete chinesische Gesetzgebung beeinflusste China über Jahrtausende hinweg.

Der amerikanische Rechtswissenschaftler Harold J. Berman glaubte, dass die Gesetze mit den allgemeinen Prinzipien der sozialen Moral und des Glaubens im Einklang sein müssten. Auch bei der Trennung von Kirche und Staat gehören beide zusammen. In jeder Gesellschaft müssen Gerechtigkeit und Legalität auf dem beruhen, was als heilig und geheiligt gilt. [3]

Anders ausgedrückt: Das Gesetz muss nicht nur fair und gerecht, sondern auch heilig sein. Das moderne Rechtssystem enthält viele Facetten von religiösen Ritualen, die seine Macht stärken.

2. Das formale Recht als Instrument der Unterdrückung in kommunistischen Regimen

Kommunistische Parteien sind anti-theistische Glaubenssysteme. Sie werden in ihren Prinzipien der Gesetzgebung niemals den Lehren von rechtschaffenen Gottheiten folgen. Eines ihrer Ziele ist, die Verbindung der Gesellschaft zu ihrer angestammten Kultur und ihren traditionellen Werten zu durchtrennen. Von Anfang an gab es im Kommunismus keine Aussicht auf Gerechtigkeit und Fairness. Sie wurden uminterpretiert und durch „Parteigehorsam" ersetzt.

a) Staatsterrorismus

In der traditionellen Gesellschaft sprachen die Christen davon, andere so zu lieben, wie man sich selbst liebt. Die konfuzianische Lehre spricht davon, dass der gütige Mann andere liebt. Hier beschränkt sich die Liebe nicht auf den engen Begriff der Liebe zwischen einem Mann und einer Frau oder auf die Liebe, die unter Familienmitgliedern oder Freunden existiert. Liebe umfasst auch Wohlwollen, Barmherzigkeit, Gerechtigkeit, Selbstlosigkeit und andere Tugenden. Mit dieser kulturellen Grundlage ist das Gesetz nicht nur heilig, sondern es verkörpert auch den Geist der Liebe in der menschlichen Gesellschaft.

Kein Rechtssystem kann es schaffen, alle möglichen Konflikte im Detail zu regeln. Gesetze sind nicht nur spezifische Regelungen, sondern müssen auch der Subjektivität aller Beteiligten Raum lassen. Der Richter muss dem Geist des Gesetzes folgen und ein Urteil fällen, das dem Grundsatz der Güte folgt.

Im Tempel von Jerusalem ermahnte Jesus die Pharisäer ob ihrer Heuchelei, denn obwohl sie sich strikt an die Worte des Moses hielten, ignorierten sie die in den Geboten geforderten Tugenden wie Gerechtigkeit, Barmherzigkeit, Wahrhaftigkeit und dergleichen. Jesus hielt nicht an den oberflächlichen Worten fest. Er heilte am Sabbat und saß zusammen mit Nichtjuden, denn ihm war der Geist der Güte in den Lehren wichtig.

Im Gegensatz dazu wurzelt der Kommunismus in Hass und Neid. Kommunisten ignorieren oder verachten nicht nur das Göttliche, sondern auch die Kultur, den Lebensstil und alle Traditionen, die von den Gottheiten für die Menschheit geschaffen wurden. Marx nahm kein Blatt vor den Mund, als er seinen Wunsch zum Ausdruck brachte, sich selbst ins Verderben zu stürzen und die Welt mit sich in den Abgrund zu reißen. Er sagte: „Mit Verachtung werf ich der Welt den Fehdehandschuh voll ins Gesicht, und beobachte den Zusammenbruch dieses Zwergriesen, dessen Fall meinen Hass nicht ersticken wird." [4]

Sergej Genadjewitsch Nechajew, der verrückte Revolutionär des zaristischen Russlands, schrieb in seiner Broschüre

„Der revolutionäre Katechismus", dass der Revolutionär „alle Bande gebrochen hat, die ihn an die soziale Ordnung und die zivilisierte Welt mit all ihren Gesetzen, Moralvorstellungen und Bräuchen und all ihren akzeptierten Konventionen binden [...] Er ist ihr unerbittlicher Feind, und wenn er weiter mit ihnen lebt, dann nur, um sie schneller zu vernichten." [5]

Netschajew sah sich selbst jenseits der Autorität des Gesetzes, er hasste die Welt. Er benutzte den klerikalen Begriff „Katechismus", um seine Vision von einem Kult zu beschreiben, der die Welt verachtet. „Man ist kein Revolutionär, wenn man Sympathie für diese Welt hat", sagte Netschajew.

Lenin äußerte eine ähnliche Ansicht: „Diktatur ist eine Herrschaft, die direkt auf Gewalt basiert und durch keine Gesetze eingeschränkt wird. Die revolutionäre Diktatur des Proletariats wird durch die Anwendung von Gewalt durch das Proletariat gegen die Bourgeoisie gewonnen und aufrechterhalten, eine Herrschaft, die durch keine Gesetze eingeschränkt ist." [6]

Die Ausübung politischer Macht, um zu töten, zu foltern und kollektive Bestrafungen durchzuführen, wobei man durch kein Gesetz gehindert wird, ist nichts anderes als Staatsterror. Diese Brutalität ist eine der ersten Stufen der Herrschaft eines klassischen kommunistischen Regimes.

Beispielsweise wurden im ersten Monat nach dem Sturz der russischen Regierung 1917 durch die Bolschewiki Hunderttausende von Menschen im Zuge der politischen Kämpfe getötet. Die Bolschewiki gründeten die Tscheka, die „Allrussische Außerordentliche Kommission", und statteten sie mit Vollstreckungsbefugnissen aus – sie hatte die Macht, beliebig ohne gesetzliche Verfahren zu töten. Von 1918 bis 1922 brachten die Tschekisten nicht weniger als zwei Millionen Menschen ohne Gerichtsverfahren um. [7]

Alexander Nikolajewitsch Jakowlew, ehemaliger Propagandaminister des Zentralkomitees, Mitglied des sowjetischen

Politbüros und Sekretariats der Kommunistischen Partei der Sowjetunion (KPdSU), schrieb im Vorwort seines Buches „Die Abgründe meines Jahrhunderts“: „Allein in diesem Jahrhundert starben 60 Millionen Menschen in Russland an den Folgen von Krieg, Hunger und Unterdrückung.“ Mithilfe von öffentlichen Archiven schätzte Jakowlew die Zahl der allein durch die sowjetische Verfolgung getöteten Menschen auf 20 bis 30 Millionen.

1987 richtete das Politbüro der Sowjetunion ein Komitee ein, dem Jakowlew angehörte, um Justizirrtümer unter sowjetischer Herrschaft zu überprüfen. Nach Durchsicht von Tausenden von Dateien schrieb Jakowlew: „Es gibt ein Gefühl, das ich schon lange nicht mehr loswerden konnte. Es scheint, dass die Täter dieser Gräueltaten eine Gruppe von Menschen sind, die geistesgestört sind, aber ich fürchte, dass eine solche Erklärung das Problem zu sehr zu vereinfachen droht.“ [8]

Um es deutlicher auszudrücken: Jakowlew sah, dass die Gräueltaten in der kommunistischen Ära nicht von gewöhnlichen menschlichen Gedanken oder Impulsen herrührten, sondern sorgfältig geplant waren. Diese Verbrechen wurden nicht für das Wohl der Welt begangen, sondern wegen eines tiefen Hasses auf das Leben selbst. Die treibenden Kräfte hinter dem Kommunismus animieren nicht aus Unwissenheit zu Gräueltaten, sondern aus Bosheit.

Nicht nur in der Sowjetunion, sondern auch in den ihr später folgenden kommunistischen Regimen Chinas, Kambodschas und Nordkoreas wurde der Staatsterrorismus Alltag.

Wie im „Siebten Kommentar“ der „Neun Kommentare über die Kommunistische Partei“ nachgewiesen wird, verursachte der staatliche Terror der Kommunistischen Partei Chinas vor der Zeit der Reform- und Öffnungspolitik, die 1973 begann, zwischen 60 und 80 Millionen Tote in China. Die Gesamtzahl könnte sogar die Anzahl der Toten aus beiden Weltkriegen übersteigen. [9]

b) Ständig wechselnde Standards von Recht und Unrecht

Während der Kommunismus in den Ländern, in denen er an der Macht ist, das Prinzip der Rechtsstaatlichkeit ignoriert, um innenpolitisch seine Herrschaft mittels Staatsterrorismus zu sichern, zeigt er sich in den westlichen Ländern anders. Hier behauptet er, dass er sich der Durchsetzung der Rechtsstaatlichkeit verpflichtet fühle. Sein Ziel ist, freie Gesellschaften im Namen der Handels- und Wirtschaftspartnerschaft, des kulturellen Austauschs und der geopolitischen Zusammenarbeit zu gemeinsamen Aktivitäten zu bewegen und diese gleichzeitig zu infiltrieren und zu unterwandern.

So verabschiedete die Kommunistische Partei Chinas während der Reform und der Öffnung im Jahr 1979 ein „Strafprozessrecht", welches angeblich die Justiz stärken sollte. Aber dieses Gesetz wurde nicht ernsthaft durchgesetzt.

Laut Marx ist das Gesetz ein Ergebnis der widersprüchlichen Interessen der gesellschaftlichen Klassen und ein Werkzeug, das den Willen der herrschenden Klasse verkörpert. Die Gesetze einer kommunistischen Partei stammen weder von Gott noch beruhen sie auf einer echten Liebe zum Volk. Es geht auch nicht um eine gerechtere Gesellschaft – sondern einzig und allein um die Macht der herrschenden Gruppe. Die Interessen der kommunistischen Partei sind alles, was zählt. Sobald sich die Ziele und Interessen der Partei ändern, ändern sich auch ihre Gesetze.

Nachdem die Kommunistische Partei Chinas die Macht übernommen hatte, nahm sie den Klassenkampf als Leitlinie und enteignete und beschlagnahmte das Vermögen der „Bourgeoisie". Spezielle Gesetze wurden geschaffen, die das Verbrechen der „konterrevolutionären Aktivität" bestrafen sollten. Wer sich der Partei widersetzte, wurde der Konterrevolution beschuldigt, ins Gefängnis geworfen oder erschossen.

Nachdem die KP Chinas den Prozess der massenhaften Enteignung im Namen des öffentlichen Eigentums abgeschlossen hatte, brauchte sie eine Möglichkeit, um das zu behalten, was sie gestohlen hatte. Die Partei verlagerte ihre Prioritäten auf den Aufbau der Wirtschaft und setzte erste Gesetze zum Schutz des Privateigentums um.

Im Wesentlichen bedeutete dies allerdings nicht viel mehr, als den Schutz der Interessen der Kommunistischen Partei, da das Eigentum der gewöhnlichen Chinesen in der Praxis nicht den gleichen Schutz genießt. Die weiterhin andauernden Zwangsenteignungen von Häusern und Land, die der „Landentwicklung" weichen müssen, zeigen, dass das Regime weiterhin Gewalt anwendet, um seine Interessen rücksichtslos durchzusetzen.

Anfang 1999 verkündete die Kommunistische Partei die Notwendigkeit, den „Staat auf der Grundlage des Gesetzes zu regieren". [10] Einige Monate später begann die landesweite Verfolgung von Falun-Gong-Praktizierenden, die den Prinzipien der Wahrhaftigkeit, der Güte und der Nachsicht folgen. Die Partei richtete eine spezielle Behörde, das Gestapo-ähnliche „Büro 610" ein, um diese Kampagne gegen Falun Gong durchzuführen. Um seinen Auftrag zu erfüllen, ist das „Büro 610" befugt, alle Gesetze und Gerichtsverfahren zu umgehen. Es herrscht über die Organe der öffentlichen Sicherheit wie Polizei, Geheimdienst und die Justiz, um Falun Gong zu unterdrücken.

Die Partei erschafft ständig neue Feindbilder, um das Volk einzuschüchtern, ihre monströsen Verbrechen zu vertuschen und das Ziel der brutalen Unterdrückung um ihrer selbst willen zu erreichen. Die Formen und Ziele der Verfolgung ändern sich ständig und umfassen beispielsweise die Kampagnen gegen Vermieter und Kapitalisten, das Massaker an Studenten auf dem Tian'anmen-Platz 1989, die Unterdrückung von Falun-Gong-Praktizierenden und die Verfolgung von Menschenrechtsanwälten.

Dementsprechend muss sich auch das Gesetz ändern. In mehr als 60 Jahren hat die Partei vier Verfassungen verkündet, von denen die letzte seit ihrer Einführung im Jahr 1982 vier Revisionen erfahren hat. Die Kommunistische Partei Chinas hat in unzähligen politischen Kampagnen Erfahrungen gesammelt und das Gesetz verdreht. Ihr Ziel ist stets, ihre Motive und Handlungen zu tarnen und zu verschleiern. Manchmal gibt sie sich noch nicht einmal die Mühe, die Missachtung der Gesetze zu verbergen.

c) China: offizielle Missachtung der Gesetze durch die Kommunistische Partei

Die Kommunistische Partei Chinas füllt ihre Verfassung mit vielen schönen Worten, um vorzugeben, dass sie der Rechtsstaatlichkeit und den zivilisierten internationalen Normen verpflichtet sei. In der Praxis wird die Verfassung jedoch nie strikt eingehalten. Rechte wie die Meinungs- und Glaubensfreiheit sowie die Freiheit, Vereine oder Parteien zu gründen, werden nicht wirklich geschützt.

Nach der marxistischen Theorie spiegeln die Gesetze den Willen der herrschenden Klasse wider und sind nur ein Instrument ihrer Herrschaft. Für eine kommunistische Partei ist es daher selbstverständlich, Gesetze zu verabschieden und zu ändern, um ihre Feinde zu unterdrücken.

Unter einem solchen System kann jeder, der es wagt, den „Willen der herrschenden Klasse" infrage zu stellen – also jeder, der sich den Interessen der kommunistischen Partei widersetzt – als Klassenfeind gerichtlich verfolgt werden, ganz gleich, ob es sich um Arbeitslose, entlassene Soldaten, Bauern, deren Land enteignet wurde, Menschenrechtsanwälte oder einfach nur diejenigen, die ums Überleben kämpfen, handelt.

Für Anwälte, die in kommunistischen Ländern tätig sind, sind die Gesetze „Gummiparagrafen", die den politischen

Vorgaben entsprechen müssen. Wenn ein Anwalt aus Gesetzen zitiert und für Gerechtigkeit plädiert, werden der Richter und die Staatsanwälte ihn zum Schweigen bringen, indem sie über den vermeintlichen Sinn des Gesetzes sprechen. Sie sagen sehr deutlich, dass das Gericht durch die Kommunistische Partei geführt wird und die Parteibefehle befolgen muss. Unabhängig davon, was die einzelnen Gerichtsbediensteten denken – was sie sagen spiegelt in der Tat den Rechtsgeist wider, der in kommunistischen Regimen herrscht.

Im chinesischen Justizsystem können die Richter bei Verhandlungen gegen verfolgte Falun-Gong-Praktizierende Dinge sagen wie: „Warum berufen Sie sich auf das Gesetz?“ „Mich interessiert nur die Politik.“ „Die Partei erlaubt keine Verteidigung.“ „Die Worte der Führer sind das Gesetz.“ „Die Kommunistische Partei führt das Gericht, also müssen wir der Linie der Partei folgen.“ „Für Falun-Gong-Angelegenheiten ist kein rechtliches Verfahren erforderlich.“ „Erzählen Sie mir nichts über das Gewissen.“ [11]

Der englische Philosoph Francis Bacon (1561-1626) schrieb im Artikel „Of Judicature“: „Ein übles Urteil schmerzt mehr als viele üble Verbrechen. Denn diese verderben nur das Wasser, das üble Urteil verdirbt die Wasserquelle.“ [12]

Weil die Gesetze der Kommunistischen Partei sich ständig ändern und nur selektiv angewandt werden, haben solche Gesetze keinerlei Heiligkeit. Darüber hinaus basiert der kommunistische „Geist des Gesetztes“ darauf, dass das Rechtssystem als Werkzeug für die regierende Klasse dient. Im vergangenen Jahrhundert hat dies unzählige Ungerechtigkeiten hervorgerufen und den Tod von 80 bis 100 Millionen unschuldiger Menschen verursacht. Diese Blutschuld kann kein Machthaber der kommunistischen Partei jemals zurückzahlen.

„Ein Mörder muss mit seinem Leben bezahlen, so wie ein Schuldner mit Geld“ – so lautet ein gängiges Sprichwort. Würde die Kommunistische Partei ihre Gesetze wirklich anweden, müsste sie sich für ihre blutige Geschichte selbst anklagen.

3. Wie der Kommunismus die Gesetze im Westen verfälscht

In kommunistischen Ländern manipuliert buchstäblich der Teufel die Gesetze als Instrument zur Aufrechterhaltung seiner Herrschaft, zur Stärkung seiner Ideologie und zur Unterdrückung des Volkes. In freien Ländern geht es ihm darum, den traditionellen Glauben und die moralischen Grundlagen des Gesetzes zu untergraben, die Standards von Gut und Böse zu verzerren, die Befugnisse der Gesetzgebung und ihrer Durchsetzung zu ergreifen und damit dämonische Normen als Standard zu etablieren.

Das Rechtswesen ist eng mit Politik, Religion, Bildung und anderen Bereichen verbunden. Die Vereinigten Staaten sind seit langem eine tragende Säule der Rechtsstaatlichkeit. Doch während der Kommunismus heute seine Reichweite bis in jeden Winkel der Welt ausdehnt, kann sich auch das westliche Rechtswesen der Infiltration und Subversion nicht entziehen. Die nun folgenden Abschnitte untersuchen die vielschichtige Erosion der US-amerikanischen Rechtsinstitutionen.

a) Die Untergrabung der moralischen Grundlage von Gesetzen

Das auf Religion oder Glauben basierende Recht ist heilig. Als kommunistische Parteien und ihre verschiedenen Anhänger auf der ganzen Welt den Atheismus und die Evolutionstheorie förderten, wurde die Verbindung zwischen den Gesetzen und Gott getrennt. Das Recht ist weitgehend auf ein Instrument der Rache, der Schlichtung, des Verhandelns und der Zuteilung von Vorteilen reduziert worden. Unter diesem Druck begann sich der göttliche Geist der Gesetze zu wandeln. Von seiner ursprünglichen Rolle der Aufrechterhaltung von Fairness und Gerechtigkeit wurden Gesetze nun zum Ausdruck populärer Vorstellungen und Wünsche. Dies öffnete dem kommunistischen Gespenst Tür und Tor. Durch seine Handlanger auf Erden wurden Gesetze verabschiedet, die der Untergrabung der Gesellschaft dienen. So ist der Teufel seinen zerstörerischen Zielen ein gutes Stück nähergekommen.

In den Vereinigten Staaten hat der kommunistische Einfluss mit dem Begriff der „Sozialen Gerechtigkeit“ und dem modernen Liberalismus die Begriffe Freiheit, Fortschritt und Toleranz in seinem Sinne umgedeutet. Auf diese Weise hat er den moralischen Zustand der Gesellschaft und damit die moralischen Grundlagen des Gesetzes verändert. Die Wirkung dieser Bewegungen, um die moralischen und religiösen Grundlagen der Gesetze abzulehnen und zu zerstören, zeigt sich darin, welche Arten von Gesetzen verabschiedet werden können und wie die Richter urteilen.

So wird etwa die Ehe von den traditionellen Religionen als eine heilige Institution betrachtet, bei der es um die Verbindung von Mann und Frau geht. Die gleichgeschlechtliche Ehe verstößt per Definition gegen diese Lehre, und ihre Einführung in die Gesellschaft erfordert eine Änderung der rechtlichen Definition und der Auslegung der Gesetze, die die Ehe regeln. Wenn sich die Menschen hingegen an das göttliche Gebot halten und die durch ihren Glauben gesetzten Standards einhalten, bleibt der moralische Zustand der Gesellschaft erhalten. Das säkulare Recht bleibt dann stabil, da es auf den von den Göttern festgelegten Prinzipien beruht. Wenn die Gottheiten vor 2000 Jahren ein bestimmtes Verhalten für unmoralisch hielten, sollte es auch heute noch unmoralisch sein.

Der Liberalismus lehnt jedoch den traditionellen Glauben und jedes moralische Urteil ab. Er betrachtet die Moral als ein säkulares Abkommen, das sich mit der Entwicklung der Gesellschaft verändert. Die Ehe gilt daher als einfacher Vertrag zwischen zwei Menschen, die bereit sind, sich einander zu verpflichten. Die Anerkennung gleichgeschlechtlicher Ehen basiert auf dem Grundsatz vermeintlicher Freiheit oder angeblichen Fortschritts, aber dieser Grundsatz ist sehr leicht veränderlich und wird unweigerlich zur Korruption des Gesetzes führen.

Liberalismus und Progressivismus haben die Trennung von traditioneller Moral und Gerechtigkeit bewirkt. Dies spiegelt sich in einem Abtreibungsfall wider, der 1992 den Obersten Gerichtshof der USA erreichte. Drei Richter erklärten: „Einige von uns empfinden als Einzelpersonen Abtreibung als eine Beleidigung unserer grundlegendsten Prinzipien der Moral, doch das kann nicht den Ausschlag für unsere Entscheidung geben. Unsere Pflicht ist es, die Freiheit aller zu definieren, nicht nur unseren eigenen Moralkodex." [13]

Anders ausgedrückt: Was die Richter meinten, ist, dass das Gesetz die Freiheit über die Moral stellt und die Werte von Freiheit und Moral getrennt sind. Aber die Freiheit, wie sie von den amerikanischen Gründervätern festgelegt wurde, ist ein „selbstverständliches" Prinzip. Das heißt, menschliche generell gültige Werte ändern sich nicht durch Kulturen, sie werden von Gott – oder, wie die US-Verfassung es ausdrückt, dem Schöpfer – verliehen. Die Ablehnung der vom Schöpfer gesetzten universellen Standards, um das Spektrum der sogenannten Freiheiten zu vergrößern, ist eine Methode, mit der der Teufel das Gesetz verzerrt und die Menschheit zu ihrem Untergang führen will.

b) Die Macht über die Gesetzgebung und das Gerichtswesen ergreifen

Um die Rechtskräftigkeit eines Gesetzes zu realisieren, muss eine Reihe von Schritten durchlaufen werden. Dazu gehört die Ausarbeitung des Gesetzes, die politische Zustimmung, die Prüfung der Verfassungsmäßigkeit und die Umsetzung durch die Judikative. Während dieses Prozesses üben Einzelpersonen oder Gruppen aus der Wissenschaft, Bildung, den Medien, Rechtskreisen und sogar der Unterhaltungsindustrie Einfluss auf die Gesetzgebung und Rechtssprechung aus.

Das kommunistische Gespenst sucht seine Vertreter in der Gesellschaft, um die Kontrolle über die Gesetzgebung sowie Gesetzumsetzung zu übernehmen. Daher bemühen sich verschiedene politische Institutionenen und Organisationen, die vom kommunistischen Gespenst beeinflusst und ausgenutzt werden, Leute mit linken kommunistischen Gesinnungen in Regierungsposten und wichtigen Positionen im Justizsystem zu bringen. Sie werden dann Richter, Staatsanwälte oder Funktionäre.

Ein liberaler Präsident wird alles in seiner Macht Stehende tun, um gleichgesinnte Richter für den Obersten Gerichtshof zu ernennen, wo diese ihren Einfluss nutzen werden, um das Gesetz zu untergraben, oder er wird seine Exekutivbefugnisse nutzen, um das Rechtssystem zu umgehen. Historisch gesehen haben liberale US-Präsidenten dazu tendiert, mehr Begnadigungen zu gewähren. In einer der jüngeren Regierungen wandelte der Präsident in seiner Amtszeit die Urteile von 1.385 Verurteilten um und gewährte insgesamt 212 Begnadigungen, die größte Zahl seit der Amtszeit durch Präsident Harry S. Truman. [14] In einer seiner letzten Handlungen, bevor er das Weiße Haus verließ, wandelte der Präsident die Urteile von 209 Personen um und begnadigte 64 andere. Die meisten derjenigen, die Begnadigungen erhielten, waren Drogenstraftäter. Eine Ausnahme war ein Mann, der angeklagt und für schuldig befunden worden war, 700.000 geheime militärische Dokumente veröffentlicht zu haben. Mit der „Gnade des Präsidenten" wurde seine Strafe reduziert, und er verbüßte nur vier Jahre seiner fünfunddreißigjährigen Haft. [15]

Während der Präsident die verfassungsmäßige Befugnis hat, Begnadigungen zu gewähren, verstößt eine Überbeanspruchung dieser Befugnis gegen die Funktion und den Zweck des Gesetzes. Gesetze sollen Fehlverhalten bestrafen und aufrichtige Bürger unterstützen.

1954 führte der damalige Senator Lyndon B. Johnson aus Texas, der später als 36. Präsident der Vereinigten Staaten diente, das „Johnson Amendment“ ein. Dieser Zusatzartikel der Verfassung untersagt gemeinnützigen Organisationen einschließlich Kirchen, die Teilnahme an bestimmten Aktivitäten. Zuwiderhandelnden konnte die Steuerbefreiung entzogen werden. In Anbetracht dieser Tatsache wiesen christliche Kirchen ihre Priester an, bestimmte als politisch angesehene Themen wie Abtreibung, Homosexualität, Euthanasie oder Stammzellforschung in ihren Predigten zu vermeiden.

Das kommunistische Gespenst manipulierte auch alle politischen Gruppen bei dem Versuch, die Strafverfolgung der Staatsanwälte durch politische Wahlen zu beeinflussen. Ein Bezirksstaatsanwalt, der von einem progressiven Mäzen und politischen Gruppen in seine Position gebracht wurde, entließ in seiner ersten Woche im Amt 31 Staatsanwälte. Er forderte ein Ende der „Masseninhaftierungen“ und befahl dem Rest seines Büros, die Verfolgung des Besitzes von Marihuana einzustellen. Es gibt ähnliche Vorfälle in anderen Staaten. Der Vorsitzende der Gewerkschaft der Staatsanwälte sagte, der Effekt sei, dass die Staatsanwälte sich nur für jene Gesetze einsetzen würden, die sie auch durchsetzen können. Seiner Meinung nach ist es sehr riskant, wenn die Staatsanwälte dazu aufgefordert werden, Gesetze zu ignorieren, auf deren Einhaltung sie einen Eid geschworen hatten. [16]

Die Richter sind auch für die Aufhebung von Anordnungen aus den Verwaltungsabteilungen zuständig. So gibt das US-Einwanderungsgesetz dem Präsidenten das Recht, Ausländern die Einreise in Notsituationen zu verweigern. Einige vom Liberalismus beeinflusste Richter betrachteten jedoch ein kürzlich vom amtierenden Präsidenten erlassenes Reiseverbot als religiöse Diskriminierung. Ihre Urteile verzögerten das Verbot um mehr als vier Monate, bis die Exekutivklage vom Obersten Gerichtshof bestätigt wurde.

Rechtsanwälte haben einen großen Einfluss auf Gerichtsentscheidungen. Die politische Ausrichtung einer juristischen Vereinigung kann einen direkten Einfluss darauf haben, ob der Geist des Gesetzes umgesetzt werden kann. In einer Anwaltsvereinigung, die landesweit in den USA präsent ist, ist der Gründer ein selbsternannter Sozialist, der an kollektives Eigentum glaubt und es als sein Ziel nennt, den Kommunismus zu etablieren. [17] Der Verein hat Zehntausende von Mitgliedern im ganzen Land und ein jährliches Budget in dreistelliger Millionenhöhe. Er reichte Klagen ein, um gleichgeschlechtliche Ehen, das Recht von Homosexuellen auf Adoption von Kindern und Abtreibungsrechte zu unterstützen und die Diskriminierung von Homosexualität, Bisexualität und dergleichen zu bekämpfen.

Liberale und Progressive besetzen wichtige politische Positionen in den Vereinigten Staaten und dominieren die Wissenschaft, die Medien und soziale Bewegungen. Das hat es dem Teufel ermöglicht, Macht über die Gesetzgebungs- und Gerichtsverfahren auszuüben.

c) Verabschiedung bösartiger Gesetze

Die Verehrung von Gott verbieten

Gott ist im amerikanischen Leben allgegenwärtig. Das Motto des Landes lautet: „Wir vertrauen auf Gott.“ Dies erscheint nicht nur in den Texten der US-Nationalhymne, sondern auch auf den täglich verwendeten Dollarscheinen. Die US-Unabhängigkeitserklärung beschreibt Gott als den Schöpfer und erklärt, dass die Menschenrechte das sind, was der Schöpfer den Menschen gegeben hat. Alle US-Regierungsbeamten, einschließlich der Präsidenten und der Richter, sagen „So wahr mir Gott helfe", wenn sie vereidigt werden. Das häufigste Ende in Präsidialreden ist „Gott segne Amerika". Das in öffentlichen Schulen vorgetragene Treuegelöbnis beschreibt die Vereinigten Staaten als „eine Nation unter Gott".

Einige dieser Traditionen haben mehr als zweihundert Jahre Bestand, fast so lange wie die Geschichte der Vereinigten Staaten seit ihrer Gründung. Doch in den vergangenen 60 Jahren wurden sie ständig von Anhängern kommunistischer Ideen herausgefordert.

Die nationale Anwaltsvereinigung, die oben erwähnt wurde, will die Zehn Gebote in den Vereinigten Staaten aus der Öffentlichkeit entfernen. Der berühmteste Fall ereignete sich in Montgomery, Alabama. Im Jahr 2001 forderte der Verein die Entfernung einer Schiefertafel mit den Zehn Geboten, die sich in der Rotunde des Staatsgerichtshofs befand. Sie fand einen Richter, der vom damaligen demokratischen Präsidenten ernannt wurde, um den Fall anzuhören. In einem 76-seitigen Urteil entschied der Richter zugunsten der Anwaltsvereinigung. Die Einzelheiten des Urteils mögen lächerlich klingen. So behauptete der Richter, dass das „feierliche Ambiente der Rotunde", die Fresken hinter dem Schiefer und die Atmosphäre, die durch ein Panoramafenster mit einem Wasserfall geschaffen wurden, Grund genug seien, die Zehn Gebote entfernen zu lassen. Der Richter sagte unter anderem, dass die „schiefe Spitze" der Tafel einer offenen Bibel ähnelte und den Zuschauern Anlass gab, „sich zu fühlen, als ob der Staat Alabama das Christentum vorantreibe, unterstütze, begünstige oder bevorzuge". [18]

Das ist weder der Anfang noch das Ende der Geschichte. Bereits 1980 hatte der Oberste Gerichtshof verboten, die Zehn Gebote in öffentlichen Schulen zu zeigen. Diese Entscheidung veranlasste eine allgemeine Bewegung im ganzen Land, die Zehn Gebote aus der Öffentlichkeit zu entfernen. In Utah bot die Rechtsanwaltsvereinigung sogar denjenigen eine Belohnung, die bereit waren, die noch nicht abgetragenen Plaketten und Tafeln zu melden. [19]

Ein U.S. Circuit Court hat am 26. Juni 2002 entschieden, dass es in öffentlichen Schulen verboten ist, „geschworene Gelöbnisse" abzulegen, weil sie die Worte „unter Gott" enthalten. Diese Entscheidung wurde später vom Obersten Gerichtshof am 14. Juni 2004 aufgehoben. [20]

Dies ist ein fortlaufender Rechtsstreit. Die amerikanische Nationalhymne mit dem nationalen Motto, das Treuegelöbnis, Schulgebete und ähnliches werden von Atheisten und linken Aktivisten unter Beschuss genommen.

Hier ist eine kurze Erklärung notwendig, um zu verdeutlichen, dass „Gott", wie oben verwendet, ein allgemeiner Hinweis auf das Göttliche oder den in der Unabhängigkeitserklärung erwähnten „Schöpfer" bedeutet. Jede Religion hat ihr eigenes Verständnis und ihre eigene Anerkennung des Schöpfers. Daher unterstützt das Wort „Gott" selbst keine bestimmte Religion oder verletzt die Verfassungsänderungen der Vereinigten Staaten. In einer Nation tiefen Glaubens spiegelt der Aufstieg einer extremen Bewegung, die versucht, das öffentliche Lob Gottes zu verbieten, das Ausmaß wider, in dem der Teufel in das Feld der Gesetzgebung eingedrungen ist.

Den Geist der Verfassung ändern: durch Auslegung und Rechtsprechung

Bei der Ausarbeitung der US-Verfassung haben die amerikanischen Gründerväter die Gewaltenteilung festgelegt, wobei die Justiz ursprünglich die geringste Macht hatte. Der Kongress (die Legislative) ist verantwortlich für die Verabschiedung von Gesetzen, der Präsident (die Exekutive) für die Verwaltung – entsprechend denjenigen, die Gesetze ausführen und durchsetzen. Der Oberste Gerichtshof (die Judikative) hat weder die Macht, Gesetze zu erlassen noch zu regieren.

Während das Oberste Gericht einen Fall bezüglich des Treuegelöbnisses anhörte, zeigten Umfragen, dass 90 Prozent der Amerikaner die Beibehaltung des Satzes „unter Gott" unterstützten. Im Repräsentantenhaus gab es 416 Stimmen für die Beibehaltung, bei nur drei Gegenstimmen. [21] Im Senat waren es 99 zu 0 Stimmen. [22] Die Entscheidung des Kongresses spiegelte die echte Meinung der amerikanischen Öffentlichkeit wider.

Als gewählte Volksvertreter haben die Mitglieder des Kongresses und der Präsident eine Amtszeit von zwei bis sechs Jahren, bevor wieder eine Wahl stattfindet. Solange die Öffentlichkeit und der Mainstream der Gesellschaft von göttlichen Normen der Moral geleitet werden, ist das Ausmaß, in dem der Präsident und die Hauptströmung der Gesellschaft nach links abdriften können, begrenzt. Wenn etwa die Mehrheit der Gesellschaft gegen gleichgeschlechtliche Ehe ist, ist es für einen Kongressabgeordneten oder Senator schwierig, diese zu unterstützen. Wenn diese Politiker nicht der öffentlichen Meinung folgen, riskieren sie ihre Abwahl.

Auf der anderen Seite brauchen die Richter des Obersten Gerichtshofs nicht auf die öffentliche Meinung zu achten, da sie lebenslang in diesem Amt sind. Einmal ernannt, können sie jahrzehntelang arbeiten. Außerdem gibt es nur neun Richter. Es ist vergleichsweise einfacher, die Entscheidungen dieser neun Personen zu beeinflussen, als die gesamte Mainstream-Meinung zu verändern.

Richter fällen ihre Urteile nach dem Gesetz, und Gesetze werden auf der Grundlage der Verfassung erlassen oder aufgehoben. Um die Gesellschaft durch die Gesetzgebung zu verändern, ist es daher unerlässlich, die Verfassung zu ändern. In den Vereinigten Staaten erfordert die Änderung der Verfassung die Unterstützung von zwei Dritteln des Kongresses und drei Vierteln der Staaten. Diese strengen Maßnahmen machen es schwierig, die Verfassung komplett zu ändern.

Die Strategie der Progressiven besteht daher nicht darin, die Verfassung zu ändern, sondern die ursprüngliche Bedeutung der Worte in der Verfassung durch Neuinterpretation zu ändern. Sie betrachten die Verfassung als ein „lebendiges" und sich ständig weiterentwickelndes Dokument, das die Ansichten der Linken umsetzt. Sie wandeln die Meinung der politischen Linken durch Urteile von Richtern des Obersten Gerichtshofs zu Gesetzen um. Auf diese Weise üben sie ihren Willen über die Verfassung aus, was einer Untergrabung gleichkommt.

Das göttliche Gebot ist nicht mehr das oberste Prinzip. Die US-Verfassung hat durch die liberalen Richter des Obersten Gerichtshofs einen schweren Schlag erhalten. Da die Urteile des Obersten Gerichtshofs endgültig sind und auch vom Präsidenten respektiert werden müssen, nimmt die Judikative unter den drei von den Gründervätern gegründeten Zweigen einen immer größeren Anteil an Autorität ein. In der Praxis haben die Richter des Obersten Gerichtshofs teilweise legislative und sogar exekutive Befugnisse erworben.

Liberale Richter des Obersten Gerichtshofs haben der amerikanischen Gesellschaft eine Reihe von Konsequenzen gebracht, die schwerwiegend und schwer zu beheben sind. So wie die Dinge stehen, kann der Oberste Gerichtshof durch Anhörungen die Entfernung der Zehn Gebote aus öffentlichen Schulen und Räumen anordnen, Strafverfahren umschreiben, Steuern erhöhen, das Recht auf Abtreibung und gleichgeschlechtliche Ehe anerkennen, die Veröffentlichung und Darstellung von Pornografie erlauben und so weiter.

Die wachsende Vormachtstellung der Justiz in Verbindung mit dem Urteil liberaler Richter hat dem Gespenst des Kommunismus ein wichtiges Instrument zur Verwirklichung seiner Pläne gegeben.

Förderung obszöner Inhalte im Namen der Freiheit

Die 1960er Jahre waren eine Ära des tiefgreifenden Wandels in der amerikanischen Gesellschaft. Linke Studenten trieben die Anti-Kriegsbewegung, Rock'n'Roll, die Hippie-Kultur, die feministische Bewegung, „sexuelle Befreiung" und andere anti-traditionelle Strömungen an und verursachten Chaos im ganzen Land.

Der Oberste Richter des Obersten Gerichtshofs in dieser Zeit war der liberale Earl Warren. Während Warrens Amtszeit als Oberrichter hat der Oberste Gerichtshof sehr einflussreiche und weitreichende Entscheidungen getroffen. Dazu gehörten das Verbot von Gebeten in den öffentlichen Schulen [23] und die Zulassung von Publikationen mit explizit sexuellem Inhalt. [24]

In ihrem Buch „The Supremacists: The Tyranny of Judges and How to Stop It" hat die Autorin Phyllis Schlafly Statistiken geliefert, die zeigen, dass der Oberste Gerichtshof in den Jahren 1966 bis 1970 insgesamt 34 Urteile fällte, die Entscheidungen der unteren Instanzen aufhoben, um obszöne Inhalte zu verbieten. [25] Die Urteile des Obersten Gerichtshofs wurden nicht unterzeichnet, und die meisten bestanden nur aus einer oder zwei Zeilen. Anders ausgedrückt: Sogar die Richter selbst haben sich nicht die Mühe gemacht, ihre Entscheidungen rational zu untermauern.

1966 hob Hollywood seine Beschränkungen für die Darstellung obszöner Inhalte in Filmen auf. Bald folgte eine Fülle von verschiedenen Arten von pornografischen Werken, die heute jeden Winkel der Gesellschaft durchdrungen haben.

Der erste Zusatzartikel der US-Verfassung garantiert die Redefreiheit. Er sollte das Recht auf politische Meinungsäußerung garantieren – und nicht die Herstellung und Verbreitung von Pornografie.

Drogenmissbrauch legalisieren

Als die Welt bereit war, das neue Jahr am 31. Dezember 2017 zu begrüßen, sendete *CNN* ein Stück Filmmaterial mit mehreren Aufnahmen einer Reporterin, die Marihuana rauchte. Offensichtlich unter dem Einfluss der Droge erschien sie desorientiert und unklar darüber, was um sie herum geschah. Die Sendung stieß auf breite Kritik. [26]

Im Jahr 1996 wurde Kalifornien der erste US-Bundesstaat, der Marihuana als verschreibungspflichtiges Medikament legalisierte; viele Staaten folgten kurz darauf. Bis 2012 legalisierten Colorado und Washington Marihuana für den „Freizeitgebrauch", das heißt, sie legalisierten den Drogenmissbrauch. In diesen beiden Staaten sind das Anpflanzen, Herstellen und Verkaufen von Marihuana an Erwachsene völlig legal. Gleiches wurde auch in Kalifornien legalisiert. Im Juni 2018 gab die kanadische Regierung bekannt, dass die Verwendung von Marihuana in naher Zukunft landesweit legal sein würde. Marihuana zählt laut Drogenkonvention der UNO zu jenen Drogen, die streng kontrolliert werden sollten. Der Missbrauch von Marihuana kann zu Halluzinationen und zu Lebensgefahr führen.

Abgesehen davon, dass sie dem menschlichen Körper schweren Schaden zufügen, machen Drogen psychisch süchtig. Einmal abhängig, können Menschen alle moralischen Hemmungen aufgeben, um mehr von einer Droge zu bekommen. Auf der anderen Seite glauben diejenigen, die die Legalisierung von Marihuana unterstützen, dass die Legalisierung ein wirksamer Weg wäre, den Drogenhandel zu reduzieren. Sie sagen, dass die Legalisierung eine strengere Regulierung der Droge und damit eine Reduzierung der Drogenkriminalität ermögliche.

Durch die Legalisierung von Medikamenten erwarten viele Regierungen Einsparungen in Milliardenhöhe. Wenn jedoch immer mehr Menschen süchtig werden, den Wunsch zu arbeiten verlieren und unter schlechter Gesundheit leiden, sinkt die Produktivität der Gesamtheit und der von der Gesellschaft geschaffene Wohlstand schrumpft. Es liegt auf der Hand, dass die Legalisierung von Drogen die Staatseinnahmen langfristig nicht erhöhen kann.

Außerdem sollte die Beurteilung von Recht und Unrecht nicht auf wirtschaftlichem Gewinn basieren, sondern auf göttlichen Maßstäben. Die traditionelle Moral betrachtet die menschliche Form als heilig und in göttlicher Gestalt geschaffen. Die westlichen Religionen glauben, dass der Körper der „Tempel des Heiligen Geistes" ist, während man im Osten glaubte, dass sich der Körper durch die Kultivierung zu einem Buddha oder Tao verbessern könnte. Drogenmissbrauch ist also ein Akt der Schändung.

Laut einem Bericht der *Los Angeles Times* ist eine der wichtigsten Persönlichkeiten, die sich für die Legalisierung von Marihuana in den Vereinigten Staaten einsetzt, ein wohlhabender Progressiver. [27] Im März 2017 schrieben sechs Senatoren Briefe an das US-Außenministerium, in denen sie darum baten, diese Person zu untersuchen, weil er seine Stiftung zur Förderung des Progressivismus im Ausland und zur Untergrabung konservativer Regierungen einsetzt. [28]

Die Legalisierung von Drogen ist ein weiterer Schritt, um die Menschen ihre Hemmungen verlieren zu lassen und sie vom Göttlichen abzuschneiden. Während die Gesellschaft Turbulenzen und wirtschaftliche Abschwünge erlebt, entstehen Bedingungen für Kommunisten, um ihre politische Macht zu etablieren.

Legalisierung der gleichgeschlechtlichen Ehe

Das Buch Genesis beschreibt die Zerstörung der Stadt Sodom. Eines der Verbrechen der zum Scheitern verurteilten Stadtbewohner war die Homosexualität. Dies ist der Ursprung des Begriffs „Sodomie", der ursprünglich sexuelle Beziehungen zwischen Männern beschrieb. Wer über Grundkenntnisse der Bibel verfügt, weiß, dass Homosexualität gegen den Willen Gottes geht (ein Zitat aus der Bibel lautet: „Der Mann soll nicht beim Manne liegen.").

Im Juni 2015 entschied der Oberste Gerichtshof der USA in einer Fünf-zu-Vier-Entscheidung, dass die gleichgeschlechtliche Ehe ein durch die Verfassung garantiertes Recht ist. [29] Als das Urteil verabschiedet wurde, änderte der damalige US-Präsident das Banner auf dem offiziellen Twitter-Account des Weißen Hauses in die Regenbogenflagge zur Unterstützung der LGBT-Rechte. Das Urteil des Obersten Gerichtshofs verbot jenen vierzehn Staaten, die gleichgeschlechtliche Ehen verboten hatten, diese Gesetze durchzusetzen.

Im August 2015 weigerte sich eine Angestellte von Rowan County, Heiratsurkunden für gleichgeschlechtliche Paare auszustellen. Später wurde sie fünf Tage lang inhaftiert, da sie sich einem US-Bundesgerichtsbeschluss zur Ausstellung der Dokumente widersetzt hatte. Tatsächlich hatte das Gericht ihr verfassungsmäßiges Recht auf Glaubensfreiheit verletzt. [30]

Als das Oberste Gericht zugunsten der Legalisierung der gleichgeschlechtlichen Ehe entschied, nannte das der ehemalige Gouverneur von Arkansas und ehemalige republikanische Präsidentschaftskandidat Mike Huckabee „gerichtliche Tyrannei". [31]

Die Verfassungsrechtlerin und Autorin Phyllis Schlafly listet neun Methoden auf, mit denen Richter die Sozialmoral untergraben. Sie schreiben die Verfassung um, zensieren die Anerkennung Gottes, definieren die Ehe neu, untergraben die Souveränität der USA, fördern Pornografie, unterstützen den Feminismus, behindern die Strafverfolgung, stören Wahlen und erheben neue Steuern. [32]

Bis zum Jahr 2017 haben 25 Länder und Gebiete die gleichgeschlechtliche Ehe offiziell anerkannt oder akzeptiert, darunter westliche Industrienationen wie die USA, das Vereinigte Königreich, Frankreich, Deutschland, Spanien, Norwegen, Dänemark, Finnland, Schweden, Portugal, Belgien, Australien, Neuseeland und Kanada. Das ist eine beunruhigende Entwicklung. Das Gesetz hat die Macht, die Moral zu stärken oder die moralischen Standards in eine neue Richtung zu lenken. Ein Verhalten zu legalisieren, welches von den traditionellen moralischen Werten abweicht, ist das Gleiche, als wenn die Regierung und die Gesetze das Volk dazu anleiten, die Moral zu verraten und Gottes Gebote zu missachten.

Unter dem Einfluss der politischen Korrektheit kann die Kritik an chaotischen gesellschaftlichen Zuständen – sei es durch das Volk, durch bürgerliche Vereinigungen oder insbesondere durch religiöse Gruppen – leicht auf der Ebene der Politik oder der Gesetze verhindert und verboten werden.

Nach der Legalisierung von unmoralischem Verhalten wird Kritikern häufig vorgeworfen, die Gesetze zu verletzen. Das Gesetz ist zu einem Mittel geworden, um die Fähigkeit der Menschen, moralische Urteile zu fällen, zu erdrosseln. Es fördert im Wesentlichen die Homosexualität und ermutigt die Menschen, sich jedem Verlangen und der Degeneration hinzugeben.

Aufgeben persönlicher Verantwortung

Traditionelle Religionen betonen die Bedeutung der persönlichen Verantwortung. In der Bibel verwendet das Buch Ezechiel Vater und Sohn als Gleichnis, um gute und schlechte Vorbilder darzustellen. Obwohl sie Vater und Sohn sind, haben sie die Folgen ihres jeweiligen Verhaltens zu tragen und sind selbst nicht für das Handeln des anderen verantwortlich. Wie die Bibel sagt: „Was immer ein Mensch sät, das wird er auch ernten." Die traditionellen Chinesen glauben, dass Güte Gutes hervorbringt und dass das Böse bestraft wird, was das gleiche Prinzip beinhaltet.

Freiheit bedeutet Verantwortung. Eine Person hat das

Recht und die Freiheit, ihre Ideen, Reden und Handlungen zu bestimmen. Sie muss auch für ihre eigenen Entscheidungen verantwortlich sein. Sobald eine Person ein Verbrechen begangen hat, sollte sie entsprechend bestraft werden. Das ist der Grundsatz der Gerechtigkeit.

Liberale Richter ermutigen die Menschen jedoch dazu, sich ihrer Verantwortung zu entziehen und die Rechenschaftspflicht auf die vorherrschenden sozialen Bedingungen sowie ihren wirtschaftlichen oder rassischen Hintergrund, ihre körperliche und geistige Gesundheit, ihre Bildung und andere demografische Parameter zu verlagern, so dass Kriminelle der gesetzlichen Strafe entgehen können.

d) Einschränkung der Strafverfolgung

Unter liberaler Einflussnahme schränken viele Richter oder die Gesetzgeber die legitime Macht der Strafverfolgung absichtlich ein, indem sie die Augen vor der Kriminalität verschließen. Das kommunistische Gespenst will damit den Staatsapparat lahmlegen, um soziale Unruhen zu schüren – was wiederum als Ausrede für die Ausweitung des Staatsapparats dient oder die notwendigen Voraussetzungen für einen Staatsstreich oder eine Revolution erschafft.

Viele Staaten haben Gesetze der extremen Linken verabschiedet. Ein typisches Beispiel dafür ist das Gesetz des „Sanctuary State" („Zufluchtsstaat"). Unter anderem verbietet ein „Zufluchtsstaat" Bundesbeamten die Inhaftierung illegaler Einwanderer in lokalen Gefängnissen, einschließlich derjenigen, gegen die Haftbefehle vorliegen. Die lokale Polizei ist von der Zusammenarbeit mit Bundesagenten zur Durchsetzung der Einwanderungsgesetze ausgeschlossen.

Dies stellt ein erhebliches Sicherheitsrisiko für die Öffentlichkeit dar. Im Juli 2015 erschoss der illegale Einwanderer Jose Ines Garcia Zarate eine junge Frau, die den Fisherman's Wharf in San Francisco entlang gegangen war. Zarate hatte eine kriminelle Vergangenheit: Er war wegen sieben Verbrechen im Zusammenhang mit Drogen, Raub und dem Besitz von Waffen angeklagt und fünfmal deportiert worden. Als San Francisco sein „Zufluchtsstadt"-Gesetz verabschiedete, wurde Zarate aus der Haft entlassen und entkam den föderalen Einwanderungsbehörden, die seine sechste Deportation gefordert hatten.

Wenn ein Krimineller vor Gericht gestellt wird, werden extrem strenge Anforderungen an die Strafverfolgung gestellt. Damit sollen angeblich die legitimen Rechte des Verdächtigen geschützt werden, aber oft führt das dazu, dass Kriminelle in der Lage sind, Gesetzeslücken zu nutzen. Clevere Verdächtige oder diejenigen, die Status oder Privilegien genießen, die das Gesetz und die Vorschriften verstehen oder fähige Anwälte einstellen, können das Gerichtsverfahren mit erheblichen Kosten für das Justizsystem hinauszögern. Selbst schuldige Verdächtige können mitunter sehr schwer vor Gericht zu bringen sein.

Beeinflusst durch die Verbreitung der „sexuellen Befreiung" zitieren Urteile in Fällen, in denen es um Sexualverbrechen geht, oft Ergebnisse neuerer Untersuchungen, die behaupten, dass der durch den Missbrauch verursachte Schaden gering oder gar nicht vorhanden wäre. Viele Fälle wurden einfach dadurch aufgelöst, dass die Strafen für Sexualstraftäter reduziert wurden. [33]

Auch bei vielen gewöhnlichen Straftätern wurden die ursprünglichen Strafen aufgrund von Haushaltsengpässen oder wegen der Rechte der Gefangenen herabgesetzt. Die eigentliche Motivation ist jedoch die politische Korrektheit – die Macht des Gesetzes zu schwächen, die soziale Ordnung zu stören und den Weg für die weitere Regierungsausweitung zu ebnen.

Damit das Gesetz gerecht ist, muss es diejenigen, die nicht zu entschuldigende Verbrechen begehen, streng bestrafen. Seit der Antike wurde Mord mit dem Tode bestraft. Derzeit haben einige Länder und Gebiete die Todesstrafe aus Gründen der Menschlichkeit, der Toleranz oder der vermeintlichen Achtung vor dem Leben abgeschafft.

Unter dem Einfluss des verdrehten Liberalismus und des Progressivismus geben einige Menschen den Rechten der Gefangenen – unabhängig von der Schwere des Verbrechens – unangemessenes Gewicht, während sie seltsamerweise gegenüber den Opfern schweigen. Wenn ein Mörder von Steuergeldern ernährt und untergebracht wird, ist sein Freiheitsverlust kaum ein fairer Austausch für den Tod des Opfers und das Trauma, welches dieser bei dessen Angehörigen verursacht hat.

Viele Forscher in den Vereinigten Staaten haben festgestellt, dass die Todesstrafe als Abschreckung gegen Kriminalität sehr wirksam ist. David Muhlhausen, strategischer Berater der Heritage Foundation, bezeugte 2007 vor dem Senatsausschuss für Justiz, dass die Todesstrafe eine abschreckende Wirkung hat und Leben retten kann.

In den 1990er Jahren untersuchten drei Professoren zwanzig Jahre lang Kriminalitätsstatistiken aus dreitausend Städten in den Vereinigten Staaten und kamen zu dem Schluss, dass „jede Hinrichtung im Durchschnitt zu achtzehn Morden weniger führt“. [34]

Selbst Gelehrte, die gegen die Todesstrafe sind, müssen zugeben, dass diese eine abschreckende Wirkung hat.

Indem er die Konzepte von Freiheit und Legalität auf die Spitze treibt, hat der Teufel das Gesetz verzerrt und seiner Heiligkeit beraubt.

e) Verwendung ausländischer Gesetze zur Schwächung der Souveränität der US-Regierung

Wenn liberale Richter keine Formulierungen in der US-Verfassung finden können, um ihre persönliche Meinung zu unterstützen, verwenden sie Gesetze, die in anderen Ländern verabschiedet wurden, um ihre Argumentation aufrechtzuerhalten.

Im Fall von „Lawrence gegen Texas“ im Jahr 2003 wollte ein Richter ein texanisches Gesetz aufheben, das „homosexuellen Erwachsenen einvernehmliche sexuelle Handlungen verbietet“, konnte aber nichts in der Verfassung finden, um seinen Fall zu stützen. Er zitierte dann eine „autoritative Behörde“ außerhalb der Vereinigten Staaten, die sagte, Homosexualität sei „ein integraler Bestandteil der menschlichen Freiheit in vielen anderen Ländern“ – und hob das Gesetz auf. Dieser Fall führte zur Aufhebung ähnlicher Gesetze in 13 weiteren Staaten. [35]

Das kommunistische Denken hat sich auf der ganzen Welt in verschiedenen Formen verbreitet. Der sozialistische Trend in Asien und Europa ist offensichtlich und hat auch in Afrika und Lateinamerika großen Einfluss. Länder wie Simbabwe und Venezuela sind im Grunde genommen sozialistische Länder. Auch Kanada ist nicht frei von diesem Einfluss.

Handel und Globalisierung haben die Vereinigten Staaten in eine engere Verbindung mit anderen Ländern gebracht. Um Elemente des Sozialismus im Inland einzuführen, nutzen liberale Richter die Ausrede, sich an internationale Konventionen zu halten. Sie benutzen die Rechtsprechung dazu, um den Geist der Verfassung zu ändern. Wenn selbst die Vereinigten Staaten als Führer der freien Welt nicht in der Lage sind, grundlegende traditionelle Standards aufrechtzuerhalten, wird der gesamte Globus an den Kommunismus verloren gehen.

4. Den Geist des Gesetzes wiederherstellen

Heute ist die Rechtsprechung gegen die göttlichen Lehren gerichtet, die sie ursprünglich inspiriert haben. Sie ist zur Methode geworden, mit der der Teufel das moralische Fundament der menschlichen Gesellschaft mit Füßen tritt und sie an den Rand der Zerstörung treibt.

Die anti-traditionelle und unmoralische Gesetzgebung hat die Fähigkeit des Gesetzes zur Aufrechterhaltung der sozialen Ordnung geschwächt, sodass die Ausweitung der Staatsmacht die einzige „Lösung" für die derzeitige Verwirrung darstellt.

Die veränderten Gesetze zerstören immer weiter die traditionellen Überzeugungen. Im Endergebnis wird die Gesellschaft zum Totalitarismus geführt. Der französische Denker Alexis de Tocqueville warnte davor, dass die Diktatur das einzige Mittel der Regierung sei, um Menschen in einer Gesellschaft ohne Glauben zusammenzuhalten. [36] Die heutige Perversion der Gesetze untergräbt den traditionellen Glauben und treibt die Gesellschaft in Richtung Tyrannei.

Sollte es dem Teufel gelingen, die volle Kontrolle über das Gesetz zu erlangen, wäre dies eine mächtige Waffe für die Zersetzung der Menschheit. Unter solchen Umständen bleiben den Menschen nur zwei Möglichkeiten: Entweder sie würden sich weigern, den Behörden zu folgen, oder sie würden ihre Moral verraten, um die degenerierten Gesetze einzuhalten. Ersteres würde die Zerstörung des Rechts in der Praxis bedeuten, denn wie es der Jurist Harold J. Berman formulierte: „Das Gesetz muss geglaubt werden, sonst existiert es nur dem Namen nach." Letzteres führt zu einem moralischen Verfall und schafft einen Abwärtszyklus, in dem Gesetz und Gesellschaft in einem Wettlauf um den Tiefpunkt konkurrieren. Die Gesellschaft hätte keinen Ausweg aus diesem dämonischen Wirbel.

Das Buch „The Naked Communist" von 1958 listet 45 Ziele auf, die von der Kommunistischen Partei verfolgt werden, um die Vereinigten Staaten zu infiltrieren und zu untergraben. Sieben davon betreffen das Rechtssystem [37]: So besteht das 16. Ziel darin, die technischen Entscheidungen der Gerichte zu nutzen, um wichtige US-Institutionen zu schwächen, indem behauptet wird, dass ihr Verhalten die öffentlichen Rechte verletze.

Das 24. Ziel besteht darin, alle Gesetze abzuschaffen, die unanständige Inhalte einschränken, indem diese als Zensur dargestellt werden, die die Meinungs- und Redefreiheit verletze.

Das 29. ist, die US-Verfassung als fehlerhaft, veraltet oder unvereinbar mit der internationalen Praxis anzufechten.

Das 33. ist die Abschaffung aller Gesetze und Gesetzgebungen, die die Aktionen der Kommunistischen Partei behindern.

Das 38. Ziel ist, die Verhaftung durch Agenten zu legalisieren, die keine Polizisten sind. Alle Verhaltensprobleme sind an psychiatrische Fachkräfte zu delegieren.

Das 39. ist, die Kontrolle über den Bereich der Psychiatrie zu erringen und Gesetze zur psychischen Gesundheit durchzusetzen, um Personen zu kontrollieren, die keine kommunistischen Ziele akzeptieren.

Das 45. Ziel ist die Abschaffung der „Connally Reservation“, auch bekannt als „Connally Amendment“. Diese Verordnung gibt den Vereinigten Staaten das Recht, die innerstaatliche Rechtsprechung den Entscheidungen internationaler Gerichte vorzuziehen. Das soll bewirken, dass die Vereinigten Staaten ihre nationale Souveränität nicht mehr schützen und stattdessen internationale Gremien wie der Internationale Gerichtshof die US-Justiz außer Kraft setzen.

Wenn man die oben genannten Ziele mit dem vergleicht, was bereits umgesetzt ist, zeigt sich, dass der Kommunismus gut positioniert ist, um weiterhin das US-Recht und die Justiz zu untergraben.

Sei es die staatlich geförderte Politik des Kampfes in Ländern, die von kommunistischen Regimen kontrolliert werden, oder die Regulierung in westlichen Ländern, in denen die kommunistische Ideologie die legislativen und gerichtlichen Institutionen ausgehöhlt hat: In beiden Fällen zielt sie auf den Geist des Gesetzes ab – das heißt, auf die Ehrfurcht vor der göttlichen und traditionellen Moral.

Wenn wir nicht in der Lage sind, die von göttlichen Gesetzen vorgegebenen moralischen Standards als unser Kriterium für die Anerkennung des Guten und Bösen einzuhalten, dann verliert unsere Gesellschaft die juristische Unabhängigkeit an das kommunistische Gespenst. Unter dem Einfluss des Kommunismus werden die Handlanger des Teufels die Gesetze beiseiteschieben, um die Gerechten zu unterdrücken und die Bösen zu fördern – und damit unbewusst seine Pläne zur Vernichtung der Menschheit ausführen. Es bleibt wenig Zeit, diesen Trend umzukehren.

Quellen zu Kapitel 10

[1] Harold J. Berman, „The Interaction of Law and Religion" (Nashville: Abingdon Press, 1974), 51–55.

[2] Ban Gu, „The Book of Han: Chronicle of Dong Zhongshu" [班固，《漢書•董仲舒傳》]

[3] Berman, „The Interaction of Law and Religion".

[4] W. Cleon Skousen, „The Naked Communist" (Salt Lake City: Izzard Ink Publishing, 1958, 2014). https://horst-koch.de/marx-und-satan-richard-wurmbrand/, abgerufen am 28.08.2018

[5] Sergey Nechayev, „The Revolutionary Catechism", 1869. https://www.marxists.org/subject/anarchism/nechayev/catechism.htm.

[6] Vladimir Lenin, „The Proletarian Revolution and the Renegade Kautsky," https://www.marxists.org/archive/lenin/works/1918/prrk/common_liberal.htm.

[7] Li Yuzhen, „Work of Inssurection: 20th-Century Russian History", (Yanhuang Chunqiu, Tenth edition of 2010) [李玉貞，〈一部顛覆性著作：《二十世紀俄國史》〉，《炎黃春秋》2010年第十期。]

[8] Alexander N. Jakovlev, „Die Abgründe meines Jahrhunderts" (Leipzig: Verlag Faber und Faber, 1993).

[9] „Commentary Seven: On the Communist Party's History of Killing", Nine Commentaries on the Communist Party, The Epoch Times, http://www.ninecommentaries.com/english-7.
[10] On March 15, 1999, the „Amendment of the Constitution of the People's Republic of China" adopted at the Second Session of the Ninth National People's Congress inserted in Article 5 of the Constitution: „The People's Republic of China implements the rule of law and builds a socialist country ruled by law". See An Linxian, „Constitutional Principles and Governing the Country by Law", www.people.com.cn, 2. November 2006, http://legal.people.com.cn/GB/43027/73487/73490/4990833.html.
[11] Ouyang Fei, „Red Nonsense", Minghui.org, January 8, 2015 [歐陽非：〈紅色荒唐言論〉，明慧網，2015年1月8日，http://www.minghui.org/mh/articles/2015/1/8/302850.html.]
[12] Francis Bacon, „Of Judicature", Essays, Civil and Moral, http://www.notable-quotes.com/b/bacon_francis_viii.html.
[13] Planned Parenthood of Southeastern Pennsylvania v. Casey (Nos. 91–744, 91–902). Quoted in „The Supreme Court; Excerpts From the Justices' Decision in the Pennsylvania Case", The New York Times, 30. Juni 1992. https://www.nytimes.com/1992/06/30/us/the-supreme-court-excerpts-from-the-justices-decision-in-the-pennsylvania-case.html.
[14] Tom Murse, „Number of Pardons by President", ThoughtCo, 9. März 2018, https://www.thoughtco.com/number-of-pardons-by-president-3367600.
[15] Gregory Korte, „Obama Commutes Sentence of Chelsea Manning in Last-Minute Clemency Push", USA TODAY, 17. Januar 2017. https://www.usatoday.com/story/news/politics/2017/01/17/obama-commutes-sentence-chelsea-manning/96678814/.
[16] Paige St. John und Abbie Vansickle, „Here's Why George Soros, Liberal Groups Are Spending Big to Help Decide Who's Your Next D.A.", Los Angeles Times, 23. Mai 2018, http://www.latimes.com/local/california/la-me-prosecutor-campaign-20180523-story.html.
[17] Affidavit of Roger N. Baldwin, 31. Dezember 1938, „Investigation of Un-American Propaganda Activities in the United States. Hearings before a Special Committee on Un-American Activities", House of Representati-

ves, 75th–78th Congress, 3081–3082.
[18] Phyllis Schlafly, „The Supremacists: The Tyranny of Judges and How to Stop It" (Minneapolis, MN: Richard Vigilante Books, 2006), 26–27.
[19] Phyllis Schlafly, „Pots of Gold Behind Crosses and Ten Commandments", The Eagle Forum Report, June 4, 2004, http://eagleforum.org/column/2004/june04/04-06-23.html.
[20] „The U.S. Pledge of Allegiance: Circuit Court Decision, Reactions, etc.", Religious Tolerance, http://www.religioustolerance.org/nat_pled3.htm.
[21] Passed/agreed to in House: On Motion to Suspend the Rules and Agree to the Resolution Agreed to by the Yeas and Nays: (2/3 required): 416 – 3, 11 Present (Roll no. 273) https://www.congress.gov/bill/107th-congress/house-resolution/459.
[22] Submitted in the Senate, Considered, and Agreed to without Amendment by Yea–Nay, 99–0, June 26, 2002, https://www.congress.gov/bill/107th-congress/senate-resolution/292.
[23] Schlafly, „The Supremacists: The Tyranny of Judges and How to Stop It", 30.
[24] Ebd., 58.
[25] Ebd., 60–61.
[26] „CNN Revels in Pot Smoke during New Year's Eve Report from Denver", Fox News, 1. Januar 2018, http://www.foxnews.com/entertainment/2018/01/01/cnn-revels-in-pot-smoke-during-new-years-eve-report-from-denver.html.
[27] Patrick McGreevy, „Billionaire Activists like Sean Parker and George Soros Are Fueling the Campaign to Legalize Pot", Los Angeles Times, 2. November 2016, http://www.latimes.com/politics/la-pol-ca-proposition64-cash-snap-20161102-story.html.
[28] Adam Shaw, „GOP Senators Ask Tillerson to Probe US Funding of Soros Groups abroad", Fox News, 15. März 2017, http://www.foxnews.com/politics/2017/03/15/gop-senators-ask-tillerson-to-probe-us-funding-soros-groups-abroad.html.
[29] Ariane de Vogue und Jeremy Diamond, „Supreme Court Rules in Favor of Same-sex Marriage Nationwide", CNN News, 27. Juni 2015, https://

www.cnn.com/2015/06/26/politics/supreme-court-same-sex-marriage-ruling/index.html.

[30] Todd Starnes, „Kentucky Clerk: 'This is a fight worth fighting", Fox News, 3. September 2015, http://www.foxnews.com/opinion/2015/09/03/kentucky-clerk-am-prepared-to-go-to-jail.html.

[31] „Attorney for Kim Davis Speaks out, Huckabee Blasts ‚Judicial Overreach' in Case", Fox News, 8. September 2015, http://www.foxnews.com/transcript/2015/09/08/attorney-for-kim-davis-speaks-out-huckabee-blasts-judicial-overreach-in-case.html.

[32] Schlafly, „The Supremacists: The Tyranny of Judges and How to Stop It" (Minneapolis, MN: Richard Vigilante Books, 2006).

[33] The Stop the Kinsey Institute Coalition, „Kinsey Helped Undermine Laws Protecting Women & Children", http://stopthekinseyinstitute.org/more/undermining-laws/.

[34] Cao Changqing, „Capital Punishment Should Absolutely Not Be Abolished", China Report Weekly, June 7, 2015 [曹長青：〈絕不應廢除死刑〉，《中國報導周刊》，2015年6月7日，http://www.china-week.com/html/6405.htm]

[35] Schlafly, „The Supremacists: The Tyranny of Judges and How to Stop It", 49.

[36] Berman, „The Interaction of Law and Religion".

[37] Skousen, „The Naked Communist".

Kapitel 11

Die Vernichtung der Künste

1. Kunst: ein Geschenk des Himmels

In der menschlichen Zivilisation gibt es unzählige Bücher, die beschreiben, was wahre Schönheit ausmacht. Gottgläubige Menschen wissen, dass all die schönen und wundervollen Dinge auf der Welt aus dem Himmel stammen. Tiefsinnige Kunst ist der Versuch, die himmlische Schönheit in der Menschenwelt nachzuempfinden und sichtbar zu machen. Die Inspiration eines Künstlers ist von den Göttern gegeben.

Wenn Künstler Erleuchtung und Segen von den Göttern erhalten, können sie herausragende Persönlichkeiten auf ihrem Gebiet werden.

Mit einem starken Glauben und der Hingabe an das Göttliche warfen große Künstler der Renaissance ihren Einfallsreichtum in die Waagschale, um Kunstwerke zu Ehren der Gottheiten zu schaffen. Ihre aufrichtigen Gedanken und barmherzigen Taten erhielten göttliche Bekräftigung und Segen. Künstler der Hochphase der Renaissance wie da Vinci, Michelangelo und Raffael benutzten Techniken, die jene ihrer Vorgänger und Zeitgenossen auf wundersame Weise bei Weitem überstiegen. Ihre Arbeiten – dazu zählen Gemälde, Skulpturen und Architektur – wurden zu zeitlosen Klassikern der Kunstwelt.

Jahrhundertelang waren diese Kunstwerke ein erhabenes Beispiel für die Menschheit. Durch die eingehende Betrachtung dieser Arbeiten konnten nicht nur Künstler späterer Generationen die reine Kunsttechnik lernen – sondern auch die breite Öffentlichkeit konnte das Göttliche darin fühlen und sehen. Wenn diese Arbeiten, die dabei angewandten Techniken und der Geist, der die Künstler umfing, bewahrt werden, kann die menschliche Gesellschaft die Verbindung zum Göttlichen aufrechterhalten. Dann gibt es Hoffnung auf eine Rückkehr zur Tradition und eine Leiter in den Himmel, selbst wenn die menschliche Gesellschaft eine Zeit des Verfalls und des Niedergangs erlebt.

Dieselben Prinzipien gelten auf dem Gebiet der Musik, getreu dem Ausspruch: „Bach gab uns Gottes Wort, Mozart sein Lachen und Beethoven gab uns Gottes Feuer – und Gott gab uns Musik, damit wir ohne Sprache beten können." Sein ganzes Leben lang betrachtete Johann Sebastian Bach Gebet, Lob und Hingabe an Gott als die wichtigsten Grundsätze bei der Erschaffung seiner Musik. All seine wichtigen musikalischen Werke sind mit den Buchstaben „SDG" versehen – eine Abkürzung für „Soli Deo Gloria", was heißt „Gott allein sei die Ehre".

Das ist die höchste Stufe, die ein Künstler erlangen kann – die Materialisierung göttlicher Objekte auf der menschlichen Ebene durch göttliche Offenbarung. Die großen Gemälde- und Bildhauerarbeiten, die großartigsten Werke in der Geschichte der Menschheit im frühen, barocken und klassischen Kanon waren allesamt Werke von Gläubigen und präsentieren den Zenit künstlerischen Schaffens, den Menschen erreichen können.

Die drei wichtigsten Elemente künstlerischen Schaffens sind Nachahmung einer Darstellung, Erschaffung und Kommunikation. Alles künstlerische Schaffen hat ein Thema zum Inhalt, und darin liegt auch die Nachricht, die der Schaffende unabhängig von der Kunstform transportieren will – sei es nun Poesie, Malerei, Bildhauerei, Fotografie, Prosa, Schauspiel, Tanz oder Film. Der Künstler pflanzt das Thema in die Herzen der Leser, Zuhörer oder Zuschauer ein. Dieser Prozess ist die Kommunikation – die Weitergabe der Einsichten des Künstlers an den Rezipienten.

Um das Ziel der Kommunikation erreichen zu können, müssen Künstler die großartige Fähigkeit besitzen, nachzuahmen und darzustellen. Dabei kann das zu imitierende Objekt die Götterwelt, die Menschenwelt oder sogar die Unterwelt sein. Auf der Grundlage ihres Zieles, Dinge darzustellen, begannen die Künstler mit ihrem schöpferischen Prozess – einem Prozess, in dem die tiefsinnigeren oder wesentlicheren Elemente verfeinert werden. Der Künstler verstärkt dabei seine Fähigkeit zu kommunizieren und die Herzen des Publikums zu erreichen. Wenn der Künstler aufrichtig an Gott und die Moral glaubt, wird das Göttliche ihm schöpferische Eingebung schenken. Solche Arbeiten werden dann göttlich, rein und barmherzig sein – gut für den Künstler und auch für die Gesellschaft.

Andererseits können negative Elemente den kreativen Prozess sabotieren, wenn Künstler moralische Richtlinien ablehnen, sodass dämonische Kräfte ihren Einfluss ausüben und den Künstler ausnutzen, um abscheuliche Kreationen und Groteskes aus der Unterwelt darzustellen. Solche Arbeiten schaden dem Urheber und der Gesellschaft im Ganzen.

Damit wird der Wert der orthodoxen, traditionellen Kunst deutlich. Göttliche Kultur und Kunst im Osten wie im Westen stellten Verbindungen zwischen den Gottheiten und der menschlichen Zivilisation dar und ihr Ziel lag darin, beide miteinander in Kontakt zu bringen. Eine solche Kunst schenkt Schönheit, Barmherzigkeit, Licht und Hoffnung. Andererseits wird zersetzende Kunst gerade von denen geschaffen, die unter der Kontrolle von dämonischen Elementen stehen. Sie treiben einen Keil zwischen Mensch und Gott und ziehen den Menschen zum Teuflischen hin.

2. Der enorme Einfluss der Kunst auf die Menschheit

Große Kunstwerke vermitteln ein Erbe, verbreiten Wissen und Weisheit und stärken den Charakter. Sie sind in den großen Zivilisationen des Ostens und des Westens hoch angesehen.

Der antike griechische Mathematiker und Philosoph Pythagoras glaubte, dass das Geheimnis der Musik im Nachempfinden der Harmonie der kosmischen Körper läge, was an sich schon die Harmonie des Universums widerspiegele. Die Chinesen vertraten ähnliche Ansichten. Die chinesischen Klassiker „Aufzeichnungen des großen Historikers“ und „Die Klassik der Musik“ behandeln beide den Zusammenhang der Musik mit den fünf Elementen. Sie befassen sich auch damit, wie Musikinstrumente die Muster von Himmel und Erde darstellen und nachahmen sollten. Nur so kann „allergrößte Musik die Harmonie, die zwischen Himmel und Erde existiert“, zeigen. [1] In antiken chinesischen Geschichten ist diese Musik in der Lage, Kranich und Phönix anzulocken und sogar himmlische Wesen herbeizurufen.

Konfuzius sagte einst: „Die Zhou-Dynastie folgte auf die zwei Zeitalter. Wie reich ist sie doch an Kultur! Ich folge der Zhou.“ [2] Er bewunderte, wie der Herrscher der Zhou-Dynastie mit Ritualen und Musik herrschte: Der sagenhafte Herrscher Shun erfand das fünfsaitige Musikinstrument, das er Qin nannte. „Er sang zu seinen Klängen über die leichte Sommerbrise aus dem Süden und siehe da, sein Reich war unter dem freundlichen Einfluss seiner Musik ausgeglichen.“ [3]

Die „Musik des Prinzen von Qin, der die gegnerische Front

zerschlägt", komponiert vom ersten Herrscher der Tang-Dynastie Li Shimin, wurde von allen angrenzenden Minderheiten respektiert. Das „Neue Buch der Tang" hielt fest, dass der Mönch Xuanzang auf seiner Reise, auf der er die buddhistischen Schriften aus dem Westen holte, über ein Königreich berichtet: „Dein Herrscher muss ein Heiliger sein, denn wie konnte er sonst die Musik des Prinzen von Qin, der die gegnerische Front zerschlägt, komponieren?" [4]

Während der Herrschaft von Ludwig XIV. zeigte auch der französische Königshof große Eleganz in Form von Kunst und Tanz. Dem Tanz wohnt nicht nur die Technik der Bewegung inne, sondern er beinhaltet auch soziale Etikette und Regeln. Ludwig XIV. hat Europa mit seiner höfischen Kunst und Kultur inspiriert. Ihm folgten auch andere Höfe und die gesamte Bevölkerung in Europa.

Friedrich der Große von Preußen war nicht nur ein herausragender König, sondern auch ein ausgebildeter Musiker, Komponist und Flötist. Er ordnete den Bau der Berliner Oper an, betreute die Oper persönlich und öffnete sie für breite Bevölkerungsschichten. Bis zum heutigen Tag ist die Oper ein wichtiger Bestandteil deutscher Kultur geblieben. Bereits diese wenigen Beispiele machen den nachhaltigen Einfluss deutlich, den orthodoxe Kunst auf die Gesellschaft ausübt.

Die orthodoxe Kunst steht im Einklang mit den Gesetzen von Natur und Kosmos, sie folgt göttlicher Weisheit und beinhaltet spezielle Energien und Wirkungen. Sie hat einen wohltuenden Einfluss auf die Menschen, sowohl körperlich als auch spirituell. Orthodoxe Künstler arbeiten nicht nur auf der physischen, technischen Ebene, sondern, und das ist noch viel wichtiger, auf der spirituellen Ebene, indem sie mit ihrem Thema verschmelzen. Solche Künstler bringen manchmal ihre Wahrnehmung einer höheren Macht jenseits der physischen Welt zum Ausdruck. Die Wirkung ähnelt dabei jener beim Singen einer Ode an Gott – es ist eine feierliche und göttliche Erfahrung, die den Horizont menschlicher Sprache überschreitet.

Für diejenigen, die die feinen Künste schätzen, sind diese eine besondere Art, sich mit dem Göttlichen zu vereinigen. Hinter der Kunst steckt die geballte Weisheit eines Volkes, seine Kreativität und Inspiration. Es erschließen sich oft tiefsinnige Bedeutungen, die weit über das hinausgehen, was sich an der Oberfläche erkennen lässt. Einige Werke sind Überbringer einer speziellen Art spiritueller Energie. All das hat auf die Betrachter eine Wirkung auf einer tieferliegenden, spirituellen Ebene. Die Wirkung ist einzigartig und unersetzlich.

Ein guter Künstler kann die Moral der Gesellschaft beeinflussen, indem er durch berührende Geschichten und Bilder bleibende Werte in die Herzen der Menschen einpflanzt. Selbst diejenigen ohne tieferen Bildungshintergrund oder entsprechende Erziehung können Einsichten, Inspiration und die tieferen Lektionen erfahren, die traditionelle Kunst übermittelt. Man schaue sich nur einmal an, wie viele Menschen in traditionell geprägten Gesellschaften durch Märchen lernen, das Richtige vom Falschen, das Gute vom Schlechten zu unterscheiden. Beispiele sind etwa „Die kleine Meerjungfrau" oder „Schneewittchen". Wie viele Chinesen haben dies durch die vier großen Romane der chinesischen Geschichte und durch die traditionellen Künste des Geschichtenerzählens und des Schauspiels gelernt? Solche Arbeiten zeigen dem Menschen göttliche Prinzipien, lassen ihn göttliche Größe spüren und fördern sein Verlangen, sich den göttlichen Prinzipien anzugleichen.

Die Kunst kann jedoch auch unübersehbar verdorbene Werte vermitteln. Robert McKee schreibt in seinem Buch Story: „Jede wirksame Geschichte überbringt uns eine reichhaltige Idee, die uns geradezu aufgezwungen wird und die wir beinahe gezwungen sind, zu glauben. Tatsächlich ist die Überzeugungskraft von Geschichten so groß, dass wir an ihren Inhalt sogar dann glauben, wenn wir ihn moralisch verwerflich finden." [5]

Sowohl im positiven als auch im negativen Sinne kann Kunst also einen enormen Einfluss auf die menschliche Moral sowie auf menschliches Denken und Verhalten haben. Das ist keine Übertreibung. Die moderne Gesellschaft hat viele Beispiele hervorgebracht, die man sich ansehen kann.

So hat beispielsweise der „Mozart-Effekt" weltweit viel Aufmerksamkeit auf sich gezogen. Die Wissenschaft hat eine Reihe von Studien über den positiven Einfluss von Mozarts Musik auf Mensch und Tier durchgeführt. 2016 fand eine breitangelegte Studie zum „Mozart-Effekt" heraus, dass Mozarts Musik eine positive Wirkung auf die menschlichen kognitiven Fähigkeiten und das Verhalten hat. Erstaunlicherweise hat das „Rückwärtsspielen" von Mozarts Musik den genau gegenteiligen Effekt. Arnold Schönbergs moderne atonale Musik hat einen ähnlichen Effekt wie das „Rückwärtsspielen" von Mozart, was ihren schädigenden Charakter demonstriert. [6]

Im Vergleich zu atonaler Musik hat Rockmusik einen noch viel schädlicheren Effekt. Ein Forscher trug Daten aus zwei ähnlichen Städten zusammen: In jener Stadt, in der im Radio und Fernsehen sehr viel Rockmusik gespielt wurde, gab es 50 Prozent mehr Fälle von außerehelichen Schwangerschaften, Schwangerschaftsabbrüchen, jugendlichen Suiziden, Verbrechen und so weiter. [7] Manche Rockmusik lässt sogar Selbstmord als etwas Vernünftiges erscheinen. David Cloud schildert: „Ihre dunklen Rhythmen und depressiven Texte können vermutlich als Ermutigung zum Selbstmord verstanden werden und es ist eine unwiderlegbare Tatsache, dass einige junge Menschen ihren letzten Atemzug taten, während sie dabei Rockmusik hörten." [8] Es ist auch nicht unüblich, dass Teenager sich auf die Art und Weise umbringen, wie es in den Liedtexten beschrieben wird. Zahlreiche Rockmusiker verfielen in Depressionen, nahmen Drogen und begingen Selbstmord.

Ein anderes bekanntes Negativbeispiel ist der nationalsozialistische Film „Triumph des Willens". Obwohl die Regisseurin Leni Riefenstahl sagt, sie hätte einen Dokumentarfilm gedreht, zeigt der Propagandafilm ein ausgezeichnetes Meisterwerk – was die Kunstform anbelangt. Die großen Szenen und Einstellungen von Stärke bringen das Publikum in Resonanz mit der inhaltlichen Energie und Macht. Eine Vielzahl der Methoden der Kameratechnik und des Editierens hatten noch jahrzehntelang Einfluss auf das Medium Film.

Doch das Werk wurde auch ein wichtiges Propagandamittel für Hitler und Nazideutschland und ist als einer der erfolgreichsten Propagandafilme in die Geschichte eingegangen. Die britische Zeitung The Independent schrieb 2003: „‚Triumph des Willens' verführte viele weise Männer und Frauen, brachte sie dazu, daran zu glauben, anstatt ihn zu verachten, und so vereinnahmte er zweifellos die Nazifreunde und Verbündeten weltweit." [9]

Wenn man die große Macht der Kunst versteht, versteht man die Bedeutung traditioneller Kunst besser – und warum teuflische Elemente die menschliche Kunst untergraben und sabotieren wollen und ihren Verfall herbeiführen.

3. Wie der Kommunismus die Kunst sabotiert und benutzt

Da Kunst in enormer Weise dabei hilft, die Gesellschaft zu verändern, überrascht es nicht, dass der Kommunismus die Kunst bei seinen Bestrebungen nutzt, um Menschen zu manipulieren.

a) Kunst in kommunistischen Ländern

Kommunistische Parteien kennen die Macht der Kunst und nutzen sie, um Menschen umzuerziehen. Sie wandeln deshalb auch alle Formen der Kunst in Werkzeuge um, um diesen Effekt zu erreichen. Viele Menschen machen Scherze darüber, dass die KP Chinas Sänger und Schauspieler als Militärgeneräle anstellt. Sie fragen sich, wie Zivilisten, die weder ein militärisches Training durchlaufen haben noch an der Waffe oder in Kriegsführung ausgebildet wurden, als Generäle geeignet sein können. Die KP Chinas glaubt, dass Menschen in dieser Position genauso wichtig sind wie ausgebildete Kämpfer, um die kommunistische Doktrin zu verbreiten und aufrechtzuerhalten – vielleicht sogar noch wichtiger. So gesehen steht ihr militärischer Grad im perfekten Einklang mit den Parteiprinzipien. Wie Mao Tse-tung schon sagte: „Wir müssen auch eine Kulturarmee haben, was absolut unverzichtbar dafür ist, uns selbst zu vereinen und den Feind zu besiegen.“ [10]

Künstlerische Darbietungen in kommunistischen Ländern haben das Ziel, die Menschen das Leid unter der kommunistischen Herrschaft vergessen zu lassen und sie der Partei zugewandt zu halten. Dieser Propagandaeffekt, auch „Gedankenarbeit“ genannt, kann nicht durch reine Kampfeskraft erreicht werden.

Man schaue sich nur einmal die enorm kostspielige Eröffnungszeremonie der Olympischen Spiele in Peking zu Lasten des Steuerzahlers an oder das aufwendige Gesangs- und Tanzfestival Arirang in Nordkorea und die früheren sowjetischen Ballett-Truppen. Alle leisten das, was die Partei gerade braucht. Im September 2011 veranstaltete das Kulturministerium der KP Chinas im Kennedy Center in der US-Hauptstadt Washington D.C. ein sogenanntes chinesisches Kulturfestival mit dem Titel „China: Der Kunstkanon einer Nation“. Gezeigt wurde das klassische Ballett „Die rote Loslösung der Frauen“. Darin geht es um die Verbreitung von Klassenhass und kommunistischer Gewalt.

Würde die traditionelle Kunst, die dem Göttlichen sehr nahekommt, neben der parteikonformen Kunst existieren, die der Umerziehung der Öffentlichkeit dient, würde letztere ihr Monopol verlieren und wirkungslos werden. Deshalb zensieren alle kommunistischen Länder streng die Künste und das Verlagswesen.

b) Die kommunistischen Elemente hinter der Avantgarde

Jahrhundertelang ist klassische Kunst von Generation zu Generation weitergegeben worden. Das ging so bis ins 20. Jahrhundert. Die Weitergabe und das Erbe der Kunst wurden dann durch eine radikale Avantgarde ersetzt. Die frühere Kunst fiel schnell dem Verfall anheim. Wie der in Deutschland lebende US-Künstler Robert Florczak sagt: „Das Tiefsinnige, das Inspirierende und das Schöne wurden ersetzt durch das Neue, das Andere und das Hässliche. [...] Das Niveau sank, bis es kein Niveau mehr gab. Alles, was übrigblieb, war der persönliche Ausdruck." [11] Die Menschheit verlor auf diese Weise ihren universellen Sinn für Ästhetik.

Die Kraftquellen dieser neuen künstlerischen Bewegungen sind eng verbunden mit ideologischen Strömungen, die kommunistisch geprägt sind. Viele dieser Künstler sind entweder selbst strenge Kommunisten oder auf irgendeine Art und Weise Para-Kommunisten oder anfällig für den Einfluss dieser Strömungen.

Georg Lukács, der ungarische Kulturkommissar der Kommunistischen Internationale und geistiger Vater des westlichen Marxismus, gründete die Frankfurter Schule. Eine ihrer Aufgaben bestand darin, eine „neue kulturelle Form" zu begründen, indem sie die traditionelle Kultur abschaffte. Diese neue kulturelle Form machte sich daran, alle Kunst zu verbannen, die das Göttliche zeigte. Wie Herbert Marcuse, ein deutscher Sozialist und Vertreter der Frankfurter Schule, schrieb: „Kunst macht beides. Sie geht gegen diese (gegebenen sozialen) Gefüge an und gleichzeitig überschreitet sie sie.

Dabei untergräbt die Kunst das dominante Bewusstsein, die gewöhnliche Erfahrung." [12]

Das bedeutet, Kunst in die Revolution gegen das Göttliche und in die Untergrabung der Moral einzubinden. Gedankengänge dieser Art sind in der modernen Kunst bestimmend.

Gustave Courbet, der Gründer der französischen Schule des Realismus, war einer der Mitwirkenden in der Pariser Kommune. Er wurde ins Komitee der Kommune gewählt und Vorsitzender der radikalen Vereinigung der Kunst. Courbet widmete sich der Transformation des alten Systems und verankerte neue künstlerische Strömungen. Er gab der Vereinigung den Auftrag, ein neoklassisches Gebäude zu zerstören: die Vendôme-Säule (die später wiederaufgebaut wurde). Courbet leugnete, dass Menschen von Gott erschaffen wurden, und er sah sich dazu berufen, Kunst zu nutzen, um der Weltsicht des Proletariats und dem Materialismus Ausdruck zu geben. Er ist bekannt für seinen Ausspruch: „Ich habe weder Engel noch Götter gesehen. Von daher habe ich kein Interesse, sie zu malen." [13]

Courbet glaubte, dass die Erneuerung der Kunst wirklich eine Revolution war. In seiner Malerei, die er Realität nannte, ersetzte er Schönheit durch das Hässliche. Bei seinen Aktmalereien liegt der Fokus zum Beispiel in der Zurschaustellung weiblicher Genitalien, was man als revolutionär ansah – eine Möglichkeit zu rebellieren, die Tradition zu verletzen und irgendwie auch noch zu kommunistischem Aktivismus anzustacheln. Das Leben und Denken Courbets zeigen, wie eng die kommunistische Ideologie, die Revolution und die moderne Kunst miteinander verwoben sind.

Unter dem Einfluss der modernen Gedanken sind aus der revolutionären Leidenschaft der Künstler des späten 19. Jahrhunderts eine Reihe von Strömungen in der Kunstwelt entstanden. Im Gegensatz zu den traditionellen Kunstschulen waren dies avantgardistische Strömungen, die ausdrücklich die Tradition zerschlagen wollten. Der Ausdruck „Avantgarde“ wurde zuerst von sozialistischen Anhängern verwendet, um Kunstrichtungen zu beschreiben, die ihren eigenen politischen Bestrebungen entsprachen.

Im späten 19. Jahrhundert brachten diese Einflüsse den Impressionismus hervor. Seit dieser Zeit haben die Künstler die Anforderungen zurückgewiesen, die an die traditionelle Ölmalerei gestellt wurden, einschließlich jener der Präzision, Proportion, Struktur, Perspektive und Übergang zwischen Licht und Schatten. Dann kamen Neoimpressionismus (Pointillismus) und Postimpressionismus auf, die die Erforschung der persönlichen Gefühle des Künstlers in den Mittelpunkt stellten. Unter den Vertretern dieser Kunstrichtungen befanden sich Georges-Pierre Seurat und Vincent van Gogh, die beide den Sozialismus befürworteten. [14] Van Gogh erlag dem Absinth, war psychisch krank – und seine Gemälde scheinen diese Tendenzen widerzuspiegeln.

Kunstwerke enthalten das, was ihre Schöpfer mitteilen wollen, und sie sind das Medium, mit dem die Urheber mit dem Publikum kommunizieren. Die Künstler der Hochrenaissance überlieferten den Menschen Barmherzigkeit und Schönheit. Das ist in keiner Weise mit jenen Künstlern der Gegenwart zu vergleichen, die Negatives und Dunkles zum Ausdruck bringen. Moderne Künstler verleugnen ihre eigenen Gedanken und lassen zu, dass sie von niedrigen Wesen und Geistern kontrolliert werden. Sie reißen Dinge oft aus dem Zusammenhang und sind verwirrt. Ihre Arbeiten weisen ähnliche Charakteristika auf: dunkel, negativ, schwammig, grau, depressiv, dekadent und chaotisch.

Nach dem Impressionismus kamen Expressionismus und Fauvismus auf, denen Picassos Kubismus folgte. 1944 trat Picasso der französischen Kommunistischen Partei bei. In seinem Brief „Warum ich ein Kommunist wurde“ sagte er: „Der Kommunistischen Partei beizutreten, ist ein logischer Schritt in meinem Leben und meiner Arbeit und gibt ihnen

Bedeutung. [...] Doch während der Unterdrückung und des Aufstandes fühlte ich, dass das noch nicht genug war, dass ich nicht nur mit der Malerei, sondern mit meinem ganzen Sein kämpfen musste." [15]

Picasso forderte zum Bruch mit den klassischen Maltechniken auf. Für ihn war alles ein Stück Knete, das aufgesammelt und geformt werden sollte. Je furchterregender seine Arbeiten wurden, umso glücklicher war er. Der Prozess, in dem man monströse Bilder erschafft, ist der Prozess, ein Bild bis zu dem Grad zu zerstören, dass keiner mehr es verstehen kann. Selbst Georges Braque, der gemeinsam mit Picasso den Kubismus begründete, mochte Picassos „Die Frauen von Avignon" nicht und erklärte, Picasso müsse „Petroleum getrunken und auf die Leinwand gespuckt haben." [16]

Marcel Duchamp, der Begründer der Dada-Strömung, wollte mit seiner Ausstellung und dem Gebrauch von Objekten aus Massenproduktion ebenfalls die Tradition untergraben und gegen sie angehen. Er führte gefundene oder in Fabriken hergestellte Gegenstände einem neuen Zweck zu und erbaute daraus sogenannte Kunstinstallationen. Duchamp wurde Vater der Konzeptkunst genannt und verteidigte die Idee, dass alles und jedes Kunst genannt werden kann. Die Dada-Strömung ist an sich ein kommunistisches Projekt, wie durch das Manifest der Berliner Dadaisten belegt ist. Diese verlangten sowohl nach einer „internationalen revolutionären Vereinigung aller kreativen und intellektuellen Männer und Frauen, basierend auf dem radikalen Kommunismus", als auch „die sofortige Zwangsenteignung" und „unverzügliche Regelung aller Sexualbeziehungen entsprechend den Ansichten des internationalen Dadaismus durch die Einrichtung eines dadaistischen Sexualzentrums". [17]

Die dadaistische Kritik an der Tradition mündete in den Surrealismus in Frankreich, wie ihn der Kommunist André Breton vertrat, der die Revolution verteidigte. Er war gegen die angebliche Unterdrückung, die Verstand, Kultur und Gesellschaft mit sich brachten – typische Ansichten moderner Künstler in Europa zu jener Zeit. Kunstrichtungen, die diese Prinzipien erweiterten, sind etwa der Abstraktismus, der Minimalismus und die Pop Art. Der Abstraktismus handelt vom Gefühlsausdruck der Rebellion, der Unordnung, der Leere und der Wirklichkeitsflucht. Alle diese Schulen sind sozusagen postmodern, ihnen zufolge sollen alle Vorschriften, Argumente und die Moral gestürzt werden. [18] Zu den abscheulichsten Arbeiten dieser Künstler zählen jene, die ganz offensichtlich das Bildnis von Maria, der Mutter Jesu, entweihen. [19]

Nicht alle modernen Künstler unterstützen linke Politik, doch gibt es eine klare ideologische Gemeinsamkeit mit kommunistischem Gedankengut, und zwar die Ablehnung des Göttlichen und den Versuch, Gott als Ausgangspunkt für das Verständnis menschlichen Lebens zu ersetzen. Diese Strömungen gewannen zunehmend Einfluss im öffentlichen Raum und haben die klassische Kunst schließlich komplett an den Rand gedrängt.

c) Die Umkehrung traditioneller Ästhetik: Das Hässliche wird zur Kunst

Die zahlreichen modernen Kunstrichtungen, die bislang erschienen sind und sich entwickelt haben, haben einige Dinge gemeinsam: Sie kehren die konventionelle Ästhetik einfach um. Sie halten das Hässliche für das Schöne und sie wollen schockieren, ja, so entsetzlich sein, wie es die Vorstellungskraft des Künstlers erlaubt.

Marcel Duchamp schrieb seinen Namen auf ein Urinal und nannte es „Fontäne“, um es danach der New Yorker Öffentlichkeit zu zeigen. Obwohl eine derartige Ausstellung abgelehnt wurde, verstanden seine Mitstreiter in der Kunstwelt den Versuch als mutige Einlage. Später haben Künstler und Akademiker in diesem Vorstoß sogar einen neuen Höhepunkt der Kreativität gesehen. Ähnlich sieht es in der heutigen Kunstwelt aus, während klassische Staffelmalerei an den Rand gedrängt wird. So gelangte auch die Installationskunst zu Berühmtheit. 1958 zeigte Yves Klein die sogenannte „Ausstellung der Leere" in der Iris Clert Gallerie in Paris – gezeigt wurden nur leere Wände.

Eine zentrale Figur der deutschen Nachkriegsavantgarde, Joseph Beuys, schmierte sich 1965 den Kopf mit Honig und Blattgold ein und murmelte drei Stunden lang ohne Unterbrechung vor sich hin, während er einen toten Hasen in den Armen hielt. Das Ganze hieß dann „Wie man dem toten Hasen die Bilder erklärt". Beuys' Meinung zufolge könnte jeder ein Künstler sein. Einer Anekdote zufolge hatte ein Zuschauer Zweifel und konnte nicht anders, als Beuys zu fragen: „Sie reden von wahrlich allem unter der Sonne, bloß nicht von Kunst!" Es wird berichtet, Beuys habe geantwortet: „Alles unter der Sonne ist Kunst!" [20]

1961 füllte Piero Manzoni, eine Schlüsselfigur der Avantgarde, seinen eigenen Kot in 90 Dosen und nannte das Kunst. Er bot sie unter dem Namen „Merda d'artista" („Die Exkremente des Künstlers") zum Verkauf an. 2015 verkaufte sich eine der Dosen für den Spitzenpreis von 182.500 Pfund, umgerechnet 240.000 US-Dollar. Das entsprach dem Hundertfachen dessen, was dasselbe Gewicht in Gold erzielt hätte. Er schrieb auch seinen Namen auf die Pobacken einer nackten Frau und nannte dies „Sculture viventi" (lebende Skulptur).

In China gab es einen nackten „Künstler", der seinen Körper mit Honig und Fischöl einrieb, um Fliegen anzulocken. Die Schändung des Körpers scheint ausdrücken zu wollen, dass das Leben billig, hässlich und abscheulich ist.

In der *BBC-Doku* Beijing Swings über „Extremkünstler" in China wird unter dem Schlagwort sogenannter Aktionskunst die Verspeisung eines toten Fötus gezeigt. Waldemar Januszczak, der Moderator der Doku, meinte: „China liefert die abscheulichste und dunkelste Kunst der Welt.“ [21] In Wirklichkeit ist das aber das logische Resultat, wenn man nach der dämonischen Seite des Menschen trachtet. Einige dieser angeblichen modernen Kunstwerke sind so schmutzig und schamlos, dass normale Menschen so etwas nicht verkraften können. Ein solches Verhalten der Avantgarde ist gerade das, was die Kulturrevolution in der Kunstwelt ausmacht.

Die Unterstützer der Moderne haben die Trends sofort in sich aufgenommen und fühlten sich in ihrem Element, während Künstler mit wahrhaft professionellen Fähigkeiten in der Malerei eine schwere Zeit erlebten. Maler und Bildhauer, die der Tradition streng folgen und die ihr ganzes Können durch schweißtreibende Übungen hervorbrachten, sind von der Moderne aus dem Kunstsektor entfernt worden. John William Godward, ein englischer viktorianischer Maler des Neoklassizismus, der einer Schule im Geiste Rafaels angehörte, erlebte Diskriminierung insofern, als seine realistische klassische Darstellung durch den Aufstieg Picassos immer weniger Gefallen fand. Er beging 1922 Selbstmord. Er soll sich mit folgenden Worten verabschiedet haben: „Die Welt ist nicht groß genug für mich und Picasso.“ [22]

Ähnliche Methoden führten auch zum Ruin der Musik. Authentische Musik folgt der Musiktheorie und beinhaltet Ordnung. Die musikalische Stimmung und die daraus resultierenden Tonarten und Tongeschlechter ergeben sich aus harmonischen natürlichen Mustern. Das göttlich erschaffene Universum ist harmonisch. Menschen sind in der Lage, die Harmonie des Universums zu schätzen und ein Teil davon zu sein. Sie erschaffen Schönes, denn auch sie sind vom Göttlichen erschaffen worden.

Moderne atonale Musik lehnt jedoch Tonalität, Akkorde und Melodie ab. Ihr fehlt eine ordnende Struktur. Solche Musik ist ein Angriff auf die göttlich gegebene klassische Musik. Atonale Musik verletzt die universelle Harmonie, weswegen das Publikum sie oft als unangenehm empfindet. Moderne Musiker argumentieren mit ihren verzogenen ästhetischen Theorien und meinen, das Publikum müsse seine Ohren trainieren und sich an solche Musik gewöhnen, bis es schließlich auch diese Musik mögen würde.

Arnold Schönberg, einer der Begründer der modernen Musik, führte die Zwölftontechnik ein, eine fundamental atonale Struktur. Mit ihr beginnt die Erschaffung von Musiktechniken, die im Gegensatz zur Klassik stehen. Schönbergs Musik, so sah man es, negierte jede bis zu dieser Zeit geschaffene deutsche Musikkultur. Man sah sie an als Verrat von Geschmack, Gefühl und Tradition sowie an allen ästhetischen Prinzipien. Die Deutschen nannten seine Musik zu dieser Zeit „Kokain“: „Schönbergs Musik aufzuführen würde nichts anderes bedeuten, als eine Kokainbar für die Menschen zu eröffnen. Kokain ist Gift. Schönbergs Musik ist Kokain.“ [23] In einer späteren Generation bewertete ein Kritiker ihn so: „Es ist ein Zeichen der Größe seines Schaffens, dass er, selbst 50 Jahre nach seinem Tod, noch jeden Konzertsaal auf dieser Welt leert.“ [24]

Zur weitläufigen Akzeptanz von Schönberg trugen auch die Musiktheorien des Theodor W. Adorno bei, eines wichtigen Vertreters der Frankfurter Schule. In Adornos Arbeit „Philosophie der modernen Musik“ aus dem Jahre 1949 versuchte er theoretisch zu begründen, dass Schönbergs Zwölftontechnik der Höhepunkt musikalischer Komposition sei. Dies legte die Grundlage dafür, dass spätere Generationen von Komponisten und Musikkritikern Schönbergs System weitläufig akzeptierten. [25] Seitdem haben viele Musiker Schönberg nachgeahmt. Sein Avantgarde-Stil hatte großen Einfluss auf die Musikwelt.

Nachdem die Tradition durch moderne Musik zerstört worden war, ersetzte die avantgardistische Kunst klassische Musik im Leben der Menschen durch Rock'n'Roll. Sidney Finkelstein, der führende Musiktheoretiker der Kommunistischen Partei der USA, erklärte offen, dass die Grenzen zwischen klassischer und Popmusik verschwinden sollten. [26] Ungefähr zur selben Zeit gewann stark rhythmische Rockmusik in den Vereinigten Staaten immer mehr an Einfluss. Klassische und traditionelle Musik wurde immer weiter marginalisiert. [27]

Rock'n'Roll lässt sich durch unharmonische Klänge charakterisieren, eine unstrukturierte Melodie, stark rhythmische Schläge und emotionale Konflikte und Widersprüche – ähnlich der kommunistischen Idee des Kampfes. Den „Aufnahmen des großen Historikers" von Chinas führendem antiken Historiker Sima Qian zufolge gilt: Nur wenn der Klang der Moral unterliegt, kann man von Musik sprechen. Typischerweise sind die Leben der Rock'n'Roll-Musiker voller Sex, Gewalt und Drogen.

Nach dem Rock'n'Roll erschienen noch andere Musikformen wie Rap in den USA und gewannen an Berühmtheit. Die Liedtexte der Rapsongs sind voll mit Schimpfworten und Obszönitäten. Diese Musik lässt ihrem Aufbegehren gegen die Tradition und die Gesellschaft freien Lauf, somit ist sie auch verbunden mit Drogen, Gewalt, Fluchen und sexueller Freizügigkeit. [28] In dem Maße, wie die Moral der Gesellschaft überall sinkt, erreichen solche „Kunstformen", die früher eher als Subkulturen angesehen wurden, die Mainstream-Gesellschaft, und das Publikum verlangt nun sogar danach.

Wir haben uns erst einmal auf die aktuellen Geschehnisse in der Kunst- und Musikwelt konzentriert. In Wirklichkeit ist die gesamte Kunstwelt in großem Maß beeinflusst worden. Den Einfluss moderner Kunstbewegungen sieht man daran, dass von traditionellen Ideen, Techniken und Fähigkeiten auf den Gebieten der Bildhauerei, Architektur, Tanz, Dekoration, Design, Fotografie, Film und vielen mehr abgewichen wird. Viele Menschen, die sich für moderne Kunst interessieren, stehen unter starkem Einfluss der kommunistischen Ideologie. Isadora Duncan, die Gründerin des modernen Tanzes, war bisexuell und Atheistin. Sie lehnte Ballett ab und nannte es hässlich und unnatürlich. Gemeinsam mit hundert Studenten tanzte sie in Moskau für Lenin und macht die „Internationale“ zum Hauptthema des Tanzes. [29]

Dass diese Abweichungen existieren, zum Trend oder sogar zur vorherrschenden Strömung werden, hat damit zu tun, dass der Kommunismus die traditionellen, göttlich inspirierten Künste verdorben hat. Oberflächlich sieht man das nicht und es scheint sich um eine Form des Selbstbetruges zu handeln, der weithin akzeptiert wird – doch wenn es eine Reihe von ästhetischen Theorien gibt, die das rechtfertigen, kann sogar Müll zur Kunst werden.

Wer die Unterschiede zwischen avantgardistischer und traditioneller Kunst betrachtet, sieht, dass die Künstler der Renaissance die Kunst nicht nur pflegten, um Gott zu ehren. Sie zeigten Schönheit, die Gefühle der Wahrheit und das Gute im menschlichen Herzen hervorrief. Damit bewahrten die Künstler die Moral der Gesellschaft.

Andererseits versuchen die verschiedenen veränderten Kunstformen der avantgardistischen Kunst die Errungenschaften der Renaissance auf den Kopf zu stellen. Sie lassen Menschen das Hässliche anziehend finden, was die dämonische Seite der Menschen verstärkt: Das Dunkle, Entartete, Verkommene, Gewalttätige, Teuflische und vieles mehr erhalten Auftrieb. Die moderne Verunglimpfung des Göttlichen hat die Menschen von heute nicht nur von Gott entfremdet, sondern auch von ihrer eigenen inneren Göttlichkeit, der Gemeinschaft, den traditionellen Werten und der Moral. [30]

d) Die Perversion der Literatur

Die Literatur ist eine spezielle Kunstform. Sie vermittelt Sprache – die Weisheit, die der Himmel dem Menschen schenkt. Gleichzeitig hält sie die wertvollen Lebenserfahrungen der Menschen fest. Die beiden großen Epen der antiken griechischen Welt, die „Ilias" und die „Odyssee" geben beide die komplexe Geschichte rund um den Trojanischen Krieg wieder. Sie sind eine lebendige Beschreibung von Göttern und Menschen. Diese Epen hoben Tugenden wie Mut, Großzügigkeit, Weisheit, Gerechtigkeit und Mäßigung hervor und wurden damit zu einer Quelle für das Wertesystem der griechischen und westlichen Zivilisation.

Aufgrund des Einflusses, den die Literatur auf den Menschen hat, können aber auch dämonische Elemente die Kontrolle über die Menschen gewinnen, besonders über jene verlorenen Seelen, die nach Ruhm und Reichtum trachten, und so können literarische Geschichten erfunden und verbreitet werden, die die Ideologie des Kommunismus in sich tragen. Sie diffamieren die traditionelle Kultur, zerstören die Moral der Menschen und propagieren stattdessen Pessimismus und Passivität, ja geradezu Bedeutungslosigkeit gegenüber dem Leben. Die Literatur wurde zu einem der Schlüsselwerkzeuge, mit dem kommunistische Elemente die Welt kontrollieren.

Einige einflussreiche Werke verbreiten die kommunistische Ideologie auf direktem Weg. Nachdem die Pariser Kommune niedergeschlagen worden war, schrieb das Kommunenmitglied Eugène Pottier „Die Internationale", worin es heißt: „Es hat noch nie einen Erlöser der Welt gegeben, noch Götter, noch Herrscher, von denen man abhängig ist." Er drohte: „Die alte Welt soll zerstört werden!" „Die Internationale" wurde die offizielle Hymne der ersten und zweiten Internationale und außerdem das offizielle Lied der Kommunistischen Partei Chinas. Man hört sie oft auf Treffen und findet sie weltweit in literarischen Werken kommunistischer Länder.

In der Geschichte der Sowjetunion und der KP Chinas haben die jeweiligen kommunistischen Parteien ihre Intellektuellen dazu angehalten, mit traditionellen Methoden das Leben der Arbeiter und das Konzept des Klassenbewusstseins darzustellen, um die Ideologie und Politik der kommunistischen Partei zu vermitteln – das alles jedoch nur, um die Öffentlichkeit auf Linie zu bringen. So entstand eine Vielzahl an literarischen Werken, einschließlich der sowjetischen Romane: „Der eiserne Strom"; „Wie der Stahl gehärtet wurde"; „Das Lied der Jugend" und „Sonne über dem Fluss Sanggan" der KP Chinas. Sie alle verbreiteten enorm viel Propaganda. Die Kommunistische Partei nennt diese Kunstform „Sozialistischen Realismus". Mao Tse-tung verallgemeinerte den Sinn und meinte, diese Kunst „diene den Arbeitern, Bauern und Soldaten" und „dem Proletariat". [31] Die Macht dieser Art von Literatur, Ideologie einzutrichtern, ist offensichtlich und eindeutig bekannt. Die Techniken, mit denen der Kommunismus mithilfe der Literatur die Menschheit zerstört, beschränken sich jedoch nicht nur darauf.

Im Folgenden werden einige Hauptwirkungen zusammengefasst, welche die kommunistisch beeinflusste Literatur hat.

Erstens: mit der Literatur die Tradition zerstören

Ein großer Schritt in Richtung Zerstörung der Menschheit liegt darin, die traditionelle Zivilisation zu verunglimpfen, die Gott dem Menschen gegeben hat. Sei es in China oder im Westen, kommunistische Elemente bedienen sich der Intellektuellen mit modernen Gedanken, um Werke zu schaffen und zu verbreiten, die die traditionelle Kultur verfälschen oder verunglimpfen.

Während Chinas Bewegung der „Neuen Kultur" wurde der

Autor Lu Xun dadurch berühmt, dass er die Tradition bösartig angriff und das chinesische Altertum verunglimpfte. In seinem ersten Roman „Tagebuch eines Verrückten“ ließ er den Helden erklären, dass man die gesamte chinesische Geschichte mit nur zwei Schriftzeichen erfassen könne, und zwar diesen: „Menschen fressen“. Lu Xun wurde von Mao als „größter und mutigster Emporkömmling der neuen Kulturgarde“ und als „Kommandeur der chinesischen Kulturrevolution“ geehrt. Mao sagte zudem: „Der Weg, den er eingeschlagen hat, ist genau der Weg von Chinas neuer nationaler Kultur“. [32]

In Europa veröffentlichte der italienische Dichter Marinetti 1909 das „Futurist Manifesto“, in dem er die völlige Ablehnung der Tradition verlangte und Maschinen, Technologie, Geschwindigkeit, Gewalt und Wettbewerb feierte. Der russische Poet und Kommunist Wladimir Majakowski veröffentlichte 1913 „Ein Schlag ins Gesicht des öffentlichen Geschmacks“, in dem er sein Ansinnen zum Ausdruck brachte, mit der russischen traditionellen Literatur zu brechen.

Zweitens: widerliche Darstellungen als „Realität“ verteidigen

Heutzutage benutzen Intellektuelle und Künstler die Literatur und die Künste, um hässliche, seltsame und erschreckende Dinge darzustellen. Sie entschuldigen dies, indem sie sagen, sie zeigten „die Dinge bloß so, wie sie sind“.

Traditionelle Kunst überbringt die Botschaft von Harmonie, Anmut, Klarheit, Beherrschung, Anstand, Balance, Universalität und Ideale, wofür es Entscheidungen und einer bestimmten Auswahl bedarf. In den Augen moderner Künstler sind solche Kunstwerke nicht real. Solche Ansichten beruhen auf einem Missverständnis bezüglich des Ursprungs und der Bedeutung der Kunst. Die Kunst entspringt dem täglichen Leben, sollte aber über dieses hinausgehen, um Menschen damit gleichermaßen zu erfreuen und anzuleiten. Deswegen müssen die Künstler auswählen, verfeinern und verarbeiten, was sie im kreativen Prozess darstellen wollen. Sich blind auf den „Realismus" zu stützen, beschneidet die Grenzen des Lebens und der Kunst auf unnatürliche Weise. Wenn diese Art von absolutem Realismus Kunst sein soll, ist dann nicht eigentlich auch schon alles, was man sieht und hört, bereits Kunst? Weshalb sollte man dann noch Zeit und Geld aufwenden, um Künstler auszubilden?

Drittens: mithilfe der Literatur die Moral auf den Kopf stellen

Ausreden wie die, „sich selbst ausdrücken" zu wollen, das Konzept vom „Bewusstseinsstrom" und dergleichen führen die Menschen dazu, traditionelle moralische Richtlinien abzulehnen und sich der dämonischen Seite der menschlichen Natur hinzugeben. Beispielsweise schrieb der französische Kommunist und Dichter André Breton im „Surrealist Manifesto" das Folgende und definierte auf diese Weise eine neue Art von Literatur: „Der psychische Automatismus in Reinform, in dem man sich ausdrückt – verbal im Sinne des geschriebenen Wortes oder auf irgendeine andere Art und Weise –, das ist der Gedanke im Moment. Diesem Gedanken folgend, ohne vom Verstand kontrolliert zu werden, frei von irgendwelchen ästhetischen und moralischen Bedenken." [33]

Das Schreiben im „Bewusstseinsstrom" und das surrealistische „automatische Schreiben" sind eng miteinander verbunden. Unter dem Einfluss von Sigmund Freuds Psychopathologie begannen einige Schriftsteller im Westen Anfang des 20. Jahrhunderts, mit dem Schreiben im „Bewusstseinsstrom" zu experimentieren. Solche Schriften beinhalten für gewöhnlich einfache Handlungsstränge und fokussieren sich auf die inneren und privaten Denkprozesse von unbedeutenden Akteuren (Antihelden) durch Erzählungen, die den freien Gedanken entspringen.

Menschen tragen gleichzeitig das Potenzial für Freundlichkeit und Boshaftigkeit in sich. Der Mensch sollte sich in seinem Leben der Erhöhung der moralischen Prinzipien und der Kultivierung von Tugend durch Selbstbeschränkung widmen. In der modernen Gesellschaft haben viele Menschen aber kranke Gedanken und Gelüste. Sie der Öffentlichkeit einfach nur zu zeigen, heißt nichts anderes, als die Gesellschaft zu verschmutzen.

Viertens: die dunkle Seite im Menschen in Form von „Kritik" und „Protest" freisetzen

Schriftsteller und Künstler in der westlichen freien Welt betrachten unter dem Einfluss der antitraditionellen Gefühlswoge alle Gesetze, Festlegungen und moralischen Regeln als Einschränkung und Unterdrückung. Sie sehen die Probleme in der modernen Gesellschaft und die Schwächen der menschlichen Natur, doch anstatt sie rational zu behandeln, machen sie sich für extremen Individualismus mittels Kritik und Protest stark und frönen ihren persönlichen Gelüsten. Sie nutzen verdorbene Mittel, um ihren sogenannten Widerstand auszudrücken, während sie ihre dunkle Seite ausleben und sich in Hass, Faulheit, Begierde, Lust und Aggression ergehen. Ihr Streben nach Ruhm kennt kaum Grenzen. Die mangelnde Selbstbeherrschung löst jedoch keine sozialen Probleme, sondern verschlimmert sie sogar noch.

Im Vorfeld der Bewegung der 1968er wurde der Dichter Allen Ginsberg zum Vertreter der Beat-Generation und wird heute noch von denen verehrt, die gegen die Gesellschaft rebellieren. Sein Gedicht „Howl" beschreibt extremen Lebenswandel und psychisch verkommene Zustände, darunter Alkoholismus, sexuelle Freizügigkeit, Drogen, Sodomie, Selbstverstümmelung, Prostitution, Körperverletzung, Diebstahl, Vagabundiererei und Verrücktheit. Als die Gegenkultur ihren Siegeszug begann, wurde „Howl" zum literarischen Klassiker und in zahlreiche Literatursammlungen aufgenommen. Ginsberg sagte, in seinen frühen

Jahren Kommunist gewesen zu sein, und dass er es nicht bedaure. [34] Zum Idol nahm er Fidel Castro und andere kommunistische Diktatoren und sprach sich im großen Stil für Homosexualität und Pädophilie aus. Ginsberg steht als Charakter deutlich für die Übereinstimmung von Kommunismus und extremem Individualismus.

Fünftens: mithilfe der Literatur Pornografie verbreiten

Seit Beginn des 20. Jahrhunderts begannen explizit sexuelle Inhalte in literarischen Werken aufzutauchen. Einige davon werden immer noch als Klassiker gefeiert. Viele Berichterstatter und Gelehrte negierten ihre soziale Verantwortung und priesen solche pornografischen Werke als reale künstlerische Meisterwerke an. Wir wissen, dass viele traditionelle moralische Werte auf der Enthaltsamkeit fußen. Solche Gebote zu brechen, untergräbt und zerstört die Moral, wie nobel die Rechtfertigung auch immer klingen mag.

Sechstens: Menschen durch die Literatur entmenschlichen

In den vergangenen Jahrzehnten sind mit der immer konfuser werdenden Kultur eine Menge neuer Genres wie etwa Thriller und Horrorgeschichten, Übernatürliches und Fantasy entstanden. Bei solchen Werken werden menschliche Gedanken und Körper von niedrigen Lebewesen gesteuert und damit entmenschlicht.

Die Chinesen sagen: „Ein drei Fuß dickes Eis ist nicht das Resultat eines einzigen Frosttages.“ Es dauert eine lange Zeit und bedarf vieler Anstrengungen, damit die Literatur so verdirbt, dass das Teuflische sie instrumentalisieren kann. In der Romantik deckte die Literatur einen größeren Bereich des Lebens ab, wobei auch schon einige hässliche und merkwürdige Phänomene einschließlich kranker Geisteszustände dargestellt wurden. Einige britische romantische Dichter wurden als „Die satanistische Schule" tituliert, weil ihre Gedichte so unmoralisch waren.

Der Realismus wiederum benutzt die Ausrede, mithilfe der Realität die verkümmerte Seite der menschlichen Natur auszudrücken. Einige Arbeiten betonen entstellte Gedanken und unanständiges Verhalten. Ein Kritiker nannte den Realismus einen „Romantizismus, der auf allen Vieren kriecht". [35] Die Philosophie des Naturalismus, für die sich etwa Jean-Jacques Rousseau aussprach, brachte den Niedergang menschlicher Moral in einen Zusammenhang mit dem sozialen Milieu und der Familiengenetik und entband das Individuum somit von seiner moralischen Verantwortung. Der Ästhetizismus verlangt nach „Kunst um ihrer selbst willen" und möchte, dass Kunst nur sinnlich anspricht und keine erzieherischen Botschaften trägt.

In Wirklichkeit hat jede Kunstform feinsinnige, tiefschürfende und nachhaltige Wirkung auf den Sinn für Moral. Die moralische Verantwortung von Kunst zu verleugnen, öffnet unmoralischen Dingen Tür und Tor. Wir sind der Meinung, dass man verschiedenen literarischen Schulen Werke von hoher Qualität zuordnen kann, doch es sind auch schreckliche Arbeiten darunter. Obwohl wir nicht sagen können, dass kommunistische Elemente diese Literaturtrends direkt manipulierten, sind die negativen Elemente offensichtlich auf die sinkende Moral zurückzuführen. Diese wiederum hat den Weg für die kommunistische Ideologie geebnet, um die Menschheit auch mithilfe der Literatur zu zerstören.

Wenn eine Person schreibt, spiegeln sich ihre Moral und ihr Geisteszustand in ihrer Arbeit wider. Mit dem allgegenwärtigen moralischen Verfall überwiegen bei den Schriftstellern die negativen Gedanken. Dadurch wurden viele Werke veröffentlicht, die die Menschen in die Hölle hinabziehen, anstatt das Gute in ihnen hervorzubringen.

Schlussfolgerung

Die Macht der Kunst ist gewaltig. Gute Kunst kann die Herzen der Menschen berichtigen, ihre Moral heben, Yin und Yang harmonisieren und die Menschen sogar mit dem Himmel, der Erde und göttlichen Wesen verbinden.

Im letzten Jahrhundert nutzte der Geist des Kommunismus die dämonische Natur des Menschen und das Schlechte aus und regte die Schaffung einer großen Bandbreite sogenannter „Kunst" an. Die Menschen wurden dazu verführt, gegen Gott zu rebellieren und ihn zu entwürdigen, sich gegen die Tradition zu richten und die Moral zu untergraben. Das hatte den letztlichen Effekt, dass große Teile der Gesellschaft dämonisch verändert wurden, was jeden, der in einer früheren Zeit gelebt hat, zutiefst schockieren würde.

Verglichen mit der Schönheit der traditionellen Künste sind die modernen Künste extrem hässlich. Die ästhetischen Richtlinien der Menschheit sind zerstört worden. Avantgardistische Kunst ist weit verbreitet und verschlingt Unsummen an staatlichen Geldern. Traditionelle, noble Kunst macht nur noch einen lächerlich geringen Anteil aus. Die Künste sind derart manipuliert worden, dass Menschen mit ihrer Hilfe ihre Gelüste befriedigen und ihrer bösen Seite freien Lauf lassen. Die Grenze zwischen dem Schönen und dem Hässlichen, zwischen Anmut und Obszönität, Gutherzigkeit und Boshaftigkeit ist verschwommen oder komplett verschwunden. Groteskes, Chaos und Dunkelheit haben den Platz universeller Werte eingenommen. Die menschliche Gesellschaft ist voller dämonischer Botschaften. Die Menschen werden auf einen Weg des Verfalls und der Zerstörung gelenkt.

Nur durch eine Verbesserung der Moral und durch die Rückkehr zum Glauben und zur Tradition wird die Menschheit eine erneute Wiedergeburt (Renaissance) der Künste erleben. Nur dann werden wir alle sehen, wie schön, ehrenhaft und großartig Kunst sein kann und wofür sie da ist.

Quellen zu Kapitel 11

[1] „Record of Music", Classic of Rites, Chinese Text Project, https://ctext.org/liji/yue-ji?filter=435370&searchmode=showall#result
[2] Confucius, Lunyu, 3.14
[3] Sima Qian, „A Treatise on Music, Records of the Grand Historian", Vol. 24
[4] Ouyang Xiu and Song Qi, „New Book of Tang", Vol. 237.
[5] Robert McKee, „Story: Style, Structure, Substance, and the Principles of Screenwriting" (New York: Harper-Collins Publishers, 1997), 129–130.
[6] Yingshou Xing, et al., „Mozart, Mozart Rhythm and Retrograde Mozart Effects: Evidences from Behaviours and Neurobiology Bases", Scientific Reports Vol. 6, Article #: 18744 (2016), https://www.nature.com/articles/srep18744.
[7] David A. Noebel, „The Marxist Minstrels: A Handbook on Communist Subversion of Music", (Tulsa, Okla.: American Christian College Press, 1974), 58–59.
[8] David Cloud, „Rock Music and Suicide", Way of Life Literature, 20. Dezember 2000, https://www.wayoflife.org/reports/rock_music_and_suicide.html
[9] Val Williams, „Leni Riefenstahl: Film-maker Who Became Notorious as Hitler's Propagandist", The Independent, 10. September 2003, https://web.archive.org/web/20090830045819/http://www.independent.co.uk/news/obituaries/leni-riefenstahl-548728.html
[10] Mao Tse-tung, n.d., „Talks at the Yenan Forum on Literature and Art", aufgerufen am 10. Juli 2018, https://www.marxists.org/reference/archive/mao/selected-works/volume-3/mswv3_08.htm
[11] Robert Florczak, „Why Is Modern Art So Bad?" PragerU, https://www.youtube.com/watch?v=lNI07eg0efc
[12] Herbert Marcuse, „The Aesthetic Dimension: Toward a Critique of

Marxist Aesthetics" (Boston: Beacon Press, 1978), ix.
[13] „Gustave Courbet Quotes", http://www.azquotes.com/author/3333-Gustave_Courbet
[14] Tony McKenna, „Vincent van Gogh", Taylor & Francis Online, Critique: Journal of Socialist Theory, 2011, „Vincent van Gogh", Critique Vol. 39 (2), 2011: 295–303, https://www.tandfonline.com/doi/abs/10.1080/03017605.2011.561634
[15] Pablo Picasso, „Why I Became a Communist", https://blogs.cul.columbia.edu/schapiro/2010/02/24/picasso-and-communism/. Siehe auch: „Picasso, the FBI, and Why He Became a Communist | On Archiving Schapiro", aufgerufen am 11. Juli 2018, https://blogs.cul.columbia.edu/schapiro/2010/02/24/picasso-and-communism/
[16] Robert Hughes, „The Shock of the New: The Hundred-Year History of Modern Art—Its Rise, Its Dazzling Achievement, Its Fall" (London: Knopf, 1991), 24. Siehe auch: https://www.moma.org/learn/moma_learning/pablo-picasso-les-demoiselles-davignon-paris-june-july-1907
[17] Richard Huelsenbeck and Raoul Hausmann, „What Is Dadaism and What Does It Want in Germany?" in Robert Motherwell, ed., The Dada Painters and Poets: An Anthology, 2. Ausgabe, (Cambridge, Mass.: Belknap Press, 1989)
[18] Michael Wing, „Of '-isms,' Institutions, and Radicals: A Commentary on the Origins of Modern Art and the Importance of Tradition", The Epoch Times, 16. März 2017, https://www.theepochtimes.com/of-isms-institutions-and-radicals_2231016.html
[19] Katherine Brooks, „One of The World's Most Controversial Artworks Is Making Catholics Angry Once Again", Huffington Post, 13. Mai 2014, https://www.huffingtonpost.com/2014/05/13/piss-christ-sale_n_5317545.html
[20] „Joseph Beuys: The Revolution Is Us", Tate, https://www.tate.org.uk/whats-on/tate-liverpool/exhibition/joseph-beuys-revolution-us
[21] Ben Cade, n.d., „Zhu Yu: China's Baby-Eating Shock Artist Goes Hyperreal", Culture Trip, aufgerufen am 26. Juli 2018, https://theculturetrip.com/asia/china/articles/zhu-yu-china-s-baby-eating-shock-artist-goes-hyperreal/
[22] Brad Smithfield, „'The World Is Not Big Enough for Me and a Picasso': The life and Artwork of John William Godward", The Vintage News, 10.

Januar 2017, https://www.thevintagenews.com/2017/01/10/world-not-big-enough-picasso-life-artwork-john-william-godward/
[23] Walter Frisch, ed., „Schoenberg and His World" (Princeton, N.J.: Princeton University Press, 1999), 94
[24] Norman Lebrecht, „Why We Are Still Afraid of Schoenberg", The Lebrecht Weekly, 8. Juli 2001, http://www.scena.org/columns/lebrecht/010708-NL-Schoenberg.html
[25] Golan Gur, „Arnold Schoenberg and the Ideology of Progress in Twentieth-Century Musical Thinking", Search: Journal for New Music and Culture 5 (Summer 2009), http://www.searchnewmusic.org/gur.pdf
[26] Ibid
[27] David A. Noebel, „The Marxist Minstrels: A Handbook on Communist Subversion of Music", 44–47
[28] Jon Caramanica, „The Rowdy World of Rap's New Underground", New York Times, June 22, 2017, https://www.nytimes.com/2017/06/22/arts/music/soundcloud-rap-lil-pump-smokepurrp-xxxtentacion.html
[29] „Politics and the Dancing Body", Library of Congress, https://www.loc.gov/exhibits/politics-and-dance/finding-a-political-voice.html
[30] Michael Minnicino, „The New Dark Age: The Frankfurt School and ‚Political Correctness'", Nachdruck aus dem Fidelio Magazine (Winter 1992), aufgerufen am 13. August 2018, http://archive.schillerinstitute.org/fid_91-96/921_frankfurt.html
[31] Mao Tse-tung, „Talks at the Yenan Forum on Literature and Art", 1942, Selected Works of Mao Tse-Tung, (Marxists.org), https://www.marxists.org/reference/archive/mao/selected-works/volume-3/mswv3_08.htm
[32] Mao Tse-tung, „On New Democracy", 1940, Selected Works of Mao Tse-Tung (Marxists.org), aufgerufen am 13. August 2018, https://www.marxists.org/reference/archive/mao/selected-works/volume-2/mswv2_26.htm
[33] André Breton, „Manifesto of Surrealism", https://www.tcf.ua.edu/Classes/Jbutler/T340/SurManifesto/ManifestoOfSurrealism.htm
[34] Allen Ginsberg, „America", https://www.poetryfoundation.org/poems/49305/america-56d22b41f119f
[35] Irving Babbitt, „Rousseau and Romanticism" (Boston: Houghton Mifflin,1919), 104

Kapitel 12

Das Bildungswesen sabotieren: Wie Studenten zu dummen Radikalen umerzogen werden

Einführung

Bildung spielt bei der Förderung des individuellen Befindens und der Selbstverwirklichung des Einzelnen eine wichtige Rolle. Sie dient der Wahrung der sozialen Stabilität und der Sicherung der Zukunft einer Nation. Keine große Zivilisation in der Geschichte der Menschheit nahm Bildung auf die leichte Schulter.

Das wichtigste Ziel von Bildung ist, die moralischen Standards der Menschheit und ihre Kultur zu bewahren, die von den Gottheiten stammt. Sie ist das Mittel, mit dem Wissen und Fertigkeiten vermittelt werden und lehrt, wie Menschen miteinander umgehen sollten.

Traditionell respektieren gut ausgebildete Menschen den Himmel. Sie glauben an Gottheiten und versuchen, der Tugend der Güte zu folgen. Sie verfügen über umfassende Kenntnisse der traditionellen Kultur und beherrschen ein oder mehrere Handwerke. Sie fühlen sich ihren Berufungen verpflichtet und verhalten sich freundlich und wohlwollend. Sie dienen als Säulen der Gesellschaft, sind die Besten der Nation und die Hüter der Zivilisation. Durch ihren außergewöhnlichen

Charakter und ihr besonderes Verhalten erhalten sie göttliche Gunst und Segen.

Um die Menschheit zu zerstören, will das Gespenst des Kommunismus die Verbindungen zwischen Mensch und Gott trennen. Dabei ist die Zerstörung der traditionellen Bildung ein unverzichtbarer Schritt. Der Kommunismus entwickelte verschiedene Strategien, um die Bildung sowohl im Osten als auch im Westen anzugreifen und zu untergraben.

In den östlichen Ländern, die die Heimat tief verwurzelter kultureller Traditionen sind, reichte Täuschung allein nicht aus, um ein ganzes Volk zu betrügen. Es erforderte das systematische Abschlachten traditioneller Eliten, um die Kulturträger physisch davon abzuhalten, ihr Erbe an die nächste Generation weiterzugeben. Gleichzeitig wurde der Rest der Bevölkerung unaufhörlich mit Propaganda bombardiert.

Die Geschichte und die Wurzeln der westlichen Kultur sind hingegen vergleichsweise einfach und bieten dem Kommunismus einen fruchtbaren Boden für die schrittweise Verseuchung der Gesellschaft durch Untergrabung und Sabotage der westlichen Bildung. Tatsächlich ist die Verdorbenheit westlicher Jugendlicher im Vergleich zu jener in China noch viel gravierender.

Während der US-Präsidentschaftswahl 2016 bewirkten die langjährigen Verleumdungen konservativer Kandidaten durch die Mainstream-Medien in Verbindung mit der Veröffentlichung irreführender Umfrageergebnisse vor der Abstimmung, dass viele – insbesondere junge – Studenten unter Schock standen, nachdem das tatsächliche Wahlergebnis bekannt gegeben worden war.

Nach dem Sieg von Donald Trump zeigten sich in den Vereinigten Staaten absurde Phänomene an den Universitäten. Einige Studenten empfanden eine solche Angst, Erschöpfung oder ein emotionales Trauma durch die Wahl, dass sie forderten, dass der Unterricht abgesagt und die Prüfungen verschoben werden sollten. Um die Schüler von ihrem Stress und ihrer Angst zu befreien, organisierten einige renommierte Schulen verschiedene therapeutische Aktivitäten. Dazu gehörten das Spielen mit Plastelin oder Bausteinen, das Ausmalen von Bildern und Seifenblasenspiele. Einige stellten sogar Katzen und Hunde zur Verfügung, mithilfe derer sich die Schüler trösten konnten. Viele Universitäten boten den Studenten psychologische Beratung an, organisierten Hilfsgruppen und etablierten Dienstleistungen wie „Erholung nach der Wahl“ oder „Nach-Wahl-Hilfe und Unterstützung“. [1]

Die Absurdität, dass ein normaler demokratischer Prozess als schlimmer empfunden wurde als eine Naturkatastrophe oder ein Terroranschlag, zeigt das völlige Versagen des amerikanischen Bildungssystems. Studenten, die reif und rational sein sollten, wurden intolerant und infantil, als sie mit Veränderungen und Ängsten konfrontiert wurden.

Der vollständige Zusammenbruch des amerikanischen Bildungswesens ist eine der beunruhigendsten Entwicklungen, die das Land in den letzten Jahrzehnten erlebt hatte. Es zeigt den Erfolg des Kommunismus bei seinem Bestreben, die westliche Gesellschaft zu infiltrieren und zu korrumpieren.

Dieses Kapitel zeigt am Beispiel der USA, wie die Bildung in freien Gesellschaften durch den Kommunismus sabotiert wird. In ähnlicher Weise werden auch andere Staaten untergraben, nicht zuletzt auch Deutschland. Jeder Leser kann selbst erkennen, wie diese Mechanismen in seinem Land angewandt werden.

Die kommunistische Infiltration der amerikanischen Bildung zeigt sich in mindestens fünf Bereichen:

1. **Direkte Förderung der kommunistischen Ideologie unter den Jugendlichen.** Die kommunistische Ideologie übernahm allmählich die westliche Wissenschaft, indem sie wichtige traditionelle Studienrichtungen infiltrierte und neue Wissenschaften erzeugte, die erst

durch ihren ideologischen Einfluss entstanden sind. Literatur, Geschichte, Philosophie, Sozialwissenschaften, Anthropologie, Rechtswissenschaften, Multimedia und andere Bereiche wurden mit verschiedenen Elementen der marxistischen Theorie überschwemmt. „Politische Korrektheit“ wurde zur Leitlinie für die Zensur des freien Denkens auf dem Campus.

2. **Der jungen Generation wird die traditionelle Kultur nur noch in sehr reduzierter Form nahegebracht.** Traditionelle Kultur, orthodoxes Denken, die reale Geschichte und klassische Literatur werden auf vielfältige Weise verleumdet und an den Rand gedrängt.

3. **Absenkung des Bildungsstandards von Kindergarten und Grundschule an.** Da das Niveau des Unterrichts schrittweise nach unten gedrückt wurde, sind die Schüler der neuen Generation weniger gebildet und haben geringere mathematische Fähigkeiten. Sie besitzen weniger Wissen und ihre Fähigkeit, kritisch zu denken, ist eingeschränkt. Es ist für diese Studenten schwierig, Schlüsselfragen des Lebens und der Gesellschaft logisch und klar zu bewältigen, und noch schwieriger ist es für sie, die Täuschungen des Kommunismus zu durchschauen.

4. **Indoktrinieren von jungen Schülern mit falschen Vorstellungen.** Wenn diese Kinder älter werden, werden die ihnen eingeimpften Konzepte so stark, dass sie von ihnen selbst fast nicht mehr zu entdecken und zu korrigieren sind.

5. **Den Egoismus, die Gier und die Genusssucht der Schüler fördern.** Dies beinhaltet die Ablehnung der Autorität und Tradition, die Aufblähung ihres Egos

> und ihres Anspruchsdenkens, die Einschränkung ihrer Fähigkeit, unterschiedliche Meinungen zu verstehen und zu tolerieren, sowie die Vernachlässigung ihres psychologischen Wachstums.

Der Kommunismus hat seine Ziele in fast allen fünf Bereichen erreicht. Die linke Ideologie ist der führende Trend an amerikanischen Universitäten. Wissenschaftler mit anderen Vorstellungen wurden entweder an den Rand gedrängt oder es wurde ihnen untersagt, ihre traditionellen Ansichten zum Ausdruck zu bringen.

Die Jahre intensiver Indoktrination an den Hochschulen führen dazu, dass Absolventen Liberalismus und Progressivismus bevorzugen. Mit hoher Wahrscheinlichkeit akzeptieren sie auch ohne Weiteres den Atheismus, die Evolutionstheorie und den Materialismus. Sie werden zu engstirnigen „Schneeflocken" (in Englisch: Generation Snowflake), die keinen gesunden Menschenverstand haben und einen hedonistischen Lebensstil verfolgen, ohne Verantwortung für ihr Handeln zu übernehmen. Es fehlt ihnen an Wissen. Sie haben eine engstirnige Weltanschauung, wissen sehr wenig oder gar nichts über die Geschichte Amerikas oder über die Geschichte der Welt und sind somit zum Hauptziel der kommunistischen Täuschung geworden.

In den Augen der Welt sind die Vereinigten Staaten im Bildungsbereich immer noch ein wichtiges Land. Das hat seine Gründe. Seit über einem Jahrhundert sind die Vereinigten Staaten eine politische, wirtschaftliche und militärische Supermacht. Die Mittel, die sie für die Bildung ausgeben, liegen weit über jenen der meisten anderen Länder. Nach dem Zweiten Weltkrieg zogen die amerikanische Demokratie und der Wohlstand talentierte Menschen aus der ganzen Welt an. Ihre STEM-Absolventenprogramme und Fachschulen sind unübertroffen.

Doch im Inneren entfaltet sich eine Krise. Der Anteil ausländischer Studierender an den MINT-Programmen übersteigt bei Weitem jenen der amerikanischen Studenten und die Kluft nimmt mit jedem Jahr weiter zu. [2] Dies spiegelt die Zerstörung der elementaren, sekundären und postsekundären Bildung in den Vereinigten Staaten wider. Die Schüler werden gezielt verdummt und ruiniert. Die Folgen zeigen sich vor unseren Augen, und sie werden noch wachsen.

Der übergelaufene KGB-Agent Juri Bezmenow, der in Kapitel 5 vorgestellt wurde, beschrieb Anfang der 1980er Jahre, wie die kommunistische ideologische Infiltration in Amerika kurz vor dem Erfolg stand:

„Selbst wenn Sie jetzt anfangen würden, jetzt in dieser Minute anfangen, eine neue Generation von Amerikanern zu erziehen, wird es immer noch fünfzehn bis zwanzig Jahre dauern, um die ideologisch veränderte Wahrnehmung der Realität wieder zur Normalität zurückzubringen …" [3]

Ein Drittel eines Jahrhunderts ist vergangen, seit Bezmenow sein Interview gab. In dieser Zeit, in der die Sowjetunion und andere sozialistische Regime in Osteuropa untergingen, dauerte die Infiltration und Subversion durch den Kommunismus im Westen an. Kommunistische Elemente im Westen haben den Bildungsapparat als ihr primäres Ziel. Sie haben auf allen Ebenen die Institutionen übernommen und verbreiten ihren Einfluss in der Familienbildung. Sie bewerben ihre eigenen verdrehten Theorien über Bildung und Pädagogik.

Es sollte betont werden, dass mehr oder weniger alle Menschen auf der Welt – insbesondere diejenigen, die nach den 1960er Jahren höhere Bildung genossen – den kommunistischen Einflüssen ausgesetzt waren. Am stärksten betroffen sind die Geistes- und Sozialwissenschaften. Die meisten Menschen auf diesen Gebieten wurden unwissentlich indoktriniert. Nur wenige Menschen machten sich daran, die kommunistische Ideologie bewusst zu fördern. Wir zeigen hier auf, worauf der Kommunismus abzielt, damit der Leser dies erkennen und sich distanzieren kann.

1. Das Gespenst des Kommunismus an westlichen Universitäten

a) Die stark linksgerichtete Tendenz der Universitätsfakultäten

Ein großer Teil der Mitarbeiter an amerikanischen Universitäten tendiert politisch nach links. Dies ist eine der wichtigsten Ursachen dafür, dass Schüler sich sozialistischer oder kommunistischer Ideologie verschrieben haben oder von radikalen Ideologien wie Feminismus und Umweltschutz beeinflusst werden (die später in diesem Buch diskutiert werden).

In einer Studie aus dem Jahr 2007 mit dem Titel „The Social and Political Views of American Professors“ hielten sich von den 1.417 befragten und vollzeitbeschäftigten Mitgliedern der Fakultäten 44,1 Prozent für liberal, 46,1 Prozent für moderat und nur 9,2 Prozent für konservativ. Unter ihnen war der Anteil der Konservativen an den Community Colleges etwas höher (19 Prozent) und jener der Liberalen etwas niedriger (37,1 Prozent). An Universitäten waren 61 Prozent der Fakultätsangestellten liberal, während die Konservativen nur 3,9 Prozent ausmachten. Die Studie stellte auch fest, dass jene Mitglieder der Fakultäten, die sich dem Ruhestandsalter näherten, linksliberaler waren als die neuen Mitglieder der Fakultäten. In der Altersgruppe der 50 bis 64-Jährigen gaben sich 17,2 Prozent als linke Aktivisten aus. Die Studie ergab auch, dass die meisten Universitätsfakultäten Homosexualität und das „Recht auf Abtreibung“ unterstützen. [4]

Studien aus der Zeit nach 2007 bestätigen den linken Trend auch bei Professoren an Universitäten mit vierjähriger Ausbildung in den USA. Eine 2016 in der Zeitschrift Econ Journal Watch veröffentlichte Studie fragte den Wählerregistrierungsstatus von Professoren in den Fachbereichen Geschichte und Sozialwissenschaften an vierzig führenden US-Universitäten ab. Unter 7.243 befragten Professoren gab es 3.623 Demokraten und 314 Republikaner – ein Verhältnis von 11,5 zu 1. Unter den fünf untersuchten Abteilungen war die Geschichtsabteilung mit einem Verhältnis von 35:1 am wenigsten ausgewogen. Im Gegensatz dazu steht eine ähnliche Umfrage von 1968. Unter den Geschichtsprofessoren zu jener Zeit war das Verhältnis von Demokraten zu Republikanern 2,7 zu 1. [5]

Eine weitere Umfrage an einer Universität im Jahr 2016 ergab, dass die politische Neigung der Fakultäten anhaltend unausgewogen war, vor allem in Neuengland. Basierend auf Daten von 2014 ergab die Umfrage, dass das Verhältnis von liberalen und konservativen Professoren an Hochschulen und Universitäten im ganzen Land 6 zu 1 betrug. In Neuengland lag dieses Verhältnis bei 28 zu 1. [6] Eine Studie des Pew Research Center aus dem Jahr 2016 ergab, dass 31 Prozent der Menschen, die an Graduiertenschulen studiert hatten, liberale Ansichten vertraten, 23 Prozent waren eher liberal, nur 10 Prozent hatten konservative Ansichten und 17 Prozent sahen sich als eher konservativ. Die Studie ergab auch, dass seit 1994 liberale Ansichten bei Absolventen eines Masterstudiums deutlich zugenommen haben. [7]

Eine Umfrage unter den Teilnehmern eines Seminars des „American Enterprise Instituts" im Jahr 2016 zeigte, dass etwa 18 Prozent der Sozialwissenschaftler in den Vereinigten Staaten sich als Marxisten betrachteten. Nur 5 Prozent hielten sich für konservativ. [8] Da die meisten Umfragen auf der Selbstbeurteilung der Befragten basieren, könnte die tatsächliche Unausgewogenheit noch stärker sein.

Der republikanische US-Senator Ted Cruz sagte einmal über die juristische Fakultät einer renommierten Universität, die er besucht hatte: „Es gab mehr selbsternannte Kommunisten in der Fakultät, als es Republikaner gab." Und weiter: „Wenn man sie aufgefordert hätte, darüber abzustimmen, ob diese Nation eine sozialistische Nation werden sollte, hätten 80

Prozent der Fakultät mit Ja gestimmt und zehn Prozent hätten gemeint, dass das zu konservativ sei." [9]

Der Kommunismus begann seine Infiltration der amerikanischen Bildungsinstitutionen bereits in dem Moment, als dieser sich in den Vereinigten Staaten etablierte. Seit Beginn des zwanzigsten Jahrhunderts haben viele amerikanische Intellektuelle kommunistische Ideen oder die der Fabian-Sozialisten akzeptiert. [10]

Die Gegenkulturbewegung der 1960er Jahre brachte eine große Anzahl junger anti-traditioneller Studenten hervor. In ihren prägenden Lebensjahren wurden sie stark vom Kulturmarxismus und der Theorie der Frankfurter Schule beeinflusst. 1973, nachdem Präsident Nixon die amerikanischen Truppen aus dem Vietnamkrieg abgezogen hatte, begannen die mit der Antikriegsbewegung verbundenen Schülergruppen in Vergessenheit zu geraten, da der Hauptgrund für den Protest weg war. Der Radikalismus, der von diesen großen Studentenbewegungen ausging, verschwand jedoch nicht.

Radikale Studenten absolvierten ihr Studium häufig im sozialen und kulturellen Bereich – in Journalismus, Literatur, Philosophie, Soziologie, Bildung, Kulturwissenschaften und dergleichen. Nach Erhalt ihrer Abschlüsse begannen sie ihre Karriere in den Institutionen mit dem größten Einfluss auf Gesellschaft und Kultur, wie Universitäten, Nachrichtenmedien, Regierungsbehörden und Nichtregierungsorganisationen. Sie wurden damals vor allem von der Theorie des „langen Marsches durch die Institutionen" des Italieners Antonio Gramsci angetrieben. Dieser „lange Marsch" zielte darauf ab, die wichtigsten Traditionen der westlichen Zivilisation zu verändern.

Der Philosoph Herbert Marcuse, der zur Frankfurter Schule zählt, wurde von rebellischen westlichen Schülern als ihr „spiritueller Pate" angesehen. 1974 behauptete er, dass die Neue Linke nicht gestorben sei, „und sie wird an den Universitäten wieder auferstehen". [11] Tatsächlich hatte die Neue Linke nicht nur überlebt: Ihr langer Marsch durch die Institutionen war extrem erfolgreich. Ein radikaler Professor schrieb:

„Nach dem Vietnamkrieg sind viele von uns nicht nur an ihre Schreibtische zurückgekehrt; wir haben auch akademische Positionen eingenommen. Mit dem Ende des Krieges wurden wir unsichtbar, und es schien für eine Weile – für die Unaufmerksamen – dass wir verschwunden waren. Jetzt amtieren wir und die Arbeit an der Neugestaltung der Universitäten hat ernsthaft begonnen.“ [12]

Der Begriff „gepflegte Radikale“ (im Original: „Tenured Radicals“) wurde von Roger Kimball in seinem 1989 erschienenen gleichnamigen Buch geprägt. Der Begriff bezog sich auf die radikalen Studenten, die in den 1960er Jahren in den Anti-Kriegs-, Bürgerrechts- oder feministischen Bewegungen aktiv waren, später an Universitäten lehrten und in den 1980er Jahren eine lebenslange Anstellung erhielten. Von dort aus übermittelten sie den Studenten ihr politisches Wertesystem und schufen eine neue Generation von Radikalen. Einige dieser neuen Radikalen wurden Professoren und Dekane. Der Zweck ihrer wissenschaftlichen Arbeit ist es nicht, die Wahrheit zu erforschen, sondern die Wissenschaft als Werkzeug zur Untergrabung der westlichen Zivilisation und der Traditionen zu nutzen. Sie zielen darauf ab, die Mainstream-Gesellschaft und das politische System zu untergraben, indem sie noch mehr Revolutionäre hervorbringen.

Wenn sie fest angestellt sind, können Professoren in verschiedenen Gremien mitwirken. Sie haben ein großes Mitspracherecht bei der Rekrutierung neuer Fakultätsmitglieder, der Festlegung akademischer Standards, der Auswahl von Themen für Abschlussarbeiten und der Festlegung der Forschungsrichtung. Die Professoren und Dekane haben zur Genüge Gelegenheit, um Kandidaten auszuschließen, die nicht ihrer Ideologie entsprechen. Aus diesem Grund werden konservative Menschen, die nach traditionellen Konzepten lehren und forschen, immer weiter an den Rand gedrängt. Wenn Professoren der älteren Generation in den Ruhestand gehen, werden sie meist durch linke Wissenschaftler ersetzt, die mit kommunistischen Ideen aufgewachsen sind.

Gramsci, der den Begriff vom „langen Marsch durch die Institutionen“ prägte, teilte die Intellektuellen in zwei Lager: traditionelle Intellektuelle und organische Intellektuelle. Erstere bilden das Rückgrat der Aufrechterhaltung der traditionellen Kultur und Gesellschaftsordnung. Die organischen Intellektuellen, die zu den aufstrebenden Schichten gehören, spielen hingegen eine kreative Rolle im Prozess des Kampfes für die Hegemonie in ihren Klassen oder Gruppen. [13] Das „Proletariat“ nutzt organische Intellektuelle auf seinem Weg, um die kulturelle und letztlich die politische Vorherrschaft zu ergreifen.

Viele „gepflegte Radikale“ definieren sich als „organische Intellektuelle“, die sich dem gegenwärtigen System widersetzen. Wie Gramsci folgen sie dem marxistischen Axiom: „Die Philosophen haben die Welt nur verschieden interpretiert, es kommt drauf an, sie zu verändern.“ [14]

Daher geht es für die Linken bei der Bildung nicht darum, die Essenz des Wissens und der menschlichen Zivilisation zu vermitteln, sondern die Schüler auf radikale Politik, sozialen Aktivismus und „soziale Gerechtigkeit“ vorzubereiten. Nach dem Abschluss und dem Eintritt in die Gesellschaft bringen sie ihre Unzufriedenheit mit dem gegenwärtigen System zum Ausdruck, indem sie gegen die traditionelle Kultur rebellieren und zu einer destruktiven Revolution aufrufen.

b) Umgestaltung traditioneller Fachrichtungen im Sinne kommunistischer Ideologie

Der Marxismus-Leninismus ist die Leitideologie für jedes Studienfach in den kommunistischen Ländern, während im Westen eigentlich die akademische Freiheit im Mittelpunkt steht.

An Hochschulen sollte es, abgesehen von grundlegenden moralischen Standards und akademischen Normen, keine Bevorzugung bestimmter intellektueller Trends geben. Aber seit den 1930er Jahren sind Sozialismus, Kommunismus, Marxismus und die Frankfurter Schule in amerikanische Hochschulen eingetreten und haben die Geistes- und Sozialwissenschaften stark verändert.

Revolutionärer Dialog beherrscht die Geisteswissenschaften in Amerika

Der Historiker Alan Charles Kors von der Universität von Pennsylvania wurde im Buch „The Victims' Revolution: The Rise of Identity Studies and the Closing of the Liberal Mind" (auf Deutsch etwa: Die Revolution der Opfer: Der Aufstieg der Identitätsforschung und die Auflösung des liberalen Geistes) von Bruce Bawer gefragt, welche drei Personen seiner Meinung nach den größten Einfluss auf die Geisteswissenschaften in den Vereinigten Staaten hätten. Wie aus der Pistole geschossen, nannte Kors drei Bücher: Antonio Gramscis „Gefängnishefte", Paulo Freires „Pädagogik der Unterdrückten" und Frantz Fanons „Die Verdammten dieser Erde". [15]

Antonio Gramsci, der italienische Marxist, braucht keine weitere Erklärung, da sein Werk in den vorangegangenen Kapiteln beschrieben wurde. Paulo Freire, ein brasilianischer Erziehungswissenschaftler, liebte Lenin, Mao, Castro und Che Guevara. Seine „Pädagogik der Unterdrückten", die 1968 veröffentlicht und zwei Jahre später in englischer Sprache abgedruckt wurde, ist Teil der Pflichtlektüre für Universitäten in den Vereinigten Staaten geworden.

Bruce Bawer zitierte den Erzieher Sol Stern, der sagte, dass sich die „Pädagogik der Unterdrückten" nicht mit spezifischen Bildungsaufgaben beschäftigt, sondern „ein utopischer politischer Leitfaden ist, der zum Sturz der kapitalistischen Vorherrschaft und zur Schaffung klassenloser Gesellschaften auffordert“. [16] Freires Werk ist die Neuauflage des Narrativs, wonach es nur zwei Arten von Menschen auf der Welt gibt: den Unterdrücker und den Unterdrückten. Die Unterdrückten sollten ihre Erziehung ablehnen, ihre erbärmlichen Umstände erkennen und zur Rebellion angeregt werden.

Frantz Fanon wurde auf Martinique in der Karibik geboren und schloss sich dem algerischen Krieg gegen die französische Kolonialherrschaft an. Sein Werk „Die Verdammten dieser Erde“ wurde 1961 mit einem Vorwort des französischen Existenzialisten und Kommunisten Jean-Paul Sartre veröffentlicht. Sartre fasste seine Theorie so zusammen: Westliche Kolonisatoren seien die Verkörperung des Bösen, während Nicht-Westler von Natur aus edel seien, weil sie kolonisiert und ausgebeutet werden.

Fanon rief die Menschen in den Kolonien auf, sich gegen die koloniale herrschende Klasse zu erheben und Gewalt als ihren zentralen Ansatz zu nutzen. Er sagte, dass Gewalt auf der Ebene des Einzelnen eine reinigende Kraft sei.

„Sie befreit den Eingeborenen von seinem Minderwertigkeitskomplex und von seiner Verzweiflung und Untätigkeit; sie macht ihn furchtlos und stellt seine Selbstachtung wieder her.“ [17]

Sartre nahm die Ideen von Fanon auf und schrieb im Vorwort: „Denn in den ersten Tagen der Revolte muss man töten: Einen Europäer abzuschießen bedeutet, zwei Fliegen mit einer Klappe zu schlagen, einen Unterdrücker und den Mann, den er unterdrückt, gleichzeitig zu zerstören: Es bleiben ein Toter und ein freier Mann; der Überlebende fühlt zum ersten Mal einen nationalen Boden unter seinem Fuß.“ [18]

Die Ideen von Gramsci, Freire und Fanon sind hinterlistige Darstellungen, die Menschen dazu verleiten, Geschichte und Gesellschaft durch die Brille des Klassenkampfes zu betrachten. Sobald der Funke des Klassenhasses in ihre Herzen eindringt, lernen die Schüler, sich der normalen Struktur und dem normalen Funktionieren der Gesellschaft zu widersetzen. Durch Rebellion und Revolution erfolgt dann die Zerstörung der Gesellschaft.

Welcher Theoretiker oder welche Denkschule den größten Einfluss auf die Geistes- und Sozialwissenschaften an amerikanischen Colleges hatte, ist Gegenstand der Forschung. Klar ist jedoch, dass der Marxismus, die Frankfurter Schule, die Freudsche Theorie und die Postmoderne (die Seite an Seite mit dem Kommunismus bei der Zerstörung von Kultur und Moral mitgewirkt haben) das Feld dominieren.

Kommunistische Theorie durchdringt die akademische und literarische Welt

Seit den 1960er Jahren erlebt die Literaturwissenschaft in den Vereinigten Staaten einen grundlegenden Paradigmenwechsel in ihren verschiedenen Teilbereichen, wie beispielsweise der englischen, französischen und der vergleichenden Literatur. Traditionell schätzten Literaturkritiker die moralischen und ästhetischen Werte klassischer Werke. Sie betrachten die Literatur als eine wichtige Quelle, um den Horizont der Leser zu erweitern, ihren moralischen Charakter zu entwickeln und ihren intellektuellen Geschmack zu pflegen. Die akademische Literaturtheorie ist grundsätzlich der Literatur selbst untergeordnet und dient als Hilfsmittel für deren Verständnis und Interpretation.

Während des Höhepunkts der Gegenkulturbewegung in den 1960er Jahren drangen populäre Trends der Philosophie, Psychologie und Kultur in verschiedene Arten von neuen literarischen Theorien ein. Die Beziehung zwischen Theorie und Literatur wurde umgekehrt, da die eigentlichen Werke auf eine Art Material zur Bewertung moderner Interpretationen reduziert wurden. [19]

Was ist die Substanz dieser Theorien? Zusammen machen sie in ihrer verzerrten Darstellung von Gesellschaft und Kultur ein Chaos aus den traditionellen akademischen Disziplinen wie Philosophie, Psychologie, Soziologie und Psychoanalyse. Wie der Literaturtheoretiker Jonathan Culler es ausdrückte: „Theorie ist oft eine kämpferische Kritik an Konzepten des gesunden Menschenverstands und außerdem ein Versuch zu zeigen, dass das, was wir als selbstverständlich betrachten, tatsächlich eine historische Konstruktion ist, eine bestimmte Theorie, die uns so natürlich erscheint, dass wir sie nicht einmal als Theorie wahrnehmen." [20]

Mit anderen Worten, moderne akademische Theorien verharmlosen, zerstören und drehen das Verständnis von Recht und Unrecht, Gut und Böse, Schönheit und Hässlichkeit um. Dieses Verständnis basiert auf der traditionellen Familie, dem religiösen Glauben und der Ethik. Es wird ersetzt durch ein finsteres System ohne positive Werte.

Wenn man diese sogenannten Theorien von ihrer labyrinthischen akademischen Verpackung befreit, sind sie nur ein Durcheinander von klassischem Marxismus und Neo-Marxismus, der Frankfurter Schule, Psychoanalyse, Dekonstruktivismus, Post-Strukturalismus und der Postmoderne. Zusammen bilden sie eine Ebene, die darauf abzielt, die Grundlagen der menschlichen Zivilisation zu zerstören. Gleichzeitig dienen sie als Tarnung für den Kommunismus, der sich in die westliche Wissenschaft hineinschmuggelt. Seit den 1960er Jahren hat der Kommunismus in Bereichen wie Literatur, Geschichte und Philosophie schnelle Durchbrüche erreicht und seine Dominanz in den Geistes- und Sozialwissenschaften gefestigt.

Die dominante „Theorie" ist, wie bereits angesprochen, mehr oder weniger dasselbe wie „kritische Theorie". Ihre Varianten beinhalten die neu entstandenen kritischen Studien der Rechtswissenschaften, sowie von Rasse, Geschlecht, Gesellschaft, Wissenschaft, Medizin und dergleichen. Ihre Verbreitung ist Ausdruck der erfolgreichen Ausdehnung des Kommunismus in die akademischen und bildungspolitischen Bereiche.

Diese verderben die Jugend mit verdrehtem Denken und ebnen einen Weg für die endgültige Zerstörung der Menschheit.

Die Politisierung der Literaturforschung

Aus der Sicht eines marxistischen Literaturkritikers liegt die Bedeutung eines literarischen Textes nicht in dessen innerem Wert, sondern darin, inwieweit er widerspiegelt, dass die Ideen der herrschenden Klasse – zum Beispiel in Bezug auf Geschlecht oder Rasse – zu solchen wurden. Aus dieser Perspektive haben die Klassiker keinerlei wahre Werte. Ein prominenter amerikanischer marxistischer Literaturtheoretiker erklärte in aller Deutlichkeit, dass die „politische Perspektive" den „absoluten Horizont aller Lektüre und aller Interpretationen" darstellt. [21] Alle literarischen Werke sollten als politische Allegorien behandelt werden. Nur wenn die tieferen Bedeutungen von Klasse, Rasse, Geschlecht oder sexueller Unterdrückung darin erkannt werden, könne das eigene Verständnis als tiefgründig oder qualifiziert angesehen werden.

Menschen aus kommunistischen Ländern sind mit dieser Art von dogmatischer Literaturkritik vertraut. Der chinesische Parteiführer Mao Tse-tung bewertete das Buch „Der Traum der Roten Kammer", einen der vier großen chinesischen Klassiker, wie folgt: „Vier Familien, heftiger Klassenkampf und ein paar Dutzend Menschenleben."

In den kommunistischen Ländern beschränkt sich der literarische Diskurs nicht immer auf zivilisierte und anspruchsvolle Debatten innerhalb des Elfenbeinturms der Literatur. Er kann sich manchmal in den Auslöser für einen blutigen Kampf umwandeln.

Mao Tse-tung rief dazu auf, von Hai Rui, einem ehrlichen und aufrechten Beamten der Ming-Dynastie zu lernen. Daraufhin verfasste der Historiker Wu Han das Bühnendrama „Hai Rui wird aus dem Amt entlassen". Am 10. November

1965 veröffentlichte die Shanghaier Wenhui News eine kritische Rezension des Stückes. Die Rezension wurde von Yao Wenyuan geschrieben und von Maos vierter Frau, Jiang Qing, und dem radikalen Theoretiker Zhang Chunqiao gemeinsam verfasst. Sie behauptete, dass Hai Rui, der aus dem Amt entlassen wurde, eine Anspielung auf Peng Dehuai war, einen General der Volksbefreiungsarmee. Dieser leistete Widerstand gegen die „Drei Roten Fahnen" und wurde entlassen. „Drei Rote Fahnen" gaben die Richtung für den sozialistischen Aufbau, den Großen Sprung nach vorne und die Volkskommunen vor und führten zur großen chinesischen Hungersnot. Die Rezension von „Hai Rui wird aus dem Amt entlassen" wurde zur Zündschnur, die die jahrzehntelange Brutalität der Kulturrevolution auslöste.

Der brutale Ansatz der chinesischen Kommunisten, alle literarischen Werke im Rahmen des Klassenkampfes zu deuten, kann der viel subtileren Literaturkritik gegenübergestellt werden, die in den letzten Jahrzehnten an westlichen Hochschulen zu finden war.

Die westliche neomarxistische Literaturkritik ist wie ein Virus, der durch endlose Mutationen stärker und tödlicher wird. Andere Theorien werden so angepasst, dass sie zu Waffen werden. Die großen Werke der menschlichen Kultur – von den Klassikern Griechenlands und Roms über Dante, Shakespeare und viktorianische Romane – werden von der Literaturkritik zerlegt und neu zusammengesetzt. Diese Literaturkritik benutzt den literarischen Fachjargon, um den Anschein intellektueller und fachlicher Kompetenz zu schaffen. Die Hauptargumente führen typischerweise zu dem Verdacht, dass die klassischen Werke Vorurteile gegen entrechtete Klassen, Frauen oder ethnische Minderheiten zum Ausdruck bringen.

Moderne Kritiker bezeichnen diese Werke als der herrschenden Klasse zugehörig. Sie würden die Massen in ihren bedrückenden Zuständen betäuben und sie daran hindern, ein revolutionäres Klassenbewusstsein zu erreichen. Wie der englische Wissenschaftler Roger Scruton sagte:

„Die Methoden des neuen Literaturtheoretikers sind wirklich Waffen der Subversion: Sie sind ein Versuch, eine humane Bildung von innen heraus zu zerstören und die Kette des Mitgefühls zu zerstören, das uns an unsere Kultur bindet." [22]

Die marxistische Theorie zur Ideologie

„Ideologie" ist ein Kernkonzept in den marxistisch geprägten Geisteswissenschaften. Marx betrachtete Moral, Religion und Metaphysik zusammengenommen als Ideologie. Er glaubte, dass die dominante Ideologie in einer auf Klassen basierenden Gesellschaft die Ideologie der herrschenden Klasse sei, und dass ihre Werte nicht die Wirklichkeit widerspiegelten, sondern deren Kehrseite. [23]

Der Neomarxismus des 20. Jahrhunderts machte die Zerstörung der Kultur zu einer notwendigen Etappe der Revolution und nahm in seiner Literatur ausführlich Bezug auf die Ideologie. Der ungarische Marxist Georg Lukács definierte Ideologie als das „falsche Bewusstsein" im Gegensatz zum realen „Klassenbewusstsein". Der französische Marxist Louis Althusser schlug das Konzept der „ideologischen Staatsapparate" vor, die Religion, Bildung, Familie, Recht, Politik, Gewerkschaften, Kommunikation, Kultur und so weiter umfassen, die alle in Verbindung mit einem brutalen Staatsapparat funktionieren würden.

Im Konzept der Ideologie findet man raffinierte Spitzfindigkeiten. Jede Gesellschaft oder jedes System hat seine Mängel, die angesprochen und korrigiert werden sollten. Althusser und andere Marxisten beschäftigen sich jedoch nicht mit spezifischen Problemen. Stattdessen lehnen sie das System in seiner Gesamtheit ab. Ihre Begründung ist, dass es sich dabei um eine

Struktur handle, die von der herrschenden Klasse zum Schutz ihrer Interessen eingerichtet und unterhalten werde.

Diese umfassende „Vergiftung des Brunnens“ ist ein wichtiger Aspekt der marxistischen Fixierung auf die Ideologie, sie zeigt sich in Althussers komplizierter ideologischer Kritik. Anstatt die sachlichen Vorzüge eines Arguments zu untersuchen, basiert der ideologische Ansatz darauf, dass Gegner beschuldigt werden, andere Gedanken zu hegen, als sie vorgeben, oder den falschen Hintergrund zu haben. So wie niemand Wasser aus einem vergifteten Brunnen trinken kann, so wird eine Person für die Öffentlichkeit inakzeptabel, wenn Gerüchte oder andere Formen des Rufmords gegen sie in Umlauf sind. Und das unabhängig davon, wie vernünftig oder logisch die Meinung dieses Menschen ist.

Althussers allumfassendes Konzept der „ideologischen Staatsapparate“ spiegelt die extreme Verachtung des Kommunismus für die menschliche Gesellschaft wider – nichts ist akzeptabel, außer völliger Rebellion und Zerstörung. Dies ist ein Zeichen dafür, dass der Kommunismus das Ziel verfolgt, die menschliche Kultur als solche zu zerschlagen.

Das marxistische Konzept von Ideologie basiert auf abstrakten, verallgemeinerten und überflüssigen, oft genug auch sachlich schlichtweg falschen Aussagen, die darauf abzielen, traditionelle moralische Werte zu beseitigen. Indem sie sich hinter scheinbarer moralischer Entrüstung verschanzen, verbergen Marxisten ihre wahren Absichten. So ist es ihnen gelungen, eine große Anzahl von Menschen zu täuschen und zu beeinflussen.

Postmoderner Marxismus

Im Laufe der 1960er Jahre schuf eine Gruppe französischer Philosophen die bald mächtigste ideologische Waffe für Marxismus und Kommunismus in der amerikanischen akademischen Gemeinschaft. Unter ihnen sind Michel Foucault und Jacques Derrida. Aktuelle Daten geben einen Eindruck von ihrem heutigen Einfluss: Im Jahr 2007 war Foucault mit 2.521 Zitaten der meistzitierte Autor in den Geisteswissenschaften. Derrida belegte den dritten Platz und wurde 1.874 Mal zitiert. [24] Auffällig sind die Zusammenhänge von Postmoderne und Marxismus. [25] Daher ist es angebracht, sie gemeinschaftlich als postmodernen Marxismus zu bezeichnen.

Spätestens seit der Zeit der alten Griechen und des vorkaiserlichen China ist bekannt, dass die Sprache mehrdeutige und vielschichtige Bedeutungsebenen besitzt. Ein Text kann unterschiedliche Interpretationen haben.

Derridas Theorie der Dekonstruktion ist eine aufwendige Täuschung. Sie kombiniert Atheismus und Relativismus und wirkt, indem sie die Mehrdeutigkeit einer Sprache überbewertet. Das Ziel ist, Texte aufzuschlüsseln, selbst wenn die Bedeutung klar und gut definiert ist.

Im Gegensatz zum konventionellen Atheismus äußerte sich Jacques Derrida in der Sprache der Philosophen. Dies hat zur Folge, dass seine Standpunkte nicht nur für die Idee Gottes zerstörerisch sind, sondern auch für die Konzepte von Rationalität, Autorität und Bedeutsamkeit, die mit traditionellen Überzeugungen verbunden sind. Theoretiker, die Derrida folgen, deuten diese Begriffe um, demontieren sie und lösen sie auf. Nachdem viele Menschen mit einer Fassade von geistiger Größe getäuscht worden waren, wucherte die dekonstruktivistische Theorie durch die Geisteswissenschaften und wurde zu einem der mächtigsten Werkzeuge des Kommunismus zur Zerstörung von Glauben, Tradition und Kultur.

Michel Foucault trat einst der Kommunistischen Partei Frankreichs bei. Die Essenz seiner Theorie dreht sich um die Vorstellung, dass es keine Wahrheit gäbe, sondern nur Macht. Da die Macht das Recht auf Interpretation der Wahrheit an sich reißt, sei alles, was die Wahrheit bezeugt, heuchlerisch und unzuverlässig. In seinem Buch „Überwachen und Strafen" (Surveiller et punir) stellte Foucault die folgende Frage: „Was ist so erstaunlich an der Tatsache, dass unsere Gefängnisse starke Ähnlichkeit zu unseren Fabriken, Schulen, Kasernen und Krankenhäusern haben, wenn all diese unseren Gefängnissen ähnlich sind?" [26] Indem er die unverzichtbaren Institutionen einer Gesellschaft mit Gefängnissen gleichsetzt und die Menschen auffordert, diese „Gefängnisse" zu stürzen, offenbart Foucault den unsozialen Charakter seiner Theorie.

Weil die Wissenschaftler alles relativieren, verdammen sie Tradition und Moral der Menschen. Ihre Methoden bestehen aus Dekonstruktion, Foucaults Theorie und anderen „kritischen" Theorien. Sie leben von Grundsätzen wie „jede Interpretation ist eine Fehlinterpretation", „es gibt keine Wahrheit, nur Interpretationen" oder „es gibt keine Fakten, nur Interpretationen". Sie haben das Wissen und Verständnis von grundlegenden Konzepten der Wahrheit, Freundlichkeit, Schönheit, Gerechtigkeit und so weiter relativiert und diese dann als Müll entsorgt.

Junge Studenten, die ein Studium der Geisteswissenschaften beginnen, wagen nicht, die Autorität ihrer Dozenten infrage zu stellen. Noch schwieriger ist es, unter dem sich anschließenden ideologischen Bombardement klar im Kopf zu bleiben. Einmal auf das Studium der postmodernen marxistischen Theorie geprägt, ist es schwierig, sie dazu zu bewegen, in irgendeiner anderen Art und Weise zu denken. Dies ist ein wichtiges Werkzeug, mit dem sich die kommunistische Ideologie in den Geistes- und Sozialwissenschaften durchsetzen konnte.

c) Die Einrichtung neuer akademischer Bereiche zur Verbreitung des Kommunismus

In einer funktionierenden Gesellschaft spiegeln wissenschaftliche Untersuchungen über die Situation der Frauen oder verschiedener Rassen den Aufstieg der akademischen Gemeinschaft wider. Da jedoch die Kulturbewegungen der 1960er Jahre es waren, auf die sich diese Disziplinen ohne Existenzgrundlage stützten, nutzten schon bald Radikale diese neuen akademischen Bereiche, um ihre linksgerichteten Ideen an Universitäten und wissenschaftlichen Instituten zu verbreiten. Einige Wissenschaftler glauben zum Beispiel, dass die Einrichtung von Fachbereichen für afroamerikanische Studien nicht so sehr auf die tatsächliche Nachfrage nach einer solchen akademischen Abteilung zurückzuführen sei, sondern auf politische Erpressung. [27]

Die Studentenrevolte kannte viele Beispiele dafür: 1968 erzwang ein Studentenstreik die Schließung des San Francisco State College. Auf Druck der „Black Student Union" gründete das College das „Africana Studies Department", den ersten Fachbereich für afroamerikanische Studien in den Vereinigten Staaten. Die Abteilung war in erster Linie als Mittel zur Förderung schwarzer Studenten gedacht, und so entstand ein einzigartiger afroamerikanischer Bereich. Die Errungenschaften dunkelhäutiger Wissenschaftler wurden darin in den Mittelpunkt gestellt und die Unterrichtsmaterialien wurden so verändert, dass sie Afroamerikanern größere Bedeutung gaben. In Fächern wie Mathematik, Literatur, Geschichte, Philosophie und anderen wurden ebenfalls solche Änderungen durchgeführt.

Im Oktober 1968 besetzten zwanzig Mitglieder der schwarzen Studentenbewegung „Black Student Union" das Rechenzentrum der Universität Santa Barbara in Kalifornien. Das führte zur Schließung der Universität. Ein Jahr später gründete die Schule das „Department of Black Studies" und das „Black Research Center".

Im April 1969 besetzten mehr als einhundert schwarze Studenten das Verwaltungsgebäude der Cornell-Universität.

Sie waren mit Schrotflinten bewaffnet und verfügten über viel Munition. Ihr Ziel war es, die Universität dazu zu zwingen, einen Fachbereich für die afroamerikanische Kultur einzurichten. Sie forderten auch, dass alle Stellen dort ausschließlich mit Schwarzen besetzt werden sollten. Als ein Dozent kam, um sie aufzuhalten, drohte einer der Studentenführer, dass „die Cornell-Universität nur noch drei Stunden überleben würde". Die Cornell-Universität gab dem Druck der schwarzen Studenten nach und gründete den dritten Fachbereich für afroamerikanische Kultur in den Vereinigten Staaten. [28]

Shelby Steele, der später ein leitender Wissenschaftler an der Denkfabrik Hoover Institution der Stanford-Universität wurde, war einst ein Verfechter der Einrichtung von Fachbereichen für afroamerikanische Kultur. Er sagte, die Universitätsleitungen hätten ein so starkes Gefühl der „weißen Schuld", dass sie jeder Bitte der Vertreter der schwarzen Studentenwerke nachkommen würden. [29] Gleichzeitig wurden Frauenstudien, Lateinamerikanistik, Schwulenstudien und andere identitätspolitisch konnotierte Fachbereiche an amerikanischen Universitäten eingeführt und sind heute allgegenwärtig.

Die Grundannahme der Frauenforschung ist, dass Geschlechtsunterschiede nicht aus den biologischen Unterschieden resultieren, sondern soziale Konstrukte sind. Aufgrund der angeblichen langfristigen Unterdrückung der Frauen durch Männer und durch das Patriarchat resultiert die Mission der Frauenforschung daher, das soziale Bewusstsein der Frauen zu fördern und entsprechend der feministischen Sichtweise einen allgemeinen sozialen Wandel und eine Revolution auszulösen.

Eine Professorin und Feministin an der Universität Santa Cruz in Kalifornien wuchs in einer berühmten kommunistischen Familie auf. Sie verwies stolz auf ihre Referenzen als Kommunistin und lesbische Aktivistin. Seit den 1980ern lehrt sie Feminismus und betrachtete ihre sexuelle Orientierung als eine Art Lebensstil, mit dem Zweck, politisches Bewusstsein zu wecken. Sie wurde Professorin, weil ein befreundeter Kommunist ihr sagte, dass es ihre Mission sei, dies zu tun. In einer öffentlichen Erklärung sagte sie: „Das Unterrichten ist für mich zu einer Form des politischen Aktivismus geworden."

Sie gründete den Fachbereich für Feminismus an der Universität Santa Cruz in Kalifornien. [30] In einem ihrer Lehrbücher schrieb sie, dass weibliche Homosexualität die „höchste Form des Feminismus" sei. [31]

Die Universität von Missouri hat für ihre Studenten ihre Kurse so konzipiert, dass sie die Themen Feminismus, Literatur, Geschlecht und Frieden lediglich aus der Position der Linken lehren. Zum Beispiel betrachtet ein Kurs mit dem Titel „Outlaw Gender" (auf Deutsch: Geschlechter verbieten) Geschlechter als „künstliche Kategorien, die von einer bestimmten Kultur produziert werden". Diese Ideologie sieht Geschlechter nicht als etwas an, das auf natürliche Weise entsteht. Stattdessen wurde den Studenten nur die marxistische Sichtweise auf die Dinge beigebracht – die Darstellung der angeblichen Unterdrückung der Frauen aufgrund ihres Geschlechtes und die vermeintliche Diskriminierung unterschiedlicher Identitäten. [32]

Wie bereits in Kapitel 5 besprochen wurde, war die Antikriegsbewegung im Westen nach dem Zweiten Weltkrieg sehr stark durch kommunistische Infiltration beeinflusst. In den vorangegangenen Jahrzehnten entstand dadurch ein neues Studienfach an amerikanischen Universitäten, die Friedensforschung. Die Wissenschaftler David Horowitz und Jacob Laksin untersuchten mehr als 250 Organisationen, die eine Verbindung zu diesem neuen akademischen Bereich hatten. Sie kamen zu dem Ergebnis, dass diese Organisationen nicht akademischer, sondern politischer Natur waren und es ihr Ziel sei, Studenten für die Antikriegsbewegung der Linken zu gewinnen. [33]

Horowitz und Laksin stellten unter Berufung auf das populäre Lehrbuch „Friedens- und Konfliktforschung" die hinter dem Fach stehende ideologische Absicht dar. Das Lehrbuch benutzt viele Argumente aus dem Marxismus, um Probleme wie Armut und Hunger zu erklären. Der Autor verdammt Grundbesitzer und Agrarbetriebe, indem er behauptet, deren Gier würde zum Verhungern von Hunderten von Millionen Menschen führen. Obwohl es angeblich um die Bekämpfung von Gewalt geht, gibt es eine Form der Gewalt, gegen die sich der Autor nicht wendet und die er positiv hervorhebt – Gewalt, die im Zuge der proletarischen Revolution angewendet wird.

In einem Auszug aus dem Buch „Friedens- und Konfliktforschung" heißt es: „Nachdem Kuba weit davon entfernt ist, ein irdisches Paradies zu sein und bestimmte individuelle Rechte und bürgerliche Freiheiten oft nicht berücksichtigt werden, zeigt Kuba doch, dass gewalttätige Revolutionen manchmal zu einer allgemeinen Verbesserung der Lebensbedingungen vieler Menschen führen können." Im Buch werden weder die Diktatur Fidel Castros noch die katastrophalen Auswirkungen der Revolution erwähnt.

Da es nach dem Anschlag 9/11 geschrieben wurde, beschäftigt sich das Buch „Friedens- und Konfliktforschung" auch mit Terrorismus. Erstaunlicherweise scheinen die Autoren so viel Sympathie für die Terroristen zu haben, dass das Wort „Terrorist" schon als solches in Anführungszeichen gesetzt wurde. Die Autoren verteidigen ihre Haltung, indem sie sagen: „Dass das Wort ‚Terrorist' in Anführungszeichen gesetzt wurde, mag einigen Lesern als unpassend erscheinen, die die Bezeichnung für offensichtlich halten. Wir tun das jedoch nicht, um den Horror solcher Taten herunterzuspielen, sondern um den Wert positiver gerechter Entrüstung hervorzuheben. Wir erkennen an, dass der ‚Terrorist' für den einen oft einen ‚Freiheitskämpfer' für den anderen darstellt." [34]

Die akademische Welt sollte objektiv sein und keine politischen Agenden enthalten. Diese neuen akademischen Bereiche haben hingegen eine ideologische Haltung angenommen: Professoren der Frauenforschung müssen sich dem Feminismus widmen, während Professoren im Bereich der afroamerikanischen Kultur der Überzeugung sein müssen, dass die politischen, wirtschaftlichen und kulturellen Schwierigkeiten der Afroamerikaner aus der Diskriminierung durch Weiße resultieren. Die Existenzgrundlage dieser Fachbereiche basiert nicht darauf, die Wahrheit zu sagen, sondern eine ideologische Darstellung zu verbreiten.

Diese neuen Studienfächer sind Nebenprodukte der Kulturrevolution in den Vereinigten Staaten. Nachdem sie sich an den Universitäten etabliert hatten, wurden sie immer größer, indem sie immer höhere Budgets forderten und mehr Studenten aufnahmen, die wiederum diese Fächer weiter stärkten. Mittlerweile sind diese Studienbereiche tief in der akademischen Welt verwurzelt.

Diese neuen akademischen Bereiche wurden von Menschen mit böswilligen Absichten geschaffen, die unter dem Einfluss der kommunistischen Ideologie handelten. Ihr Ziel ist es, Konflikte und Hass zwischen verschiedenen Gruppen zu schüren und diese auszudehnen, um eine gewaltsame Revolution anzuzetteln. Zu den Menschen, für die sie sich angeblich einsetzen (wie Afroamerikaner, Frauen oder andere), haben diese Fachbereiche tatsächlich jedoch wenige Verbindungen.

d) Förderung des linken Radikalismus

In ihrem Buch „One-Party Classroom: How Radical Professors at America's Top Colleges Indoctrinate Students and Undermine Our Democracy" (auf Deutsch: „Ein-Parteien-Klassenraum: Wie radikale Professoren an Amerikas Top Colleges Studenten indoktrinieren und unsere Demokratie untergraben"), listen David Horowitz und Jacob Laksin über 150 linksgerichtete Kurse auf, die an zwölf Universitäten angeboten wurden. Diese Kurse verbergen ihre politischen Absichten geschickt durch die Nutzung der wissenschaftlichen Sprache. In einigen von ihnen wurden jedoch selbst grundlegende akademische Prinzipien missachtet, sodass sie politischen Kursen, die in kommunistischen Ländern obligatorisch sind, sehr ähnlich erscheinen.

Die Universität Santa Cruz in Kalifornien bietet beispielsweise einen Seminarkurs mit dem Titel „Theorie und Praxis des Widerstandes und Sozialer Bewegungen" an. Die Kursbeschreibung lautet:

„Ziel dieses Seminars ist, zu lernen, wie man eine Revolution organisiert. Wir werden lernen, was Gesellschaften in der Vergangenheit getan haben und in der Gegenwart tun, um Widerstand gegenüber den Machtverhältnissen zu leisten, sie herauszufordern und zu bezwingen – einschließlich (aber nicht begrenzt auf) globalem Kapitalismus, staatlicher Unterdrückung und Rassismus." [35]

Bill Ayers ist Professor an der Universität von Illinois in Chicago und erhielt die besondere akademische Auszeichnung eines „Distinguished Professors". Er ist ein linker Radikaler der schon in den 1960er Jahren gewirkt hatte. Bill Ayers ist der Führer der Gruppe „Weather Underground", ursprünglich „Weathermen" genannt, welche eine Splittergruppe der „Students for a Democratic Society" (SDS) war. 1969 ging die Gruppe „Weathermen" in den Untergrund und wurde die erste nationale innerstaatliche Terrororganisation der Vereinigten Staaten. Die Gruppe organisierte radikale Studenten, die sich an terroristischen Aktivitäten und Anschlägen beteiligten, um Rassenkonflikte zu entfachen.

Die „Weathermen"-Gruppe verübte Bombenanschläge auf das Kapitol, das New Yorker Polizeipräsidium, das Pentagon und auf Ministerien der Nationalen Sicherheit. Ein sehr bekanntes Zitat von Ayers lautet:

„Tötet alle reichen Leute. Zerschlagt ihre Autos und Wohnungen. Bringt die Revolution nach Hause, tötet eure Eltern.“ [36]

Ayers akademische Publikationen stimmen mit seinem Leben überein. In seinen Veröffentlichungen argumentiert er, dass wir unsere „Vorurteile“ gegenüber jugendlichen Gewalttätern überwinden müssen. [37]

Ein Netz aus linken Progressiven verhinderte erfolgreich, dass das FBI Ayers verhaftete. Er tauchte 1980 wieder auf und umging einen Strafprozess. Danach schrieb er sich an der Universität in Illinois in Chicago ein und studierte frühkindliche Bildung. Seine politischen Ansichten blieben unverändert und er zeigte auch keinerlei Reue für die Anschläge in der Vergangenheit. Ayers wurde der Reihe nach erst Lehrbeauftragter, dann Professor und später erhielt er die Auszeichnung eines „Distinguished Professors“ und damit seine jetzige Position. Mit dem Titel eines „Senior University Scholar“ erhielt er sogar die höchste Auszeichnung der Universität.

Jeder Titel, den Ayers erhielt, war eine kollektive Entscheidung der Kollegen seiner Abteilung. Das allein spiegelt bereits die stillschweigende Anerkennung und Unterstützung seiner terroristischen Vergangenheit wider.

e) Die großartigen amerikanischen Traditionen leugnen

Eine Gruppe politisch engagierter Studenten der Texas Tech Universität führte 2004 auf ihrem Campus eine Umfrage durch. Sie stellten drei Fragen: „Wer hat den Bürgerkrieg gewonnen?“, „Wer ist unser Vizepräsident?“ und „Von wem wurden wir unabhängig?“. Viele Studenten konnten diese Fragen nicht beantworten, obwohl sie zum Allgemeinwissen gehören. Während sie diese grundlegenden Fakten über die Politik und Geschichte ihres Landes nicht kannten, waren die Schüler mit den Details von Filmstars und ihren Liebesaffären bestens vertraut. [38]

2008 führte das „Intercollegiate Studies Institute" (ISI) eine Umfrage unter 2.508 zufällig ausgewählten Amerikanern durch. Die Ergebnisse zeigten, dass nur die Hälfte aller Befragten die drei Bereiche der Regierung nennen konnte. [39] Bei der Beantwortung von 33 einfachen Fragen zum Staat und den Rechten der Bürger erreichten 71 Prozent der Befragten durchschnittlich 49 Prozent und damit eine ungenügende Note. [40]

Die amerikanische Geschichte zu lernen, ist nicht nur ein Prozess, in dem man verstehen lernt, auf welchen Werten die eigene Nation aufgebaut wurde, sondern auch wie man diese Traditionen erhält und bewahrt. Nur dann werden die Menschen einer Nation auch zu schätzen wissen, was sie heute haben, das Vermächtnis ihrer Nation schützen und es an die nächste Generation weitergeben.

Die Geschichte zu vergessen oder in Vergessenheit geraten zu lassen ist dasselbe, wie die Traditionen zu zerstören. Menschen, die ihre Pflichten als Bürger nicht kennen, ermöglichen die Bildung von totalitären Regierungen. Man kommt nicht umhin, sich zu fragen, was mit der amerikanischen Geschichte und der politischen Bildung geschehen ist. Die Antwort darauf ist in den Lehrbüchern der Schüler und bei ihren Lehrern zu finden.

Der Marxist Howard Zinn ist der Autor des populären Geschichtsbuches „People's History of the United States". In diesem Buch geht es vorwiegend darum, dass alle heldenhaften Taten und beeindruckenden Vorfälle in der amerikanischen Geschichte schamlose Lügen wären. Die wirkliche Geschichte der Vereinigten Staaten sei ein dunkler Weg aus Unterdrückung, Benachteiligung, Raub und Völkermord. [41]

Ein Professor für Wirtschaft an einer Universität in Boston ist der Meinung, dass die Terroristen, die Feinde der Vereinigten Staaten sind, die wirklichen Freiheitskämpfer darstellten, und dass die Vereinigten Staaten selbst das eigentliche Übel seien. In einem Artikel, der 2004 veröffentlicht wurde, setzte er die Terroristen, die die Anschläge vom 11. September 2001 verübten, mit den amerikanischen Rebellen gleich, die 1775 die ersten Schüsse in Lexington abgaben und damit den Unabhängigkeitskrieg begannen. [42]

f) Kampf gegen die Klassiker der westlichen Zivilisation

1988 protestierten radikale Studenten und Lehrer der Stanford University gegen einen Kurs der Universität mit dem Titel „Western Civilization“. Sie riefen: „Hey, hey, ho, ho! Western Civilization has to go!“ (auf Deutsch: Die westliche Zivilisation muss weg!) Die Stanford University gab den Forderungen der Protestierenden nach und ersetzte den Kurs „Western Civilization“ durch einen neuen Kurs mit dem Titel „Cultures, Ideas, Values“ (CIV) (auf Deutsch: Kulturen, Ideen und Werte) – mit deutlich multikulturellem Charakter. Da in dem neuen Kurs einige klassische Werke der westlichen Kultur wie Homer, Platon, Augustinus, Dante oder Shakespeare nicht aus dem Lehrplan genommen wurden, bestand man darauf, dass der Kurs jedes Semesters Werke aus der Frauenliteratur, von Minderheiten und anderen Gruppen beinhalten musste, die als unterdrückt galten.

Der US-amerikanische Bildungsminister William Bennett verurteilte seinerzeit die Veränderung der Curricula aufgrund der Einschüchterungen. Viele renommierte Universitäten änderten dennoch ihre Lehrpläne und kleinere Colleges folgten dem Beispiel, um nicht als rückständig zu gelten. In wenigen Jahren veränderte sich der gesamte Bereich der Geisteswissenschaften an US-Universitäten.

Der konservative Denker und Regisseur Dinesh D’Souza erläuterte 1991 in seinem Buch „Illiberal Education“ (auf Deutsch: Antiliberale Erziehung) die ideologische Ausrichtung des neuen CIV-Kurses „Cultures, Ideas, Values“ der

Stanford University anhand des Buches „I, Rigoberta, Menchu: An Indian Woman in Guatemala". Dieses Buch von 1983 taucht in die Lebenserfahrungen der Autorin Rigoberta Menchu ein, einer jungen indigenen Frau, die ursprünglich aus Guatemala stammt und in den Vereinigten Staaten lebt. Nachdem ihre Eltern ermordet worden waren, entschied sie sich, den Weg der Rebellion einzuschlagen und wurde mit der Zeit zunehmend radikaler.

Rigoberta identifizierte sich mit der Indianerbewegung „American Indian Movement" in Südamerika, die um das Recht auf Selbstbestimmung kämpfte. Gleichzeitig war sie gegen die Europäisierung der lateinamerikanischen Kultur. Sie wurde zuerst zur Feministin, dann zur Sozialistin und am Ende zur Marxistin. Gegen Ende ihres autobiografischen Buches berichtet sie über ihre Teilnahme an der Tagung der Volksfront in Paris, auf der über Themen wie bürgerliche Jugendliche und Molotow-Cocktails diskutiert wurde. Ein Kapitel ihres Buches trägt die Überschrift „Rigoberta sagt sich von Ehe und Mutterschaft los". Sie bekam 1995 einen Sohn. [43]

Um „politisch korrekt" zu handeln, wurden viele Literatur-Klassiker aus amerikanischen Universitäten vertrieben, was in mehrerlei Hinsicht negative Auswirkungen hat. Dazu zählen:

Erstens: Das Schreiben von Büchern schlechter Qualität mit einfachem Inhalt, der revolutionäre Erzählungen enthält oder als Opferliteratur durchgehen kann, verdrängt klassische Werke und ihre zeitlose Fülle.

Zweitens: Der Vergleich zwischen dieser Art von Literatur und den Klassikern gibt der Agitationsliteratur selbst scheinbar einen Platz unter den Klassikern und erhöht ihren Einfluss auf die Köpfe der Schüler erheblich. Indem man die klassischen Werke auf die gleiche Stufe mit durchschnittlichen literarischen Werken stellt, trivialisiert und relativiert man jedoch die Klassiker.

Drittens: Die Leitmotive der Klassiker werden anhand von kritischer Theorie, Kulturwissenschaft, Identitätspolitik und politischer Korrektheit neu interpretiert. Wissenschaftler forschen mit Begeisterung nach verstecktem Rassismus und Sexismus in Shakespeares Stücken, nach den angeblichen homosexuellen Neigungen zwischen den Charakteren und so weiter. Sie unterstellen ihnen diese Dinge und zerstören damit die klassischen Werke.

Viertens: Für Studenten, die mit dieser Art geistigen Einstellungen erzogen wurden, sind die edlen Charaktere, großartigen Handlungen und moralischen Lektionen, die in den Klassikern dargestellt sind, unglaubhaft. Sie gewöhnen sich stattdessen an, sie in einem negativen und zynischen Licht zu sehen.

In der traditionellen literarischen Bildung geht es in den Klassikern vor allem um den Glauben an Gerechtigkeit, Loyalität, Mut, universelle Liebe, um die Bereitschaft, sich für andere aufzuopfern und andere moralische Werte. Im geschichtlichen Bereich standen wichtige historische Ereignisse im Mittelpunkt, die den Aufbau und die Entwicklung der eigenen Nation und ihrer fundamentalen Werte betrafen.

Da die klassischen Werke der westlichen Literatur fast alle von weißen europäischen Männern geschrieben wurden, erhoben die Linken die „Fahne" der Multikulturalität und des Feminismus und bestehen nun darauf, dass auch Literatur von Frauen und von Menschen verschiedener Hautfarbe und anderen gelesen werden müsse. Im Geschichtsunterricht wird der historische Weg eines Landes bevorzugt in einem düsteren Licht dargestellt, voll von Sklaverei, Ausbeutung der Frauen und anderen Minderheiten. Es geht nicht mehr darum, sich des traditionellen Erbes zu erinnern, sondern ein Schuldgefühl gegenüber Frauen und Minderheiten zu vermitteln.

Menschen haben nur eine begrenzte Zeit zum Lesen. Wenn

Bildung absichtlich so gestaltet wird, dass „politisch korrekte Bücher" hervorgehoben werden, dann wird damit auch die Zeit reduziert, die ein Mensch zum Lesen der klassischen Werke hat. Das Ergebnis ist, dass Generationen von Schülern vom Ursprung ihrer Kultur getrennt wurden, vor allem von dem Wertesystem, das aus dem religiösen Glauben einer Kultur stammt und durch diese Kultur weitergegeben wird. Die Kultur jeder einzelnen Nation stammt von Gottheiten. Sie kann vielfältig und unterschiedlich sein, aber darf nicht vermischt werden. Das Vermischen von Kulturen bedeutet die Zerstörung der Verbindung zwischen der Nation, zu der die Kultur gehört und den Gottheiten, die sie erschaffen haben.

g) Lehrbücher und Geisteswissenschaften monopolisieren

Der Wirtschaftswissenschaftler Paul A. Samuelson beschrieb die Macht der Lehrbücher einmal so: „Es interessiert mich nicht, wer die Gesetze des Landes verfasst – oder die bedeutenden Verträge macht –, wenn ich die Lehrbücher der Wirtschaftswissenschaften schreiben kann." [44] Lehrbücher, die in großer Anzahl im Umlauf sind und als maßgebend gelten, können einen enormen Einfluss auf Studenten ausüben. Wer auch immer die Lehrbücher schreibt, hat die Macht, den sensiblen Geist der jungen Menschen zu formen.

Nachdem radikale Wissenschaftler und Professoren an Universitäten angestellt worden waren und sich einen Namen gemacht hatten, übernahmen sie die Kontrolle über die Universitätsverlage und -ausschüsse. Sie benutzten ihre Macht, um ihre Ideologien in den Lehrmaterialien unterzubringen und zwangen ihre Schüler und Studenten, sie zu lernen. In einigen akademischen Bereichen enthalten die von den Professoren ausgewählten Lehrbücher und ihre Pflichtliteratur mehr Werke des Marxismus als jeder anderen Denkrichtung. Das bereits erwähnte Buch „Eine Geschichte des amerikanischen Volkes" von Howard Zinn gehört in vielen Studiengängen von Geschichte, Wirtschaft, Literatur und Frauenforschung zur Pflichtlektüre.

Sobald genug linksdenkende Akademiker vorhanden waren, konnten sie den „Peer-Review-Mechanismus" der akademischen Gemeinschaft der USA nutzen, um Menschen mit anderen Meinungen zu unterdrücken. Ein Artikel oder wissenschaftlicher Beitrag, der linke Weltanschauungen infrage stellt, wird von den Linken und ihren Kollegen zwangsläufig abgelehnt.

Viele Zeitschriften im Bereich der Geisteswissenschaften betrachten die „kritische Theorie" als Leitlinie und enthalten viele obskure Fachausdrücke. Im Kern geht es stets darum, alles Göttliche zu verneinen, die traditionelle Kultur abzulehnen und Revolutionen anzuregen, um die gegenwärtige soziale, politische und wirtschaftliche Ordnung zu stürzen. Es gibt eine Kategorie von „Wissenschaften", die beweisen soll, dass alle traditionellen Moralvorstellungen und Standards, einschließlich des wissenschaftlichen Fortschritts, nur soziale Konstrukte sind. Ihr Zweck sei, die Macht der herrschenden Klasse zu sichern, indem sie ihre Normen der gesamten Gesellschaft aufzwingen.

Im Jahr 1996 veröffentlichte Alan Sokal, Physikprofessor an der Universität New York, einen Artikel in der kulturwissenschaftlichen Zeitschrift *Social Text* der Duke University. Der Artikel trug den Titel „Transgressing the Boundaries: Towards a Transformative Hermeneutics of Quantum Gravity" (auf Deutsch: Die Grenzen überschreiten: Auf dem Weg zu einer transformativen Hermeneutik der Quantengravitation). Sokal verwendete darin 109 Fußnoten und 219 Quellen, um zu belegen, dass „Quantengravitation" aus Gesellschaft und Sprache bestehe. [45]

Am selben Tag, an dem der Artikel in *Social Text* erschien, veröffentlichte Sokal eine Erklärung in einer anderen Zeitschrift, der *Lingua Franca*. Dort erklärte er, dass sein Artikel Unsinn und ein physikalisches Experiment gewesen sei. [46]

Während eines Interviews beim Radiosender *All Things Considered* sagte Sokal, dass er sich dazu vom Buch „Higher Superstition" von 1994 hatte inspirieren lassen. In diesem Buch heißt es, dass einige geisteswissenschaftliche Zeitschriften alles veröffentlichen, solange „die richtigen linken Gedanken" darin vorkommen und bekannte linke Denker zitiert werden. Sokal testete dies, indem er seinen wissenschaftlichen Artikel mit linken Ideologien, sinnlosen Zitaten und völligem Unsinn füllte. [47]

Sokal schrieb dazu später: „Die Ergebnisse meines kleinen Experiments zeigen zumindest, dass einige der derzeit angesagten Bereiche der amerikanischen akademischen Linken intellektuell faul geworden sind. Den Herausgebern der ‚Social Text' gefiel mein Artikel, weil ihnen meine Schlussfolgerung gefiel. Und zwar, dass ‚der Inhalt und die Methodik der postmodernen Wissenschaft eine starke intellektuelle Unterstützung für das fortschrittliche politische Projekt' biete. Sie sahen offensichtlich keine Notwendigkeit, die Qualität der Beweise, die Aussagekraft oder zumindest die Relevanz der Argumente in Bezug auf meine vermeintliche Schlussfolgerung zu analysieren." [48]

Sokals satirischer Ansatz verdeutlicht den Mangel an akademischen Prinzipien und Glaubwürdigkeit in den Bereichen der kritischen Theorie und Kulturwissenschaft.

Wenn man sich die Zeitschriftentitel auf den Jahrestagungen großer US-amerikanischer akademischer Verbände ansieht, ist die jahrzehntelange kommunistische Durchdringung in den Sozialwissenschaften deutlich zu erkennen. Die „Modern Language Association" ist mit 25.000 Mitgliedern die größte dieser Gesellschaften. Sie besteht hauptsächlich aus Professoren und Wissenschaftlern auf dem Gebiet der modernen Sprachforschung und -ausbildung. Mehr als Zehntausend Akademiker nehmen regelmäßig an der Jahrestagung des Verbandes teil.

Ein großer Teil der Arbeiten, die auf der Website des Verbandes aufgelistet sind, bewegt sich im ideologischen Rahmen des Marxismus, der Frankfurter Schule, der Dekonstruktion, des Poststrukturalismus und weiterer abwegiger Theorien. Andere bedienen Feminismus, Schwulenforschung, Identitätspolitik und andere radikale Trends. Ähnliche Organisationen, einschließlich der „American Sociological Association", spiegeln die tiefe Durchdringung mit kommunistischem Gedankengut ebenfalls wider, wenn auch in unterschiedlichem Maße.

Die Geisteswissenschaften haben an amerikanischen Universitäten Tradition, einige geisteswissenschaftliche Kurse sind für Studenten aller Studienrichtungen obligatorisch. Heutzutage werden die Pflichtkurse meist von Professoren aus den Bereichen Literatur, Geschichte, Philosophie und Sozialwissenschaften unterrichtet. Der amerikanische Wirtschaftswissenschaftler und Professor Thomas Sowell erklärte dazu, dass Pflichtkurse, wie der Begriff schon sagt, den Studenten keine Wahlmöglichkeit ließen. Studenten können sich dem Einfluss der Dozenten und Professoren nicht entziehen, die den Hörsaal oft dazu benutzen, um ihre linken Ideologien zu verbreiten. Die Lehrenden verwenden als Motivation auch Zensuren, damit die Studenten ihre Ansichten annehmen. Studenten, die es wagen, die Ansichten eines Professors infrage zu stellen, werden mit schlechten Noten bestraft. [49] Die marxistischen Ansichten dieser geistes- und sozialwissenschaftlichen Professoren betreffen nicht nur Studenten in ihren eigenen akademischen Bereichen, sondern nahezu die gesamte Studentenschaft.

Studenten wollen als Erwachsene respektiert werden, aber sowohl ihr Wissen als auch ihre praktischen Erfahrungen sind begrenzt. In dem relativ geschlossenen Umfeld einer

Universität vermuten nur wenige von ihnen, dass ihre renommierten Professoren ihre Unwissenheit und ihr Vertrauen ausnutzen würden, um ihnen eine Reihe völlig falscher und schädlicher Ideologien und Werte zu vermitteln. Eltern zahlen hohe Studiengebühren, damit ihre Kinder die Kenntnisse und Fähigkeiten erlernen, die sie benötigen, um ihren Platz in der Gesellschaft zu finden. Wie könnten sie sich vorstellen, dass ihre Kinder in Wirklichkeit ihrer kostbarsten Jahre beraubt und insgeheim zu Verfechtern radikaler Ideologien erzogen werden, die sie für den Rest ihres Lebens beeinflussen?

Dieses Bildungssystem hat Generation um Generation von Jugendlichen durchlaufen, das vom Geist des Kommunismus stark infiziert wurde. Sie studieren die von Linken verfassten Lehrbücher und verinnerlichen deren verzerrte Theorien – was den Niedergang von Kultur, Moral und Menschlichkeit beschleunigt.

h) „Um-Erziehung“ in den Universitäten: Gehirnwäsche und Zerstörung der Moral

Mit der Zunahme der marxistischen Ideologie an den Universitäten konzentriert sich die Hochschulpolitik seit den 1980er Jahren zunehmend auf die Verhinderung „beleidigender“ Äußerungen, insbesondere wenn es um Frauen oder ethnische Minderheiten geht. Nach Angaben des amerikanischen Professors Donald Alexander Downs führten zwischen 1987 und 1992 etwa 300 Universitäten Richtlinien zur Regulierung der Sprache ein. Sie schufen dabei ein paralegales Verbotssystem, das die Verwendung von Formulierungen verbietet, die in Bezug auf sensible Gruppen und Themen als beleidigend empfunden werden könnten. [50]

Diejenigen, die diese Verbote unterstützen, mögen es gut meinen. Aber ihre Handlungen führen zu einem absurden Ergebnis, da immer mehr Menschen für sich das Recht beanspruchen, auf diese oder jene Weise nicht beleidigt werden zu wollen. Nach dem Gesetz gibt es kein solches Recht. Doch die Verbreitung des Kulturmarxismus macht es jedem möglich, auf irgendeine Weise eine persönliche Verbindung zu einer „unterdrückten Gruppe" herzustellen, sodass er kulturelle Gründe, Hautfarbe, Herkunft, Geschlecht, sexuelle Orientierung oder was auch immer als Begründung anführen kann, sich „beleidigt" zu wähnen. Das Verwaltungspersonal der Universitäten bevorzugt regelmäßig diejenigen, denen es gelingt, sich als Opfer hinzustellen.

Nach der marxistischen Logik sind die Unterdrückten unter allen Umständen moralisch im Recht und viele Menschen wagen es nicht, die Berechtigung ihrer Ansprüche infrage zu stellen. Diese absurde Logik basiert auf der Verdrehung der Maßstäbe zur Beurteilung von dem, was Moral ist. Während sich Gruppenidentitäten und -empfindungen intensivieren (im Leninismus und Stalinismus wird dies als eine „hohe Ebene des Klassenbewusstseins" bezeichnet), verlassen Menschen unbewusst die traditionellen Standards von Gut und Böse und ersetzen sie durch Gruppendenken. Das zeigte sich am deutlichsten in totalitären kommunistischen Staaten, wo das „unterdrückte" Proletariat sogar das Recht erhielt, die landbesitzenden und kapitalistischen „Unterdrücker" zu töten.

Marxistische Kulturwissenschaftler leiteten den Trend ein, willkürliche Behauptungen darüber aufzustellen, ob ein Ausdruck als beleidigend oder diskriminierend anzusehen ist. Um die Definition von Diskriminierung zu erweitern, entwickelten sie eine Reihe neuer Konzepte. Dazu gehören Ideen wie „Mikroaggression", „Triggerwarnungen", „sichere Räume" und so weiter. Die Hochschulleitungen führten entsprechende Richtlinien und obligatorische Schulungen für ihre Mitarbeiter ein, wie beispielsweise Sensibilisierungskurse oder „Vielfaltstrainings".

Der Begriff der „Mikroaggression" bezieht sich auf eine

spontane nonverbale Normüberschreitung, der man im täglichen Leben begegnet, wobei sich die vermeintlichen Verursacher möglicherweise gar keiner Verfehlung bewusst sind. Diese Art der unbeabsichtigten Beleidigung oder Ignoranz wird als „unsensibel" klassifiziert (im Leninismus oder Stalinismus würde dies als geringes soziales Bewusstsein angesehen werden). Sensibilisierungskurse sind deshalb zu einem wichtigen Aspekt zum Studienbeginn geworden. Den Studenten wird gesagt, was nicht gesagt werden darf und welche Kleidung sie nicht tragen dürften, damit sie nicht mit einer Mikroaggression gegen die Hochschulordnung verstoßen.

An einigen Hochschulen darf der Satz „Willkommen in Amerika" nicht gesagt werden, weil er als diskriminierend empfunden und als eine Form der Mikroaggression angesehen wird: Er könnte ethnische Gruppen beleidigen, die in der Vergangenheit in den Vereinigten Staaten ungerecht behandelt wurden, wie z.B. Indianer, Afrikaner, Japaner und Chinesen. Das könnte sie an die demütigende und leidvolle Geschichte ihrer Vorfahren erinnern.

Auf einer langen Liste von Aussagen, die von der Universität von Kalifornien als Mikroaggressionen angesehen werden, steht zum Beispiel: „Die Vereinigten Staaten sind ein Schmelztiegel" (Rassendiskriminierung) [...], „Die Vereinigten Staaten sind ein Land voller Möglichkeiten" [...] und „Männer und Frauen haben die gleichen Erfolgschancen" (Verleugnung von Geschlecht oder ethnischer Ungleichheit). [51] Mikroaggressionen können Disziplinarmaßnahmen nach sich ziehen, da sie die Einrichtung „sicherer Räume" verhindern.

Ein Beispiel für eine typische Mikroaggression ereignete sich auf einem Campus in Indianapolis an der Indiana University – Purdue University. Ein weißer Student verstieß gegen die Hochschulordnung, weil er ein Buch mit dem Titel: „Notre Dame vs. the Klan: How the Fighting Irish Defeated the Ku Klux Klan" (auf Deutsch: [University of] Notre Dame gegen den Klan: Wie die kämpfenden Iren den Ku-Klux-Klan besiegten) las. Ein anderer Student, der für die Hochschule arbeitete, fand die Fotos des Ku-Klux-Klans auf dem Cover des Buches unpassend. Das Korrekturbüro des Instituts war der Meinung, dass der Student damit gegen die Regeln zum Verbot der Rassendiskriminierung verstoßen hätte. Erst nachdem der Student Einspruch erhob und Unterstützung durch andere Gruppen bekam, ließ die Universität die Sanktionen gegen ihn fallen. [52]

Sensibilisierungstrainings und „Vielfaltstrainings" sind in ihrer Art mit den Umerziehungsprogrammen der ehemaligen Sowjetunion und denen in China vergleichbar. Das Ziel der Umerziehung ist, das kommunistische System der Klassen zu stärken: Die „Bourgeoisie" und die „Klasse der Eigentümer" (oder gleich insgesamt die „weißen Männer") müssen ihre Erbsünde als Mitglieder der herrschenden Klasse erkennen, und die angeblich unterdrückten Gruppen müssen gleichzeitig das „richtige Verständnis" über die „bürgerliche Kultur" entwickeln. Sie werden unter Druck gesetzt, ihre „verinnerlichte Unterdrückung" zu beseitigen, damit sie ihre „bedrückenden Bedingungen" erkennen können. Das ist mit der feministischen Bildung vergleichbar, die Frauen lehren soll, Weiblichkeit und die traditionelle Rolle der Frau als ein Konstrukt des Patriarchats zu betrachten.

Nach der marxistischen Klassenanalyse ist das Persönliche politisch: Es wird als falsch angesehen, ein Problem aus dem Blickwinkel des definierten Unterdrückers zu verstehen. Um die Weltanschauung zu reformieren und der marxistischen Ideologie vollständig zu folgen, werden daher Worte und Taten, welche zum Ausdruck bringen, dass sie die Unterdrückung der Klassen oder den Klassenkampf in Zweifel ziehen, hart bestraft. Das Sensibilisierungstraining soll „soziale Ungerechtigkeit" vollständig aufdecken und den Standpunkt der „unterdrückten Gruppen" (Frauen, ethnische Minderheiten, Homosexuelle usw.) neu definieren.

So verlangte die Northwestern University 2013 von allen Studierenden, vor ihrem Abschluss einen Kurs über Diversität/Vielfalt zu belegen. Nach Angaben der Universität wären die Studenten nach Abschluss des Kurses in der Lage, „ihre Fähigkeit zum kritischen Denken zu erweitern" (Lernen, eine gesellschaftliche Klasse zu bestimmen), „die eigene Position in einem ungerechten System zu erkennen" (die Zugehörigkeit zu ihrer Klasse und deren Merkmale erkennen) und ihre „eigene Macht und Privilegien" zu überdenken (um sich in die Lage der „unterdrückten Klasse" versetzen zu können). [53]

Ein weiteres typisches Beispiel ist das ideologische Umerziehungsprogramm der Universität von Delaware, das 2007 begann. Dieses Programm, das als „Behandlung" wegen falscher Einstellungen und Überzeugungen bezeichnet wird, wurde für 7.000 Schüler verbindlich vorgeschrieben. Erklärtes Ziel war es, die Studierenden dazu zu bringen, festgelegte Perspektiven zu Themen wie Politik, Rasse, Geschlecht und Umweltschutz zu akzeptieren.

Die studentischen Hilfskräfte der Universität waren verpflichtet, mit den Studenten einen persönlichen Fragebogen durchzugehen, in dem beispielsweise unter anderem gefragt wurde, mit welchen Rassen und Geschlechtern sie ausgehen würden. Ziel war es, die Studenten dazu zu bringen, offener für Verabredungen mit Menschen außerhalb ihrer Gruppen zu werden. Als eine Assistentin eine Studentin fragte, wann sie ihre Genderidentität entdeckt habe (die auch im Gegensatz zum biologischen Geschlecht stehen kann), sagte die Studentin, dass sie dies nichts angehe. Die Assistentin meldete sie der Universitätsverwaltung. [54]

Diese massenhafte und gezielte politische Indoktrination vermischt nicht nur die Standards hoher moralischer Werte, sondern stärkt auch in erheblichem Maße Egoismus und Individualismus. Die Jugendlichen lernen, dass sie die stark politisierten Gefühle einer Gruppe (Identitätspolitik) nutzen können, um ihre persönlichen Wünsche und Ziele zu erreichen. Indem man sich einfach als Mitglied einer Gruppe bezeichnet, die angeblich unterdrückt wird, kann man andere beliebiger Verfehlungen beschuldigen und bedrohen oder diese Identität zum persönlichen Nutzen einsetzen. Wenn die Meinungen anderer Menschen nicht mit der eigenen übereinstimmen, könnten sie eine Straftat darstellen und der Universität gemeldet werden, was das Recht dieser Personen auf freie Meinungsäußerung einschränkt. Einige, die bestimmte Ideen in konservativen Schülerzeitungen nicht mögen, halten es vielleicht sogar für angemessen, die Publikationen verbrennen zu lassen.

Ob man beleidigt ist oder nicht, ist eigentlich eine Frage des subjektiven Gefühls, aber heutzutage werden im universitären Bereich auch Gefühle als objektive Beweise gewertet. Es ist schon so weit gekommen, dass Universitätsprofessoren ständig um den heißen Brei herumreden müssen. Seit Kurzem fordern Studenten an vielen Universitäten, dass Professoren vor der Vermittlung bestimmter Inhalte erst sogenannte „Triggerwarnungen" geben müssen, weil einige Diskussionsthemen oder Bücher negative emotionale Reaktionen hervorrufen könnten. In den letzten Jahren landeten auch Werke wie Shakespeares „Der Kaufmann von Venedig" und „Die Metamorphosen" des römischen Dichters Ovid auf der Liste der Literatur, für die „Triggerwarnungen" erforderlich sind. Einige Universitäten empfehlen sogar, Tätigkeiten, welche die Emotionen einiger Studenten triggern könnten, so weit wie möglich zu vermeiden. [55]

Viele Schüler und Jugendliche, die in so einer Umgebung aufwachsen, fühlen sich schnell in ihrem Ego getroffen und versuchen alles, um jede mögliche „Beleidigung" und jedes unangenehme Gefühl zu vermeiden. Die Gruppenidentität (d.h. eine andere Form des im Kommunismus gepredigten „Klassenbewusstseins"), die an den Schulen und Hochschulen gefördert wird, lässt Lernende das unabhängige Denken und die persönliche Verantwortung ignorieren. Wie die radikalen Studenten der 1960er Jahre, die heute die Professoren dieser Studenten sind, lehnen sich auch diese Studenten gegen die Traditionen auf. Sie schwelgen in ihrer verwirrten sexuellen Promiskuität, in Alkohol- und Drogenabhängigkeit. Ihre Sprache ist voll von Schimpfwörtern. Doch hinter ihrer Verachtung der weltlichen Gepflogenheiten stehen zerbrechliche Herzen und Seelen, die nicht in der Lage sind, den geringsten Schicksalsschlag oder gar einen Rückschlag auszuhalten, geschweige denn wirkliche Verantwortung zu übernehmen.

Traditionelle Bildung fördert Selbstbeherrschung, selbständiges Denken, Verantwortungsbewusstsein und Verständnis für andere. Das Gespenst des Kommunismus will hingegen nichts Geringeres, als dass die nächste Generation ihre moralische Einstellung völlig aufgibt und zu kopflosen Sklaven seiner Herrschaft über die Welt wird.

2. Kommunistische Elemente in der Grund- und Sekundarstufe

Obwohl der Kommunismus auf Hochschulniveau am einflussreichsten ist, beeinflusst er genauso die Schulbildung der Grund- und Sekundarstufe. Er verwendet eine Vielzahl von Tricks, um die Reife von Kindern zu untergraben, sie zu verdummen und in der Schule schlechter werden zu lassen. Dadurch werden sie anfälliger für die linken Faktoren im Schulsystem. Es bewirkt, dass Generationen von Schülern immer weniger Kenntnisse und ein geringeres Vermögen zur Meinungsbildung, zur Reflexion und zum systematischen Denken haben. Dieser Trend verstärkt sich seit über hundert Jahren. Der amerikanische Philosoph und Pädagoge John Dewey (1859-1952) löste den Trend der Reformpädagogik aus. Die späteren Bildungsreformen folgten in der Regel dieser Richtung.

Neben der Vermittlung von Atheismus, Evolutionstheorie und kommunistischer Ideologie beschäftigt sich die Grund- und Sekundarschule in den Vereinigten Staaten mit psychologischer Manipulation, welche die traditionellen Überzeugungen und Moralvorstellungen der Schüler zerstört. Diese vermittelt moralischen Relativismus und moderne Konzepte, welche eine verdorbene Einstellung zum Leben transportieren. Dies geschieht in allen Bereichen des Bildungssystems. Die ausgeklügelten Maßnahmen machen es den Kindern, den Jugendlichen und der Öffentlichkeit fast unmöglich, sich gegen den Abwärtstrend zu wehren.

a) Die Verdummung der Schüler

Die Vereinigten Staaten sind ein demokratisches Land. Angefangen von Präsidenten bis hin zu Gesetzgebern, Bürgermeistern und Vertretern der Ausschüsse der Schulbezirke, werden alle öffentlichen Repräsentaten von Wählern gewählt. Ob demokratische Politik so durchgeführt werden kann, dass sie für alle wirklich von Vorteil ist, hängt nicht nur von der moralischen Ebene der Menschen ab, sondern auch von ihrem Wissensstand und ihren Fähigkeiten. Wenn Wähler nicht über die notwendigen Kenntnisse in Geschichte, den politischen und ökonomischen Gesetzen sowie den gesellschaftlichen Angelegenheiten verfügen, werden sie es schwer haben, ihre Aufgabe zu erfüllen. Sie müssen vernünftige Vertreter wählen, die ihre Entscheidungen auf der Grundlage der langfristigen und fundamentalen Interessen des Landes und der Gesellschaft treffen. Versagen sie dabei, bringen sie das Land in eine gefährliche Situation.

Im Jahr 1983 verfassten Experten nach 18 Monaten Forschung im Auftrag des US-Bildungsministeriums die Studie „A Nation at Risk“ (auf Deutsch: Eine Nation in Gefahr). Die Autoren schreiben unter anderem: „Damit unser Land funktionieren kann, müssen die Bürger in der Lage sein, sich in komplexen Fragen zu einigen, oft kurzfristig und auf der Grundlage widersprüchlicher oder unvollständiger Erkenntnisse. Bildung hilft, dieses gemeinsame Verständnis zu entwickeln. Dies ist ein Punkt, den Thomas Jefferson vor langer Zeit in seinem zu Recht berühmten Ausspruch formulierte: ‚Ich kenne keine sicherere Grundlage, um die höchste Macht der Gesellschaft gewissenhaft auszuüben, als die Menschen selbst; und wenn wir denken, dass diese nicht gebildet genug sind, um ihre Verantwortung mit gesundem Menschenverstand auszuüben, ist das geeignete Mittel nicht, ihnen diese zu entziehen, sondern ihre Urteilsfähigkeit zu erhöhen.'"

Menschen mit geringem Wissen und schlechter Kritikfähigkeit sind nicht in der Lage, Lügen und Betrügereien zu durchschauen. Die Bildung spielt eine entscheidende Rolle. Indem kommunistische Denkweisen und Faktoren in alle Ebenen des Bildungssystems eindringen, werden die Schüler dümmer, kritiklos und ignorant und damit anfälliger für Manipulationen.

Die Studie „A Nation at Risk" erläutert weitere Punkte: „Die Bildungsgrundlagen unserer Gesellschaft werden derzeit durch eine wachsende Flut von Mittelmäßigkeit untergraben, was dazu führt, dass unsere Zukunft als Nation und als Volk gefährdet ist." [...] „Wenn eine feindliche ausländische Regierung versucht hätte, Amerika die mittelmäßige Bildungsleistung, die heute existiert, aufzuzwingen, hätten wir das vielleicht als Kriegshandlung betrachten müssen." [...] „Wir haben sogar die Erfolge der Schüler, die im Zuge der Sputnik-Herausforderung erzielt wurden, verspielt. Darüber hinaus haben wir wesentliche Förderprogramme abgebaut, die dazu beigetragen hätten, diese Fortschritte zu ermöglichen. Wir haben in der Tat einen Akt der undenkbaren, einseitigen Bildungsabrüstung vollzogen." [56]

Der Bericht zitiert den Analysten Paul Copperman: „Zum ersten Mal in der Geschichte unseres Landes werden die schulischen Fähigkeiten einer Generation die ihrer Eltern nicht übertreffen, nicht gleichwertig sein und sich ihnen nicht einmal annähern."

Der Bericht verweist auf einige schockierende Erkenntnisse: Neben den Zensuren der Schüler der USA, die bei internationalen Prüfungen oft am unteren Ende zu finden sind, sind 23 Millionen amerikanische Erwachsene funktionale Analphabeten. Das heißt, sie verfügen nur über die grundlegendsten Lese- und Schreibfähigkeiten und sind nicht in der Lage, die Anforderungen eines komplexen modernen Lebens und Arbeitens zu erfüllen. Der Anteil der funktionalen Analphabeten liegt bei den 17-Jährigen bei 13 Prozent und kann bei den Minderheiten 40 Prozent erreichen. Von 1963 bis 1980 verringerten sich die Noten beim Scholastic Aptitude Test (SAT; Schuleignungstest), und zwar gingen dabei die mittleren sprachlichen Leistungen um mehr als 50 Punkte und die mittleren mathematischen Fähigkeiten um fast 40 Punkte zurück.

„Viele 17-Jährige verfügen nicht über die intellektuellen Fähigkeiten einer höheren Stufe, die wir von ihnen erwarten dürften. Fast 40 Prozent können keine Schlussfolgerungen aus schriftlichem Material ziehen, nur ein Fünftel kann einen überzeugenden Aufsatz schreiben, und nur ein Drittel kann eine Rechenaufgabe lösen, die mehrere Schritte erfordert." [57]

In den 1980er Jahren begannen Experten des amerikanischen Bildungswesens mit ihrer „Back to Basics"-Kampagne – aber hat sie geholfen, den Niedergang der amerikanischen Bildung aufzuhalten? Mark Bauerlein, Professor für Englisch an der Emory University in Atlanta im US-Bundesstaat Georgia veröffentlichte im Jahr 2008 das Buch „The Dumbest Generation". Das erste Kapitel des Buches bündelt die Ergebnisse von Untersuchungen und Umfragen des Bildungsministeriums und von nichtstaatlichen Organisationen. Es fasst die Wissenslücken amerikanischer Studenten in Geschichte, Politik, Mathematik, Naturwissenschaften, Technologie, bildender Kunst und anderen Bereichen zusammen. In der Geschichtsprüfung des „National Education Progress Assessments" (NEAP) im Jahr 2001 erreichten 57 Prozent der Schüler die Bewertung „unter dem Durchschnitt" und nur ein Prozent die Bewertung „Oberstufenniveau". Überraschenderweise nannten 52 Prozent der Jugendlichen auf die Frage, welches Land im Zweiten Weltkrieg der Verbündete der USA war, Deutschland, Japan und Italien anstelle der Sowjetunion. Auch die Ergebnisse in anderen Bereichen waren enttäuschend. [58]

Der Rückgang der Qualität der Bildung in den Vereinigten Staaten ist für alle offensichtlich. Seit den 1990er Jahren taucht der Begriff „Verdummung" (dumbing down) in vielen Büchern über die amerikanische Bildung auf. „Verdummung" ist zu einem Problem geworden, das amerikanische Pädagogen nicht mehr umgehen können. John Taylor Gatto, ein Oberlehrer und Bildungsforscher in New York City, schrieb:

„Nimm ein Mathematik- oder Sprachlehrbuch der fünften Klasse von 1850 in die Hand und du wirst sehen, dass die damals verfassten Texte das heutige Hochschulniveau darstellen." [59]

Um zu vermeiden, dass das amerikanische Bildungssystem schlecht dasteht, musste der „Educational Testing Service" (ETS) 1994 die Punktzahl der Aufnahmeprüfungen für Hochschulen, der SAT-Test, neu festlegen. Als die Aufnahmeprüfungen 1941 in der heutigen Form begannen, lag die durchschnittliche Punktzahl der Sprachprüfung bei 500 Punkten (die Bestnote entspricht 800 Punkte). In den 1990er Jahren sank der Durchschnittswert auf 424 Punkte. So definierte der „Educational Testing Service" die diesem Wert von 424 Punkten entsprechende Leistung neu für 500 Punkte. [60]

Der Rückgang der Bildungsqualität spiegelt sich nicht nur in der Abnahme der Lesefähigkeit der Schüler wider;

aufgrund der Lücken bei den Grundkenntnissen ist gerade die Fähigkeit zum kritischen Denken bei amerikanischen Schülern stark zurückgegangen. Der Ökonom Thomas Sowell wies in den 1990er Jahren auf Folgendes hin:

„Es ist nicht nur so, dass Johnny nicht lesen kann oder sogar, dass Johnny nicht denken kann. Johnny weiß nicht, was Denken bedeutet – weil das Denken in vielen Schulen so oft mit Gefühl verwechselt wird." [61]

Im Gegensatz zu den rebellischen Studentenführern in den 1960er Jahren, die eloquent sprechen konnten, können die heutigen Jugendlichen, die an Demonstrationen teilnehmen und von Fernsehreportern interviewt werden, ihre Forderungen selten klar formulieren. Es fehlt ihnen an grundlegendem gesundem Menschenverstand und Vernunft.

Der Grund für den Rückgang der Noten ist nicht, dass die Schüler heute nicht mehr so intelligent sind wie früher. Der Grund ist, dass der Kommunismus in aller Stille einen Krieg gegen die nächste Generation führt und das Bildungssystem als Waffe benutzt. Charlotte Thomson Iserbyt, eine hochrangige Beraterin des US-Bildungsministeriums und Autorin von „The Deliberate Dumbing Down of America: A Chronological Paper Trail" (auf Deutsch: Der beabsichtigte Absturz Amerikas: Eine Chronologie), sagte in den 1980er Jahren:

„Der Grund, warum die Amerikaner diesen Krieg nicht verstehen, ist, dass er im Geheimen durchgeführt wird – in den Schulen unserer Nation, um unsere Kinder zu erreichen, die in den Klassenzimmern gefangen sind." [62]

b) Die zerstörerische Natur der Reformpädagogik

Mit der Reformpädagogik des frühen 20. Jahrhunderts begann an den amerikanischen Grund- und Mittelschulen die Abkehr von den Traditionen. Die nachfolgenden Generationen von reformorientierten Lehrern haben eine Reihe von

Pseudotheorien und Diskussionen erfunden, die dazu dienten, die Lehrpläne zu ändern, die Lehrmaterialien auszudünnen und die akademischen Standards zu senken. Dies hat der traditionellen Bildung erheblichen Schaden zugefügt.

Von Jean-Jacques Rousseau zu John Dewey

John Dewey (1859-1952) ist der Vater der amerikanischen Reformpädagogik, er wurde maßgeblich von den Ideen des französischen Philosophen Jean-Jacques Rousseau aus dem 18. Jahrhundert beeinflusst.

Rousseau glaubte, dass die Menschen von Natur aus gut und dass nur soziale Widrigkeiten für ihren moralischen Verfall verantwortlich seien. Er sagte, dass alle Menschen bei ihrer Geburt frei und gleich seien und in einem natürlichen Umfeld jeder seine angeborenen Rechte genießen würde. Er behauptete, dass Ungleichheit, Privilegien, Ausbeutung und der Verlust der angeborenen Freundlichkeit des Menschen Ergebnisse der Zivilisation seien. Für Kinder befürwortete Rousseau ein Modell der „natürlichen Erziehung", bei der die Kinder sich selbst überlassen werden. Diese Art der Bildung sollte frei von religiöser, moralischer oder kultureller Erziehung sein.

Tatsächlich ist jeder Mensch sowohl mit Barmherzigkeit als auch mit Boshaftigkeit ausgestattet. Wenn die Barmherzigkeit nicht gefördert wird, werden die schlechten Aspekte der menschlichen Natur so weit dominieren, dass die Menschen keine Mittel für zu niederträchtig und keine Sünde für zu böse halten, um sich ihrer nicht zu bedienen. Mit seiner eleganten Rhetorik zog Rousseau viele irregeleitete Mitstreiter an sich. Die verheerenden Auswirkungen seiner pädagogischen Theorie auf die westliche Bildung können kaum überschätzt werden.

Etwa ein Jahrhundert später setzte Dewey dort an, wo Rousseau aufgehört hatte und setzte sein zerstörerisches Werk fort.

Laut Dewey, der von Darwins Evolutionstheorie beeinflusst wurde, sollten Kinder von der traditionellen Vormundschaft der Eltern, der Religion und der Kultur befreit und entwöhnt werden. Die Kinder sollten die Freiheit erhalten, sich auf ihre Weise an die jeweiligen Bedingungen anzupassen. Dewey war ein Pragmatiker und moralischer Relativist. Er glaubte, dass es keine unumstößliche Moral geben würde. Seiner Meinung nach wären Menschen völlig frei, sie könnten tun und lassen, was sie wollten und sich so verhalten, wie sie es für richtig hielten. Das Konzept des moralischen Relativismus ist ein erster maßgeblicher Schritt, um die Menschheit von den durch die Gottheiten festgelegten moralischen Prinzipien wegzuführen.

Dewey war einer von 33 Personen, die das 1933 verfasste „Humanistische Manifest" namentlich unterzeichnet hatten. Im Gegensatz zu den Humanisten der Renaissance ist der Humanismus des 20. Jahrhunderts in seinem Kern eine Art „weltlicher Religion", die im Atheismus verwurzelt ist. Basierend auf modernen Konzepten wie dem Materialismus und der Evolutionstheorie betrachtet dieser den Menschen als eine Maschine oder die Summe der in Menschen ablaufenden biochemischen Prozesse.

Das Ziel der Bildung in diesem Zusammenhang ist es, Menschen nach den Wünschen des Lehrers zu gestalten und zu lenken – was sich nicht grundlegend von dem durch Marx beschriebenen „neuen sozialistischen Menschen" unterscheidet. Dewey selbst war ein demokratischer Sozialist.

Der amerikanische Philosoph Sidney Hook (1902-1989) sagte: „Dewey versorgte den Marxismus mit der Erkenntnistheorie und Sozialphilosophie, die Marx zur Hälfte von sich aus erkannt und zur Hälfte in seinen frühen Werken skizziert, aber nicht deutlich ausgedrückt hatte." [63]

Im Jahr 1921, als der Bürgerkrieg in Russland tobte, fanden die Sowjets die Zeit, eine 62-seitige Broschüre mit Auszügen aus Deweys Schrift „Democracy and Education" (auf Deutsch:

Demokratie und Erziehung) zu drucken. Im Jahr 1929 schrieb der Rektor der Zweiten Staatlichen Universität Moskau, Albert P. Pinkerich: „Dewey kommt Marx und den russischen Kommunisten unendlich nahe." [64] Der Biograf Alan Ryan schrieb, dass Dewey „die intellektuellen Waffen für einen annehmbaren sozialdemokratischen, nicht-totalitären Marxismus lieferte". [65]

Reformpädagogen verbergen nicht im Geringsten ihr Ziel, die Einstellung der Schüler zum Leben zu verändern. Um dieses Ziel zu erreichen, haben sie alle Aspekte des Lernens, einschließlich der Klassenstruktur, der Unterrichtsmaterialien und -methoden sowie der Beziehung zwischen Lehrern und Schülern auf den Kopf gestellt. Der Schwerpunkt der Erziehung verlagerte sich vom Lehrer auf die Schüler oder die Kinder. Persönliche Erfahrungen werden als qualitativ besser angesehen als das Wissen aus Büchern. Lehrveranstaltungen rückten gegenüber Projekten und Aktivitäten in den Hintergrund.

Die konservative US-amerikanische Zeitschrift *Human Events* listet Deweys Buch „Democracy and Education" auf Platz fünf der zehn schädlichsten Bücher des 19. und 20. Jahrhunderts. Sie stellt fest, dass Dewey „... die Schulbildung, die sich auf die traditionelle Charakterentwicklung konzentrierte und die Kinder mit solidem Wissen ausstattete, herabsetzte. Er förderte stattdessen im Unterricht die ‚Fähigkeiten' des Denkens ohne Grundkenntnisse." [66]

Kluge Kritiker haben es sich von Anfang an zu ihrer Aufgabe gemacht, die Reformpädagogik zu thematisieren. Das Buch „And Madly Teach: A Layman Looks at Public School Education" (auf Deutsch etwa: Und Madly Teach: Eine Laie betrachtet die öffentliche Schulbildung) aus dem Jahr 1949 war eine präzise und umfassende Widerlegung der wichtigsten Grundsätze der Reformpädagogik. [67] Reformpädagogen weisen ihre Kritiker als „Reaktionäre" ab und nutzen verschiedene Mittel, um sie zu unterdrücken oder zu ignorieren.

Dewey war über fünfzig Jahre als fest angestellter Professor an der Universität von Columbia tätig. Während Dewey die Lehrerausbildung leitete, wurde mindestens ein Fünftel aller Studenten, die als Lehrer für Grund- und Mittelschulen oder mit einem höheren Abschluss die Universität von Columbia verließen, durch ihn ausgebildet. [68] Seither hat sich die Reformpädagogik über die Grenzen der Vereinigten Staaten hinaus verbreitet.

Schüler verwöhnen

Nach Rousseaus Erziehungstheorie werden die Menschen gut und frei geboren, aber von der Gesellschaft verdorben. Daher sei es die beste Erziehungsmethode, den Kindern freien Lauf und sie ihrer launenhaften Entwicklung folgen zu lassen.

Unter dem Einfluss des Konzepts von Rousseau greifen Reformpädagogen seit Dewey oft diese Art von Ideen auf: Man sollte den Schülern die Werte der Eltern oder der Lehrer nicht aufzwingen; beim Heranwachsen sollten die Kinder ihre eigenen Urteile und Entscheidungen treffen. Der englische Dichter Samuel Taylor Coleridge gab dieser Sichtweise in einer Geschichte einst elegant folgende Antwort:

Thelwall fand es sehr ungerecht, den Geist eines Kindes zu beeinflussen, indem man ihm irgendwelche Meinungen einflößt, bevor er die Volljährigkeit erreicht hat und in der Lage sein sollte, für sich selbst zu entscheiden. Ich zeigte ihm meinen Garten und sagte ihm, es sei mein botanischer Garten. „Wie denn?“, sagte er, „er ist voller Unkraut.“ „Oh“, antwortete ich, „nur weil er noch nicht die Volljährigkeit erreicht hat und noch nicht der Zeitpunkt seiner eigenen Entscheidungen gekommen ist. Das Unkraut, das du siehst, hat sich die Freiheit genommen zu wachsen, und ich fand es ungerecht, das Unkraut gegenüber den Rosen und den Erdbeeren zu benachteiligen.“ [69]

Der kluge Dichter nutzte eine Analogie, um seinem Freund

das Prinzip zu vermitteln: Ethik und Weisheit müssen, wie bei der Gartenarbeit, mühsam gepflegt werden. Wenn man einen Garten nicht beaufsichtigt, verwildert er. Kinder einfach sich selbst zu überlassen, gleicht einer Übergabe an die immerwährenden Kräfte des Bösen. Es handelt sich um extreme Fahrlässigkeit und Verantwortungslosigkeit. Gut und Böse sind in der menschlichen Natur gleichermaßen vorhanden. Obwohl Kinder im Vergleich zu erwachsenen Menschen schlichter und reiner sind, sind sie auch anfällig für Bequemlichkeit und Trägheit, Neid, Streitereien, Kampfgeist, Egoismus und andere schlechte Eigenschaften. Die Gesellschaft ist wie ein großer „Farbeimer". Wenn Kinder mit ihren angeborenen schlechten Eigenschaften (neben den guten) nicht richtig erzogen werden, dann werden sie, wenn sie volljährig geworden sind, längst durch schlechte Gedanken und schlechte Gewohnheiten verdorben sein. Sie dann zu erziehen, kommt zu spät.

Dieses „Verwöhnen" der Schüler erreichte seinen Höhepunkt in dem 1960 in Summerhill veröffentlichten pädagogischen literarischen Werk „Ein radikaler Ansatz für die Bildung". Der Autor des Buches, A.S. Neill, gründete 1921 ein englisches Internat, die Summerhill School, welche Kinder im Alter von 6 bis 16 Jahren aufnahm. Diese Schule gab den Kindern völlige Autonomie. Die Kinder konnten entscheiden, ob sie überhaupt in den Unterricht gehen wollten oder nicht. Sie konnten auch entscheiden, ob sie in diese oder lieber in eine andere Klasse gehen wollten. Neills Bildungsverständnis wurde stark von Wilhelm Reich, einem Philosophen der Frankfurter Schule, beeinflusst. Dieser war ein energischer Verfechter der sexuellen Freiheit, und die beiden pflegten einen intensiven Briefwechsel.

Neben der wissenschaftlichen Bildung war diese Schule auch extrem nachlässig in Bezug auf Ethik, Disziplin sowie die Beziehungen zwischen Mann und Frau. Alle ihre Werte waren antitraditionell. Jungen und Mädchen konnten sich locker zu einem Date treffen oder zusammenleben, was die Schule geschehen ließ oder sogar förderte. Neill erlaubte Mitarbeitern und Schülern, nackt und gemeinsam in einem Freibad zu schwimmen. Sein 35-jähriger Stiefsohn lehrte Keramische Kunst und brachte oft ältere Mädchen mit nach Hause. [70]

In seinem Buch schreibt Neill: „Jeder ältere Schüler von Summerhill weiß aus meinen Gesprächen und meinen Büchern, dass ich ein erfülltes Sexualleben für alle befürworte, die es sich wünschen, unabhängig von ihrem Alter." [71] Er deutete sogar an, dass er, wenn es nicht gesetzlich verboten wäre, Jungen und Mädchen erlaubt hätte, miteinander zu schlafen. [72] Als „Summerhill" veröffentlicht wurde, wurde es schnell zu einem Bestseller. Allein in den 1960er Jahren verkaufte es sich über drei Millionen Mal und wurde zu einem „Klassiker", den die Dozenten der Lehrerausbildung ihre Studenten lesen lassen mussten.

Ein altes chinesisches Sprichwort besagt: „Ein strenger Lehrer bringt erstklassige Schüler hervor." In westlichen Ländern haben Menschen mit Fachwissen und Erfahrung auch festgestellt, dass strenge Lehrer bessere Ergebnisse im Unterricht erzielen. Sie haben außerdem einen positiveren Einfluss auf das Verhalten ihrer Schüler. [73]

In den Vereinigten Staaten und anderen westlichen Ländern wurden unter dem Einfluss von Progressivismus und Bildungsfreiheit bedauerlicherweise Gesetze erlassen, welche den Spielraum der Eltern und Lehrer im Umgang mit Schülern einschränken. Dies hat dazu geführt, dass Lehrer Angst haben, Schüler im Unterricht zu tadeln. Die schlechten Gewohnheiten der Schüler werden nicht rechtzeitig korrigiert. Dies führt zu einem markanten Rückgang ihres moralischen Verhaltens und ihrer schulischen Leistungen.

Schülerzentrierte Bildung

Die wichtigste Funktion der Bildung ist die Erhaltung und Weitergabe der traditionellen Kultur der Menschheitsgeschichte. Die Lehrer sind die Schlüsselfiguren, welche die Vergangenheit zum Wohle der Zukunft zusammenfügen. „Ein Lehrer soll das Dao weitergeben, die Lehren vermitteln und Unklarheiten beseitigen“, so lautet ein chinesisches Sprichwort. Deweys reformpädagogisches Denken entzog den Lehrern ihre Autorität und entwertete ihre Wichtigkeit. Diese Haltung ist gegen die Vernunft und gegen den gesunden Menschenverstand – im Grunde genommen gegen die Bildung selbst.

Die Befürworter der Reformpädagogik behaupten, dass der Unterricht den Schüler in den Mittelpunkt stellen, ihn selbstständig erkunden und seine eigenen Antworten finden lassen muss. Doch der Inhalt traditioneller Lehrbücher war eine Zusammenstellung von Tausenden von Jahren menschlicher Zivilisation. Wie kann das von jungen und unwissenden Schülern so rasch durchdrungen werden? Die oftmals nicht erkannte Absicht der Reformpädagogik ist es, die Schüler von ihrer Bindung an die traditionelle Kultur zu trennen. Die Nichtakzeptanz der Autorität der Lehrer im Bildungsprozess ist eine Verneinung ihrer Rolle bei der Weiterführung des gesellschaftlichen Wissens. Das ist das hinterhältige Motiv des Kommunismus.

Daisy Christodoulous „Seven Myths About Education“ (auf Deutsch: Sieben Mythen über die Bildung) analysierte und widerlegte sieben weit verbreitete Irrtümer, darunter die Behauptungen, dass Fakten das Verständnis verhinderten; dass lehrergeführter Unterricht passiv sei; dass der beste Weg zum Lernen Projekte und Aktivitäten seien; dass die Vermittlung von Wissen Indoktrination wäre und anderes. [74] Die meisten dieser Mythen sind Überreste der Reformpädagogik, doch nachdem sie über mehrere Generationen hinweg weitergegeben worden waren, wurden sie zu einer Seuche der Bildungsarbeit. Christodoulou ist Engländerin, und die meisten ihrer Werke verwenden Beispiele aus Großbritannien. Anhand dieses Buches kann man sehen, dass die Konzepte der Reformpädagogik die ganze Welt beeinträchtigt haben.

Nehmen wir zum Beispiel das erste Missverständnis. Die moderne amerikanische Bildung hat die traditionellen Methoden des Auswendiglernens, das Vorlesen und das Üben als „mechanisches Erinnern", „routinemäßiges Erlernen" und „Drill zum Töten" herabgesetzt. Viele kennen diese Argumente. Rousseau attackierte in seinem Roman „Émile" das Auswendiglernen sowie den Frontalunterricht und die von Dewey ausgebildeten Reformpädagogen unterstützten solche Theorien.

Im Jahr 1955 schlug der amerikanische Schulpsychologe Benjamin Samuel Bloom (1913-1999) die weltweit bekannte Bloom-Taxonomie vor, eine von ihm entwickelte sechsstufige Taxonomie der Lernziele im kognitiven Lernbereich (Wissen und intellektuelle Fähigkeiten). Diese sechs Stufen sind von niedrig bis hoch unterteilt: Wissen (Erinnern), Verstehen, Anwenden, Analysieren, Bewerten (Evaluation), Erschaffen (Create). Die letzten drei werden als Denken höherer Ordnung angesehen, da diese Fähigkeiten eine umfassende Analyse erfordern. Wir analysieren nicht die Stärken und Schwächen der Bloom-Klassifikation selbst. Wir weisen lediglich darauf hin, dass seit der Vorstellung dieses Klassifizierungssystems Reformpädagogen unter dem Vorwand, das „höherwertige Denken" zu fördern, den Unterricht in der Schule in Wahrheit schwächen.

Jeder mit einem gesunden Menschenverstand weiß, dass ein bestimmtes Basiswissen die Grundlage für die Bewältigung jeder intellektuellen Aufgabe ist. Ohne eine solide Wissensgrundlage sind das sogenannte „höherwertige Denken", das „kritische Denken" und das „kreative Denken" nur Selbstbetrug beziehungsweise Irreführung anderer Menschen. Blooms Klassifizierungssystem bietet eine scheinbar wissenschaftliche Plattform für den unergründlichen Ansatz der Reformpädagogen.

Einer der Schwerpunkte der Theorie des schülerzentrierten Unterrichts ist, dass die Schüler jeweils nach ihren eigenen Interessen wählen, was sie lernen wollen und was nicht. Die Theorie besagt auch, dass Lehrer die Schüler nur in dem unterrichten sollten, was diese interessiert. Diese Idee erscheint auf den ersten Blick sinnvoll, sie ist es aber leider nicht. Schüler auf unterhaltsame Weise lernen zu lassen, ist das, was sich jeder Lehrer wünscht. Jedoch haben Kinder nur oberflächliches Wissen und eine beschränkte Sichtweise. Sie können nicht beurteilen, was zu lernen wichtig ist und was nicht. Lehrer müssen die Verantwortung dafür übernehmen, die Schüler so zu führen, dass diese ihre oberflächlichen Befindlichkeiten überwinden und dadurch ihre Ansichten und ihr Wissen erweitern können. Die bloße Berücksichtigung der oberflächlichen Interessen der Schüler führt letztlich zu ihrer permanenten Infantilisierung. Indem sie sich für einen schülerzentrierten Unterricht engagieren, betrügen Pädagogen die Schüler und deren Eltern – was gegenüber der Gesellschaft unverantwortlich ist.

Studien haben ergeben, dass es in der amerikanischen Gesellschaft die Tendenz gibt, dass Erwachsene länger als in anderen Ländern in einer Art Pubertät verbleiben. Die „National Academy of Sciences" definierte 2002 die Adoleszenz als den Zeitraum zwischen 12 und 30 Jahren. Die „MacArthur-Stiftung" ging noch weiter und vertrat die Ansicht, dass eine Person mit 34 Jahren tatsächlich als Erwachsener gilt. [75] Das Bildungssystem und die Medien tragen die Verantwortung für diese erweiterte Zeit der Adoleszenz, in der sich viele Erwachsene befinden.

Eine der Ausreden der Reformpädagogik zur Senkung der Anforderungen im Unterricht ist, dass mit der Förderung der Bildung mehr Menschen in Schulen der Mittelstufe und Oberstufe unterrichtet werden und somit das durchschnittliche Leistungsniveau nicht mehr so hoch sein kann wie in der

Vergangenheit. Das ist ein falsches Verständnis. Die Anpassung der Pädagogik an eine demokratische Gesellschaft soll es denen, die bisher nicht die Möglichkeit auf Bildung hatten, ermöglichen, eine solche zu erhalten – jedoch nicht, die Standards zu senken oder jeden durch Qualitätsminderung eine minderwertige Ausbildung erhalten zu lassen.

Die Reformpädagogik erhebt den Anspruch, vermeintlich nutzlose klassische Kurse wie Griechisch und Latein durch zeitgemäße Kurse zu ersetzen. Am Ende führen die meisten Schulen jedoch nicht wirklich qualitativ hochwertige Kurse ein, die für das moderne Leben nützlich sind, wie z.B. Vertiefungskurse in Mathematik, Wirtschaft und moderner Geschichte. Stattdessen fördern Reformpädagogen Klassenfahrten, Kochen, Beauty und Unfallverhütung, die nichts mit Wissenschaft zu tun haben. Die von Reformpädagogen geforderten Verbesserungen des Lehrplans und der Unterrichtsmethoden täuschen sowohl Schüler, die nicht gut informiert sind, als auch Eltern, die sich den Schulen, Lehrern und sogenannten Experten beugen.

Wenn man sich in diesem Kontext einige Lehrmethoden ansieht, die von der Reformpädagogik vorgeschlagen werden, so sind diese nicht unnütz, wenn sie auf einzelne Themengebiete und Lerninhalte angewendet werden. Betrachtet man jedoch die Bewegung der Reformpädagogik und ihre spezifischen Hintergründe und Auswirkungen, so wird deutlich, dass sich die Reformpädagogik in Opposition zur traditionellen Bildung positioniert, wodurch die Bildung verzerrt und am Ende ruiniert wird.

Im Gegensatz zu Marx, Engels, Lenin, Stalin oder Mao Tsetung hatte Dewey nicht den Wunsch, ein revolutionärer Guru zu werden oder die Welt zu beherrschen. Er war lebenslang Akademiker und Professor, aber das von ihm erfundene Bildungssystem wurde zu einem der mächtigsten Werkzeuge des Kommunismus.

c) Bildung: ein Mittel zur Verdummung der Schüler und Studenten

Am 20. April 1999 ermordeten zwei Schüler der Columbine High School in Colorado zehn Schüler und einen Lehrer, sie verletzten bei ihrem sorgfältig geplanten Massaker über zwanzig Menschen. Die Tragödie schockierte nicht nur die Vereinigten Staaten. Die Leute fragen sich, aus welchen Gründen die beiden Schüler einen so kaltblütigen Angriff verübten und ihre Klassenkameraden und einen Lehrer ermordeten, den sie seit Jahren kannten.

Durch den Vergleich sozialer Phänomene in verschiedenen historischen Perioden stellten Pädagogen fest, dass bis in die 1960er Jahre die hauptsächlichen Probleme im Verhalten der amerikanischen Schüler Dinge wie Unpünktlichkeit, unerlaubtes Reden im Unterricht oder das Kauen von Kaugummi waren. Nach den 1980er Jahren gab es hingegen schwerwiegende Phänomene wie Alkoholmissbrauch, Drogenprobleme, vorehelichen Sex, Schwangerschaft, Selbstmord, Banden (Gangs) oder Amokläufe. Dieser Abwärtstrend beunruhigte diejenigen, die sahen, wie sich die Dinge entwickelten. Aber nur wenige kannten die wahren Ursachen des Wandels – und niemand war in der Lage, in angemessener Weise mit den Störungen umzugehen.

Die Deformation und die Abwärtsspirale der moralischen Maßstäbe der amerikanischen Jugend waren kein Zufall.

Atheismus und Evolution

Dr. Frederick Charles Schwarz (1913-2009), Mediziner, Psychologe, Autor des Buches „You Can Still Trust The Communists: To Be Communists“ (auf Deutsch etwa: Du kannst darauf vertrauen, dass Kommunisten Kommunisten sind), und ein Pionier der antikommunistischen Kampagnen der USA, analysierte: „Die drei Grundprinzipien des Kommunismus sind Atheismus, Evolution und wirtschaftlicher Determinismus." [76] Sein Standpunkt war, dass Schlüsselelemente der kommunistischen Ideologie in die amerikanischen öffentlichen Schulen übernommen wurden. Laut dem wirtschaftlichen Determinismus (vom lat. festlegen, Grenzen setzen, begrenzen) sind alle, insbesondere auch zukünftige Ereignisse durch ökonomische Vorbedingungen eindeutig festgelegt.

Das Göttliche hat die Menschheit erschaffen und gab die moralischen Werte vor, die das menschliche Leben regeln sollten. Der Glaube an die Gottheiten legt die moralische Grundlage für die Gesellschaft und bildet die Basis für die Existenz unserer Menschheit. Der Kommunismus verbreitete in den Schulen mit aller Gewalt den Atheismus und die Evolutionstheorie als Mittel zur Zerstörung der Moral. Das ist in kommunistischen Staaten wie China und der ehemaligen Sowjetunion zu erwarten, wurde aber auch in den Vereinigten Staaten konsequent durchgeführt.

Unter dem Deckmantel der Trennung von Kirche und Staat wehrten sich Linke gegen das Unterrichten der Schöpfungslehre in amerikanischen öffentlichen Schulen, während sie selbst die Theorie der Evolution förderten. Öffentliche Schulen wagen es nicht, solche Grenzen zu überschreiten. Diese Erziehung führt unweigerlich dazu, dass die Zahl der Gläubigen sinkt, da Kinder mit der Vorstellung indoktriniert werden, dass die Evolutionstheorie wissenschaftliche Wahrheit sei und nicht infrage gestellt werden dürfe.

Seit den 1960er Jahren verboten Gerichte in den Vereinigten Staaten Bibelstunden in öffentlichen Schulen, ebenfalls unter dem Vorwand der Trennung von Kirche und Staat. Ein Gericht entschied, dass Studenten Meinungs- und Pressefreiheit hätten – es sei denn, das Thema war religiös. Ab diesem Zeitpunkt wurde eine solche Meinungsäußerung verfassungswidrig. [77]

Im Jahr 1987 wurden die Schüler in den öffentlichen Schulen Alaskas angewiesen, das Wort „Christmas“ nicht zu verwenden, da es das Wort „Christus“ enthielt. Ebenfalls im Jahr 1987 entschied ein Bundesgericht in Virginia, dass Homosexuellen-Zeitungen auf dem Schulgelände verteilt werden dürften, doch religiöse Zeitungen wurden verboten. Und 1993 wurde sogar ein Musiklehrer an einer Grundschule in Colorado Springs wegen angeblicher Verstöße gegen die Trennung von Kirche und Staat daran gehindert, Weihnachtslieder singen zu lassen. [78]

Unterrichts- und Prüfungsmaterialien in den Vereinigten Staaten durchliefen aufgrund der anti-theistischen Ausrichtung des Bildungssystems in Kombination mit jahrzehntelanger politischer Korrektheit eine absurd strenge Kontrolle. Im Jahr 1997 nahm Diane Ravitch (geb. 1938), eine Bildungshistorikerin, an der Überprüfung von Prüfungsinhalten in einer Abteilung des US-Bildungsministeriums teil. Zu ihrer Überraschung wurde selbst die Maxime von Benjamin Franklin, einer der Gründerväter der Vereinigten Staaten, „Gott hilft denen, die sich selbst helfen“, wegen des Wortes „Gott“ im ursprünglichen Zitat in „Menschen sollten versuchen, die Dinge nach Möglichkeit selbst zu regeln“ geändert. [79]

Auf der einen Seite hat das amerikanische Bildungssystem den Glauben an Gott unter dem Vorwand der Trennung von Kirche und Staat aus den Schulen verbannt. Andererseits wurde die Evolutionstheorie mit ihren noch immer ungeklärten Lücken als eine selbstverständliche Wahrheit angesehen und den Kindern, die keine mentale Unterstützung oder keinen Schutz haben, eingeflößt. Kinder neigen dazu, der Autorität ihrer Lehrer zu vertrauen.

Die Eltern mit religiösem Glauben lehren ihre Kinder, andere zu respektieren. Aber Kinder, die mit der Evolutionstheorie vertraut sind, werden vermutlich die religiöse Erziehung durch ihre Eltern in Frage stellen. Zumindest werden sie die fromme Anleitung ihrer Eltern nicht mehr ernst nehmen. Das hat zur Folge, dass die Schulbildung Kinder von Eltern mit religiösen Überzeugungen wegzieht. Dies ist das schwierigste Problem, mit dem Familien mit religiösem Glauben konfrontiert sind, wenn es um die Erziehung ihrer Kinder geht. Es ist der bösartigste Aspekt des atheistischen Bildungssystems.

Kommunistische Ideologie

Im Kapitel 5 dieses Buches wurde auf die Natur der „Politischen Korrektheit" eingegangen: Diese wirkt wie die Gedankenpolizei des Kommunismus und ersetzt die wahren moralischen Werte durch eine Reihe verzerrter politischer Normen. Seit den 1930er Jahren hat der Kommunismus allmählich in amerikanischen Schulen Einzug gehalten. Seither ist die „Politische Korrektheit" ausschlaggebend im amerikanischen Bildungssystem. In der Praxis kommt sie in verschiedenen Facetten vor, von denen einige äußerst irreführend sind. Nachstehend einige Beispiele:

Edward Merrill Root (1895-1973) war Erzieher und veröffentlichte in den 1950er Jahren das Buch „Brainwashing in the High Schools" (auf Deutsch: Gehirnwäsche in den High Schools). Er forschte an elf verschiedenen Typen von Lehrmaterialien für den Geschichtsunterricht, die zwischen 1950 und 1952 in Illinois verwendet wurden. Dabei fand er heraus, dass diese die amerikanische Geschichte als die Geschichte eines Machtkampfes zwischen Reich und Arm, zwischen Privilegierten und Unterprivilegierten charakterisierten. Das ist die Essenz des marxistischen ökonomischen Determinismus. Ein solches Lehrmaterial fördert die Entwicklung einer globalen Regierung, die die globalen Anliegen über die der einzelnen Menschen stellt und am Ende zum globalen Sozialismus führt. [80]

Im Jahr 2013 beschloss ein Schulbezirk in Minnesota ein Projekt namens „All for All", welches den Schwerpunkt des Unterrichts auf die Gleichberechtigung der Rassen legt und sich hier auf die Identitätspolitik bezieht. Diese Ideologie schiebt die Verantwortung für die schlechten Leistungen von Studenten in einigen ethnischen Gruppen auf die systematische Rassendiskriminierung ab, was zu Maßnahmen führt, das „weiße Privileg" zu beseitigen. Das Projekt verlangt, dass alle pädagogischen Aktivitäten auf der Gleichberechtigung der Rassen beruhen und dass nur Lehrer und Angestellte eingesetzt werden, die sich der Problematik der Rassengleichheit in gewünschter Art und Weise angenommen haben.

Das Projekt begann in den Kindergärten. Im Englischunterricht der zehnten Klasse konzentrierte sich der Lehrplan dann auf die Themen Kolonisierung und Migration sowie soziale Konstruktionen von Rasse, Klasse und Geschlecht. Der Lehrplan der elften Klasse forderte: „Bis zum Ende des Jahres wirst du gelernt haben, wie man marxistische [sic], feministische, postkoloniale [und] psychoanalytische Sichtweisen auf die Literatur anwendet." [81]

Im Juli 2016 verabschiedete Kalifornien einen neuen sozialwissenschaftlichen Rahmenplan für Grund- und Mittelschulen. Der ursprünglich ohnehin schon linksgerichtete Rahmenplan wurde so ausgestaltet, dass er noch stärker wie linke Propaganda aussieht. Inhalte, die in geschichtlichen und geisteswissenschaftlichen Kursen hervorgehoben werden sollten – wie der Gründergeist Amerikas und die militärische, politische und diplomatische Geschichte –, wurden verwässert oder ignoriert. Im Gegensatz dazu wurde die Gegenkultur der 1960er Jahre leidenschaftlich hervorgehoben und es scheint, als wäre diese das Fundament der Nation.

Der Lehrplan beinhaltete auch einen klaren antitraditionellen Ansatz für Geschlecht und Familie. Nehmen wir zum Beispiel die Inhalte der Kurse der elften Klasse. Der Rahmenplan sah vor, dass der Schwerpunkt auf den Bewegungen lag, die sich für die Rechte von ethnischen Minderheiten, Volksstämmen und Religionen sowie von Frauen und lesbischen, schwulen, bisexuellen und Transgender (LGBT) Amerikanern einsetzen. In Wirklichkeit wurden Religionen selten angesprochen, aber es wurde viel über sexuelle Minderheiten geschrieben. Insbesondere wurden LGBT-Gruppen in den Vordergrund gestellt, sie hatten einen signifikanten Anteil an den Geschichtskursen der elften Klassen. Die LGBT-Abschnitte wurden in einem Duktus geschrieben, der eindeutig die „sexuelle Befreiung" unterstützt. Zum Beispiel wurde im Teil über Aids beklagt, dass die Angst der Menschen vor Aids die „sexuelle Befreiung" verzögert. [82]

Die Inhalte über Sexualität füllten viele Kapitel und verdrängten andere Inhalte, die für junge Menschen viel wichtiger wären. Zum Beispiel lernen die Schüler im Kurs über den Ersten Weltkrieg kaum etwas über die entscheidende Rolle der US-Armee, sondern sie erfahren, dass amerikanische Soldaten die europäischen Sexualgewohnheiten als befriedigend empfanden. [83] Dieser linksgerichtete Lehrplan ist voller Verdrehungen und Vorurteile und führt die Schüler dazu, ihr eigenes Land zu hassen. Obwohl der Rahmenplan vom Bundesstaat Kalifornien beschlossen wurde, hatte er schon bald Folgen in den gesamten Vereinigten Staaten. [84]

d) Psychologische Manipulationen

Eine weitere wichtige Methode, mit der Schüler moralisch verdorben wurden, ist die Einführung einer signifikanten psychologischen Konditionierung in der Bildung – indem Schüler in den moralischen Relativismus eingeführt werden.

Im März 1984 nahmen Hunderte von Eltern und Lehrern an Anhörungen zur Änderung des Jugendschutzes teil, die in sieben Städten, darunter in Washington, D.C., Seattle und Pittsburgh stattfanden. Die Zeugenaussagen in den Anhörungen umfassen niedergeschrieben über 1.300 Seiten. Die konservative Aktivistin Phyllis Schlafly hat einige der Zeugnisse in ihr Buch „Child Abuse in the Classroom" (auf Deutsch: Kindesmisshandlung im Klassenzimmer) aufgenommen, das im August 1984 veröffentlicht wurde.

Schlafly fasste die Inhalte der Aussagen zu den dort behandelten Themen zusammen, unter anderem zum Einsatz von „Erziehung und Bildung als Therapie". Im Gegensatz zur traditionellen Erziehung, die darauf abzielt, Wissen zu vermitteln, konzentriert sich die „Erziehung und Bildung als Therapie" auf die Veränderung der Gefühle und Einstellungen der Schüler. Diese Form der Bildung nutzt den Unterricht, um psychologische Spiele (zum Beispiel Tests oder Rollenspiele) mit den Schülern zu spielen. Es lässt sie Umfragen zu persönlichen Themen ausfüllen und zwingt die Kinder, Entscheidungen wie erwachsene Menschen zu treffen. Sie müssen sich in Fragen wie Selbstmord und Mord, Ehe und Scheidung, Abtreibung und Adoption behaupten. [85]

Tatsächlich wurden solche Kurse nicht für die psychische Gesundheit der Schüler eingerichtet. Sie sind dafür gedacht, auf psychologische Art und Weise die Werte der Schüler durch Konditionierung zu verändern.

Psychologie und Bildung

Die moderne Pädagogik basiert stark auf Philosophie und Psychologie. Neben John Deweys Reformpädagogik, welche einen großen Einfluss auf das amerikanische Bildungssystem hat, sind das noch die Psychoanalyse von Sigmund Freud und die humanistische Psychologie von Carl Rogers. Hinzu kommt die „Kritische Theorie" der Frankfurter Schule, welche Theorien von Marx und Freud kombiniert. Dabei forderte Herbert Marcuse, ein Theoretiker der Frankfurter Schule, den Abbau aller Hemmungen, damit junge Menschen ihren natürlichen Instinkt loslassen und ihren persönlichen Launen frönen können. [86] Es war dieses Denken, das dazu beitrug, die Herausbildung der Gegenkultur der 1960er Jahre zu beschleunigen.

Der erste Generaldirektor der Weltgesundheitsorganisation, der kanadische Psychologe Brock Chisholm (1896-1971), der von den oben genannten psychologischen Denkweisen stark beeinflusst wurde, sagte im Jahr 1946 in einer seiner Reden:

„Welche grundlegenden psychologischen Verzerrungen gibt es in jeder Zivilisation? [...] Es muss eine Kraft sein, welche die Fähigkeit, Tatsachen zu sehen und anzuerkennen, verhindert [...], die Minderwertigkeit, Schuld und Angst erzeugt [...]. Die einzige psychologische Kraft, die in der Lage ist, diese Perversionen zu erzeugen, ist die Moral, das Konzept von Richtig und Falsch [...]. [Dies] führt zu einer künstlichen Erniedrigung, Schuld und Angst, allgemein bekannt als ‚Sünde' und [...] verursacht einen Großteil der sozialen Unordnung und Leid in der Welt [...]. Befreiung von der Moral bedeutet, die völlige Freiheit zu beobachten, zu denken und sich vernünftig zu verhalten [...]. Wenn die Menschheit von ihrer lähmenden Bürde des Guten und Bösen befreit werden soll, müssen es Psychiater sein, die die eigentliche Verantwortung übernehmen." [87]

Basierend auf falsch verstandenen Ideen schlug Chisholm eine schockierende Therapiemethode vor: Um ein Individuum von seelischen Schmerzen zu befreien, müssen Moral sowie das Konzept von richtig und falsch aufgehoben und neutralisiert werden. Dieser Psychologe führte daraufhin einen Krieg gegen die Moral. Der humanistische Psychologe Carl Rogers (1902-1987), der vermutlich von Chisholm beeinflusst war, entwickelte Methoden zur „Klärung von Werten", die dazu dienten, traditionelle Werte und die Konzepte von Recht und Unrecht zu beseitigen.

Im Endergebnis arbeiten Deweys moralischer Relativismus, der Abbau der Hemmungen durch die Frankfurter Schule und Chisholms psychologische Theorien zusammen, um traditionelle Werte anzugreifen und zu untergraben. Sie zerstören die moralischen Eckpfeiler der staatlichen Schulen in den Vereinigten Staaten.

Relativierung der Moral

Amerikaner, die in den späten 1970er Jahren zur Schule gingen, dürften sich an ein imaginäres Szenario erinnern, das viele Lehrer in der Klasse durchführten. Die Geschichte ist folgendermaßen: Nachdem ein Schiff gesunken war, stiegen der Kapitän, mehrere Kinder, eine schwangere Frau und ein schwuler Mann in ein Rettungsboot. Das Rettungsboot war überladen und eine Person musste wieder aussteigen. Die Lehrer baten die Schüler zu diskutieren und zu entscheiden, wer aus dem Rettungsboot aussteigen muss, das heißt sein Leben opfern sollte. Der Lehrer selbst würde die Kommentare der Schüler nicht bewerten oder beurteilen.

Diese Geschichte wurde oft in den Kursen zur Charakterbildung und Werteerziehung verwendet, die in den 1970er Jahren entstanden sind. Neben der Werteerziehung wurden die Kurse und Unterrichtsstunden auch für Entscheidungsprozesse, emotionale Bildung, das „Quest-Drogenpräventionsprogramm" und Sexualkunde genutzt.

William Kilpatrick (1871-1965), Autor von „Why Johnny Can't Tell Right From Wrong", beschrieb solche Unterrichtsstunden als „Umwandlung von Unterrichtsgesprächen in ‚Stierkämpfe', bei denen die Meinungen hin und her gehen, es aber zu keinen Ergebnissen kommt".

„Es hat zu Schulstunden geführt, in denen sich Lehrer wie Talkshow-Moderatoren verhalten und in denen die Vorzüge von Frauentausch, Kannibalismus und Masturbieren bei Kindern empfohlene Themen sind. Für die Schüler bedeutete dies eine große Verwirrung der moralischen Werte: Sie müssen lernen, kaum erworbene Werte wieder infrage zu stellen. Sie müssen Werte wieder vergessen, die zu Hause gelehrt werden. Und sie müssen schlussfolgern, dass Fragen von Richtig und Falsch immer nur subjektiv sind. Dies hat eine Generation von moralischen Analphabeten hervorgebracht:

Schulkinder und Jugendliche, die ihre eigenen Gefühle kennen, aber nicht ihre Kultur.“ [88]

Dem Ökonomen Thomas Sowell wurde klar, dass diese Unterrichtsmethoden die gleichen Maßnahmen verwenden, die in totalitären Ländern zur Gehirnwäsche von Menschen eingesetzt werden. Sie beinhalten Folgendes:

„Emotionaler Stress, Schock oder Desensibilisierung, um sowohl den intellektuellen als auch den emotionalen Widerstand zu brechen; Isolation, ob physisch oder emotional, von vertrauten Quellen emotionaler Unterstützung im Widerstand; Kreuzverhör bereits existierender Werte, oft durch Manipulation des Gruppenzwangs; das Individuum von normalen Abwehrmaßnahmen wie Reserviertheit, Würde, einem Gefühl der Privatsphäre oder der Möglichkeit, die Teilnahme abzulehnen, befreien; Belohnung der Akzeptanz der neuen Einstellungen, Werte und Überzeugungen.“ [89]

Sowell stellt fest, dass die Sitzungen eines gemeinsam haben: Sie ermutigen die Schüler, gegen die traditionellen moralischen Werte, die von ihren Eltern und der Gesellschaft vermittelt werden, zu rebellieren. Der Unterricht wurde neutral oder „nicht urteilend“ durchgeführt. Mit anderen Worten, der Lehrer trennt nicht zwischen Richtig und Falsch, sondern sucht nach dem, was sich für den Einzelnen gut anfühlt. Im Mittelpunkt stehen „die Gefühle des Einzelnen und nicht die Anforderungen einer funktionierenden Gesellschaft oder die Anforderungen der geistigen Analyse“. [90]

„Death Education“ und Drogenprävention

Im September 1990 zeigte der US-Fernsehsender *ABC* ein Programm, welches die Zuschauer sehr beunruhigte. Eine Schule brachte die Schüler im Rahmen ihres neuen Programms der „Sterbebegleitung“ in eine Leichenhalle. Die Schüler sahen und berührten die Leichen. [91]

Zu den typischen Aktivitäten von Kursen in „Sterbebegleitung“ gehört es, die Schüler zu bitten, ihre eigenen Grabinschriften zu schreiben, ihre eigenen Särge auszuwählen, ihre eigenen Beerdigungen zu organisieren und ihre eigenen Todesanzeigen zu schreiben. Ein Fragebogen zur „Sterbebegleitung“ beinhaltete Folgendes: [92]

„Wie wirst du sterben?“
„Wann wirst du sterben?“
„Hast du jemals jemanden gekannt,
der gewaltsam gestorben ist?“
„Wann hast du das letzte Mal getrauert?
Wurde es in Tränen oder stillem Schmerz ausgedrückt?
Hast du allein oder mit jemandem gemeinsam getrauert?“
„Glaubst du an ein Leben nach dem Tod?“

Offensichtlich haben diese Fragen nichts mit dem Lernen zu tun. Sie sollen die Lebenseinstellung der Schüler, ihre religiösen Überzeugungen und ihre Persönlichkeit untersuchen. Einige der Fragen zielen darauf ab, bestimmte Reaktionen hervorzurufen und können negative Auswirkungen auf die Jugendlichen haben.

Es wird gesagt, dass „Sterbebegleitung“ den Schülern helfen kann, die richtige Einstellung gegenüber dem Tod zu finden. Allerdings kam es im ganzen Land zu Selbstmorden von Jugendlichen, die in diesen Klassen waren. Ein kausaler Zusammenhang zwischen den Kursen und den Selbstmorden ist wissenschaftlich nicht nachgewiesen. Für die Eltern ist es jedoch durchaus sinnvoll, zu vermuten und zu befürchten, dass psychologisch unreife Schüler dazu neigen können, in der Konfrontation mit Tod und Selbstmord selbst Depressionen und Hoffnungslosigkeit zu entwickeln, die zum Selbstmord beitragen könnten.

Das Thema Drogenprävention wurde in den Schulen ebenfalls sehr beliebt. Im Jahr 1976 führte Dr. Richard Blum von der Stanford University eine vierjährige Studie über einen Lehrgang zur Drogenprävention namens „Decide“ durch. Sein Ergebnis war, dass die Gruppe, die den Kurs absolvierte, eine schwächere Widerstandsfähigkeit gegen Drogen hatte als die Kontrollgruppe, die den Kurs nicht absolvierte.

Zwischen 1978 und 1985 führte Professor Stephen Jurs ein Forschungsprojekt durch. In diesem verglich er die Quote der Raucher und des Drogenmissbrauchs unter Schülern und Studenten, die einen Kurs namens „Quest“ besucht hatten, mit denjenigen, die nicht daran teilnahmen. Das Ergebnis zeigte, dass die Lernenden, die den Kurs nicht belegten, eine unveränderte oder gesunkene Quote von Tabakkonsum und Drogenmissbrauch erreichten. [93]

Weder die Aufklärung über den Tod noch die Aufklärung über Drogen brachten das erwartete Ergebnis – was also war der eigentliche Zweck? Der Zweck war, die Kinder zu verschmutzen. Kinder sind sehr neugierig, haben aber eine unreife moralische Grundlage. Neue und seltsame Inhalte wecken ihre Neugierde und können sie auf einen dunklen Pfad führen. In dieser Lebensphase führt eine solche Erziehung dazu, die Schüler unempfindlich zu machen, sodass sie Gewalt, Pornografie, Terror und moralische Dekadenz als völlig normale Bestandteile des Lebens betrachten. Ihre Toleranz gegenüber dem Bösen nimmt im Laufe der Zeit zu. Die gesamte Aktion ist Teil eines bösartigen Missbrauchs von Kunst, von Gewalt und Pornografie, um einen moralischen Werteverlust herbeizuführen.

Pornografische Sexualaufklärung

Traditionell ist sowohl im Osten als auch im Westen Sexualität in der Öffentlichkeit ein Tabuthema. Nach alten Überlieferungen wurde in beiden Kulturkreisen von den Gottheiten festgelegt, dass Sexualverhalten nur in der Ehe stattfinden darf. Alle anderen Formen des Sexualverhaltens gelten als verworren und sündhaft und verletzen die göttlichen Normen der Moral. Das verbindet Sex und Ehe untrennbar miteinander, und Sex wird in einer normal funktionierenden Gesellschaft nicht öffentlich diskutiert. In der traditionellen Gesellschaft erhielten die Jugendlichen nur eine physiologische Ausbildung, und es bestand keine Notwendigkeit für die heutige Sexualkunde.

Das moderne Konzept der Sexualpädagogik wurde erstmals von Georg Lukács (1885-1971), dem Mitbegründer der Frankfurter Schule, vorgestellt. Sein Ziel war es, die traditionellen westlichen Werte völlig aufzugeben. 1919 war Lukács der Beauftragte des Volkes für Bildung und Kultur im kurzlebigen ungarisch-bolschewistischen Regime. Er entwickelte ein radikales Sexualaufklärungsprogramm, das die Studenten „freie Liebe", Geschlechtsverkehr und wie „veraltet" die Ehe sei, lehrte. [94]

Die sexuelle Revolution der 1960er Jahre vernichtete dann auch tatsächlich diese traditionellen westlichen Werte. Sexuell übertragbare Krankheiten und Teenager-Schwangerschaften nahmen rapide zu. Unter diesen Umständen förderten diejenigen, die derartige soziale Probleme lösen wollten, die Sexualaufklärung. Aber in einem Bildungssystem, welches bereits von den traditionellen Moralvorstellungen abgewichen war, konzentrierte sich die Sexualerziehung stattdessen auf die Verhütung von Krankheiten und Schwangerschaften. Es kam zu einer Trennung von der Ehe – und man folgte damit dem Modell der Sexualerziehung von Lukács, wobei alle moralischen Aspekte der Geschlechtlichkeit ignoriert wurden.

Diese Form der Bildung wurde somit zu einem Werkzeug zur Zerstörung der Jugend. Die Heranwachsenden waren darüber hinaus auch dem außerehelichen, willkürlichen Verhalten der Homosexualität ausgesetzt und sahen dieses Verhalten als normal an. Das Resultat dieser Dinge ist, dass die jüngere Generation sich einer Sache widmet, die sie für Freiheit hält. In Wahrheit ist es ein Weg, der sich von den von Gottheiten vorgegebenen Normen abwendet. Diese Art der Sexualerziehung ab der Grundschule hat bereits jetzt die traditionellen Werte Familie, Eigenverantwortung, Liebe, Keuschheit, Schamgefühl, Selbstkontrolle, Loyalität und mehr weitgehend zerstört.

John Deweys Form der Reformpädagogik „Learning by doing" ist auch hier ein nützliches Werkzeug für Marxisten. Das Sexualaufklärungsprogramm „Focus on Kids", das von den „Centers for Disease Control and Prevention" (CDC) breit gefördert wird, empfiehlt Lehrern, Schüler zu einem „Kondomrennen" zu ermutigen. Jeder Schüler muss ein Kondom über ein Sexspielzeug für Erwachsene ziehen und es dann abstreifen. Wer am schnellsten ist, gewinnt. [95]

„Sei stolz! Sei verantwortungsbewusst!" ist ein weiteres Programm zur Sexualaufklärung, das von der CDC unterstützt und von „Planned Parenthood" und anderen Bildungseinrichtungen gefördert wird. Das Programm verlangt von den Schülern Rollenspiele, beispielsweise zwei Schülerinnen, die über Safer Sex diskutieren. Der schülerzentrierte Unterricht ist eine weitere Idee des Progressivismus. In diesem Programm wird der Lehrer angewiesen, die Schüler aufzufordern, intime Fragen mit Sexualpartnern zu diskutieren. [96] Für die Mehrheit der Menschen, die noch immer traditionelle Werte im Herzen haben, ist es schwer, diese angebliche Bildung von Kinderpornografie zu unterscheiden.

Der Hauptansprechpartner des Programms, „Planned Parenthood", ist der größte Anbieter von Sexualkunde und dazugehörigen Büchern in den Vereinigten Staaten. Die Organisation hat Niederlassungen in zwölf Staaten. Sie fördert auch das Recht auf Abtreibung. Die Gruppe war früher als

„American Birth Control League" bekannt. Ihre Gründerin, Margaret Sanger, war eine progressive Sozialistin, die Stalins Russland verehrte und dorthin reiste, um ihm Respekt zu zollen. Sie war auch eine starke Vertreterin der Bewegung der sexuellen Befreiung. Sie schreibt, dass außereheliche Affären „mich wirklich befreit haben". [97] Sie vertritt die These, dass Frauen das Recht haben, alleinerziehende Mütter zu werden. Und sie hat ihrer 16-jährigen Enkelin über den Geschlechtsverkehr geschrieben: „Dreimal am Tag war es richtig". [98] Sie gründete die „Birth Control League", weil ihr verworrener Lebensstil dies erforderte. In den von dieser Organisation konzipierten modernen Sexualerziehungskursen ist leicht zu erkennen, dass die sexuelle Befreiung ihren Ursprung im Kommunismus hat.

„May Be ‚Perfectly Normal', But It's Also Frequently Banned" (auf Deutsch: „Möglicherweise ‚vollkommen normal', aber es wird auch häufig verboten") ist ein Lehrbuch zur Sexualkunde, das in dreißig Sprachen übersetzt und weltweit über eine Million Mal verkauft wurde. Das Buch benutzt fast Hundert Akt-Cartoons, um verschiedene normale und abnormale Bewegungen, Gefühle und körperliche Empfindungen von sexuellem Verlangen des anderen oder gleichen Geschlechtes sowie Methoden der Geburtenkontrolle und Abtreibung zu beschreiben. Der Autor behauptete, dass Kinder das Recht haben, alle diese Informationen zu erhalten. [99] Das Hauptanliegen des Buches ist, dass in dieser Vielfalt des Sexualverhaltens alles „normal" sei und niemand einem sittlichen Urteil unterworfen werden sollte.

In einem weitverbreiteten Sexualkunde-Lehrbuch für die High School erzählt der Autor den Kindern, dass einige Religionen glauben, dass Sex außerhalb der Ehe sündhaft sei und sagt: „Du wirst selbst entscheiden müssen, wie wichtig diese Botschaften für dich sind." [100] Um es kurz zu sagen: Diese Weltanschauung besagt im Prinzip, dass alle Werte relativ seien, Kinder müssen selbst entscheiden, was richtig oder falsch sei.

Die heutigen amerikanischen öffentlichen Schulen haben zwei grundlegende Arten von Sexualkunde-Klassen. Eine Art, die von Bildungseinrichtungen stark gefördert wird, wurde bereits beschrieben: der komplette Lehrplan zur Sexualaufklärung, der die Aufklärung über Sexualverhalten, Geburtenkontrolle, Prävention von Geschlechtskrankheiten und dergleichen umfasst. Der andere Typ lehrt junge Menschen, ihr sexuelles Verlangen zu kontrollieren, diskutiert nicht über Geburtenkontrolle und fördert Zurückhaltung und Verzögerung des sexuellen Verhaltens bis nach der Heirat.

Es ist nicht zu leugnen, dass die gesellschaftliche Moral, insbesondere die grundsätzliche Einstellung zum Geschlecht, im Allgemeinen weit von der traditionellen, religiös bedingten Moral entfernt ist. Die Medien und das Internet werden von pornografischen Inhalten überflutet, die die Kinder an den Rand des Abgrunds ziehen.

Im heutigen vom Atheismus gelenkten Bildungssystem weigern sich die meisten öffentlichen Schulen, die der „Wertneutralität" folgen, den Kindern beizubringen, dass Sex außerhalb der Ehe eine Schande und unmoralisch ist. Noch weniger bringen sie Kindern und Jugendlichen auf der Grundlage traditioneller moralischer Prinzipien bei, Recht und Unrecht zu erkennen.

Sexualerziehung ist auch heute noch ein heißes Thema in der Gesellschaft. In verschiedenen Gruppen der Gesellschaft gibt es zahlreiche Debatten zur Frage der Sicherheit bei sexuellen Aktivitäten, die sich jedoch auf die Schwangerschaftsrate bei Teenagern und die Quote sexuell übertragbarer Krankheiten konzentrieren. Die Tatsache, dass Schulen Jugendliche öffentlich Sexualverhalten lehren, wird eindeutig den Sex außerhalb der Ehe erhöhen – was gegen die traditionelle Sexualmoral verstößt. Selbst wenn es keine Teenager-Schwangerschaften oder Geschlechtskrankheiten gibt, ist es dann in Ordnung, wenn Teenager promiskuitiv sind?

In Europa, wo die Sexualkultur noch lockerer als in den Vereinigten Staaten ist, ist die Schwangerschaftsrate von Jugendlichen auf Grund einer „effektiven" Sexualerziehung halb so hoch wie in den Vereinigten Staaten. Einige Menschen freuen sich darüber, während andere sehr besorgt sind. Unabhängig von diesen Erscheinungen: Bei einer weiteren Zunahme der heruntergekommenen Haltung zum Sexualverhalten wird der Kommunismus sein Ziel erreichen, die menschliche Moral zu zerstören.

Selbstwertgefühl und Egozentrismus

Seit den 1960er Jahren wird im Bereich der amerikanischen Bildung ein weiteres neues Dogma stark gefördert, welches für einen starken Rückgang der Qualität der Bildung verantwortlich ist: Das ist die Kultur des „Selbstwertgefühls".

Nach außen hin sollte sich Selbstwertgefühl auf ein Gefühl des Vertrauens und der Selbstachtung beziehen, welches sich aus den eigenen Fähigkeiten und Leistungen ergibt. Allerdings ist das Selbstwertgefühl, das in amerikanischen Schulen gefördert wird, etwas ganz anderes. Dr. Maureen Stout schreibt in ihrem Buch „The Feel-Good Curriculum: The Dumbing Down of America's Kids in the Name of Self-Esteem" (auf Deutsch: „Der Wohlfühl-Lehrplan: Der Niedergang der amerikanischen Kinder im Namen des Selbstwertgefühls") über ein sehr verbreitetes Phänomen in den heutigen amerikanischen Schulen: Die Schüler kümmern sich um ihre Noten, aber nicht darum, was sie gelernt oder wie viel Mühe sie investiert haben. Um die Forderungen der Schüler nach besseren Noten zu erfüllen, werden die Lehrer dazu angehalten, den Schwierigkeitsgrad der Prüfungen und die Anforderungen an die Schüler zu reduzieren. Das hat jedoch nur zur Folge, dass die Schüler noch weniger Leistung bringen. Die Arbeitskollegen der Autorin sind an dieses Phänomen gewöhnt und glauben sogar, dass die Schule wie eine Gebärmutter sein sollte: die Schüler von der Außenwelt isolieren, damit sie emotionale Sicherheit statt geistiger Reife oder Belastbarkeit erlangen können. Der Fokus scheint auf den Gefühlen der Schüler zu liegen, nicht auf dem allgemeinen Wachstum. [101]

Wie viele Beobachter hervorgehoben haben, bringt das Dogma des Selbstwertgefühls Ursache und Wirkung durcheinander. Selbstachtung ist das Ergebnis von Anstrengung, aber keine Voraussetzung für einen Erfolg. Mit anderen Worten, sich gut zu fühlen führt nicht zum Erfolg, sondern man fühlt sich gut, wenn man erfolgreich ist.

Diese Fehleinschätzung des Selbstwertgefühls ist das Nebenprodukt des seit den 1960er Jahren vorherrschenden psychotherapeutischen Erziehungsstils. Die psychotherapeutische Ausbildung führte dazu, dass eine große Zahl von Kindern und Jugendlichen mit einem Gefühl des Anspruchs und der Opferrolle in die Schule kommen. Dr. Stout beschreibt ihre gemeinsame Denkweise in Umgangssprache so: „Ich will tun, was ich will, wie ich will und wann ich will, und nichts und niemand wird mich aufhalten." [102]

Die amerikanische Bildung übertreibt die Ideen von Freiheit und Egozentrismus im Namen des subjektiven Selbstwertgefühls. Dieser Erziehungsstil erzeugt eine Generation von jungen Menschen, die nicht auf die Moral achten und keine Verantwortung übernehmen. Sie kümmern sich nur um ihre eigenen Gefühle und nicht um die Gefühle anderer Menschen. Sie streben nach Vergnügen und versuchen, Anstrengungen, Verzicht und Leiden zu vermeiden. Dies hat verheerende Auswirkungen auf die Moral der amerikanischen Gesellschaft gehabt.

e) Die Infiltration der Bildung

Kontrolle über die amerikanische Sekundar- und Grundschulbildung

Nach der Gründung der Vereinigten Staaten war die Zentralregierung eine Zeit lang nicht am Bildungswesen beteiligt. Die Bildung lag in der Hand der Kirche und der Regierungen der einzelnen Bundesstaaten. Im Jahr 1979 richtete die US-Regierung jedoch das Bildungsministerium (ED) ein. Seitdem wurden dessen Zuständigkeiten immer mehr erweitert. Derzeit hat das US-Bildungsministerium de facto Macht und Kontrolle über das Bildungswesen. Die Macht, die es ursprünglich schon hatte, wird nun durch die Bereitstellung des Bildungsetats sogar noch bei weitem übertroffen. Eltern, Schulbezirke und die Regierungen der US-Bundesstaaten, die früher mehr Einfluss auf die Schulbildung hatten, sind zunehmend gezwungen, Anweisungen von Bundesbehörden zu befolgen. Eltern und Schulbezirke haben allmählich ihre Entscheidungsbefugnis darüber verloren, was und wie man an Schulen unterrichtet.

Macht ist neutral – wer sie ausübt, kann entweder Gutes oder Schlechtes tun. Die Zentralisierung der Macht an sich ist auch nicht unbedingt eine schlechte Sache. Es geht aber darum, wie die jeweiligen Personen oder Institutionen ihre Macht nutzen und was ihre Ziele sind. Die Zentralisierung der Macht in der amerikanischen Bildung ist ein großes Thema, weil der Marxismus alle Ebenen von Regierungsbehörden infiltriert hat, insbesondere die zentrale Verwaltung. Wenn unter solchen Umständen eine falsche Entscheidung getroffen wird, sind die Auswirkungen erheblich, und einige wenige sachkundige Persönlichkeiten können sie nicht einfach wieder rückgängig machen.

Eines der Ergebnisse der Machtkonzentration in der amerikanischen Bildung ist, dass die für die Bildung zuständigen

Beamten nicht in kurzer Zeit erkennen können, wie sich ihre Bildungsstrategien historisch entwickeln und wie groß ihre Auswirkungen über einen längeren Zeitabschnitt sein können. Zu diesem Fazit kam die Pädagogin und Mitbegründerin des „National Education Consortium", Beverly K. Eakman, in ihrem Buch „Educating for the ‚New World Order'" (auf Deutsch: „Erziehung für die ‚Neue Weltordnung'"). Viele Menschen haben ein begrenztes Aufgabengebiet. Obwohl einige Dinge bei ihnen Zweifel aufkommen lassen, haben die meisten Menschen keine Zeit, Energie, Ressourcen oder den Mut, diese selbst zu erforschen. Auch wenn ihr Verdacht unabhängig von anderen in einigen Fällen geweckt wird, können sie kaum mehr tun, als dem zu gehorchen, was ihnen von ihren Vorgesetzten gesagt wird. Jeder wird so zum Teil einer gigantischen Maschinerie. Es ist für die Verantwortlichen schwierig, die Auswirkungen ihrer Entscheidungen für die Schüler und die Gesellschaft zu erkennen, und als Folge davon wird ihre moralische Eigenverantwortung reduziert. [103] Der Kommunismus ist in der Lage, die Schwächen dieses Systems auszunutzen, um den Widerstand der Gesellschaft nach und nach zu brechen.

Darüber hinaus haben Lehrerbildungsinstitute, pädagogische Verlage, Zulassungsorganisationen für Lehrer und Lehrerverbände entscheidenden Einfluss auf die Bildung und werden daher alle zu Zielen der kommunistischen Unterwanderung.

Die Rolle der Lehrergewerkschaften

Kapitel 9 dieses Buches behandelt, wie der Kommunismus die Gewerkschaften manipuliert und ausnutzt. Lehrergewerkschaften sind zu einem der Hauptgründe für das Scheitern der amerikanischen Bildung geworden. Diesen Gewerkschaften liegt es fern, die Qualität der Bildung zu verbessern. Sie sind zu professionellen Organisationen geworden, die ein

Scheitern belohnen, Inkompetenz schützen und gewissenhafte Lehrer opfern, die danach streben, mit ihrer Arbeit einen Beitrag zu leisten und die sich wirklich der Ausbildung von Schülern widmen.

Tracey Bailey war Lehrerin für Naturwissenschaften an einer High School und im Jahr 1993 „Lehrer des Jahres" [104]. Damals erklärte der Präsident der „American Federation of Teachers" (AFT, die zweitgrößte amerikanische Lehrergewerkschaft), er sei erfreut, dass ein Gewerkschaftsmitglied diese prestigeträchtige Auszeichnung gewonnen habe. Die Wahrheit ist aber, dass Bailey kein AFT-Mitglied mehr war. Tracey Bailey war überzeugt, dass große Lehrergewerkschaften genau der Grund für das Scheitern der amerikanischen öffentlichen Bildung sind und Teil des Problems und nicht der Lösung wären. Sie ist der Ansicht, dass die Gewerkschaften einfach eine jener Interessengruppen sind, die den Status quo schützen und eine Säule eines Systems darstellen, welche zu Mittelmäßigkeit und Inkompetenz führt. [105]

Die großen amerikanischen Lehrergewerkschaften verfügen über genügend Mittel und einen immensen Einfluss; sie gelten als eine der wichtigsten politischen Lobbygruppen des Landes. Die Lehrergewerkschaften sind zum Hauptfaktor geworden, wenn es darum geht, positive Reformen innerhalb des Bildungssystems zu behindern. Beispielsweise verfügt die Kalifornische Lehrervereinigung („California Teachers Association", CTA) im Rahmen der „American Federation of Teachers" über riesige Spendengelder ihrer Mitglieder, welche für Gesetzgebungs-Lobbyismus und politische Zwecke zur Verfügung stehen. Im Jahre 1991 versuchte Kalifornien, die Vorschrift 174 in seine Staatsverfassung aufzunehmen, die es Familien ermöglicht, Schulgutscheine der Landesregierung einzulösen, sodass Familien für ihre Kinder die Schulen selbst auswählen können. Allerdings blockierte die Kalifornische Lehrervereinigung die Vorschrift 174 und zwang sogar eine Schule, ihren Vertrag mit einem Hamburger-Franchiseunternehmen zu widerrufen, das 25.000 US-Dollar für das Programm gespendet hatte. [106]

Ausschluss des familiären Einflusses in der Kindererziehung

Ein weiteres Hauptziel des Kommunismus ist die Trennung des Kindes von seinen Eltern, nachdem dieses geboren ist, und dessen Erziehung durch die Gesellschaft oder die Nation. Das ist keine einfache Sache, aber die Dinge haben sich unauffällig in diese Richtung entwickelt.

In kommunistischen Ländern werden die Schüler ermutigt, ihre Beziehung zu Eltern der bürgerlichen Schicht zu trennen. Darüber hinaus wird die Schulzeit durch eine prüfungsorientierte Ausbildung verlängert, um die Einflüsse der Eltern auf ihre Kinder zu reduzieren. In den westlichen Ländern werden verschiedene Ansätze verwendet, um den Einfluss der Familie auf die Bildung von Kindern auszuschließen. Dazu gehören die Maximierung der Schulzeit sowie die Absenkung der Altersgrenze für den Schulbesuch. Weiterhin wird vermieden, dass Schüler Lehrbücher und Lernmaterialien mit nach Hause nehmen. Zudem werden Schüler davon abgehalten, kontroverse Themen, die sie im Unterricht kennengelernt haben, mit ihren Eltern zu besprechen.

Auch Kurse wie „Werteklärung" („Value Clarification") versuchen, die Schüler von ihren Eltern zu trennen. Ein Elternteil eines Schülers, der eine Questklasse besuchte, kommentierte dies so: „Es hatte den Anschein, als würden die Eltern immer in ein schlechtes Licht gestellt. Zum Beispiel drehte es sich in einer Geschichte um einen Vater und seinen Sohn, dann war der Vater immer überheblich, immer zu streng, immer ungerecht." Oftmals bedeutet die unterschwellige Botschaft dieser Kurse, dass „deine Eltern dich nicht verstehen, aber wir schon". [107]

Manchmal müssen die Schüler aufgrund gesetzlicher Bestimmungen zuerst die Zustimmung der Eltern einholen, bevor sie an bestimmten Aktivitäten teilnehmen können. In solchen Fällen verwenden Lehrer oder das Verwaltungspersonal der Schulen oft irreführende und mehrdeutige Begriffe. Ziel ist es dabei, es den Eltern sehr schwer zu machen, die Details dessen zu kennen, wofür sie ihre Zustimmung geben. Wenn sich Eltern beschweren, haben die Schulbehörden oder der Schulbezirk entsprechende Methoden, wie sie mit den Beschwerden umgehen: Verzögerungen, sich der Verantwortung entziehen oder die Anträge unbearbeitet laufen lassen. Zum Beispiel wird gesagt, dass die Eltern nicht über das nötige Fachwissen verfügen, dass andere Schulbezirke das Gleiche tun oder dass sich nur speziell die jeweilige Familie beschwere und so weiter.

Die meisten Eltern nehmen sich auch nicht die Zeit oder haben nicht die Ressourcen, um einen längeren Streit mit der Schule oder dem Schulbezirk zu führen. Außerdem verlässt der Schüler ohnehin in ein paar Jahren die Schule, wenn er erwachsen ist. Eltern werden sich deshalb in der Regel dafür entscheiden, den Dingen ihren Lauf zu lassen. Doch in der Zwischenzeit wird das Kind von der Schule fast wie eine Geisel behandelt und die Eltern wagen es nicht, die Schulleitung zu verärgern. Sie werden keine andere Wahl haben, als die Kritik zu unterlassen. Wenn Eltern gegen schulische Praktiken protestieren, werden sie von den Schulbehörden zudem als Extremisten, Unruhestifter, religiöse Eiferer, Fanatiker, Faschisten und dergleichen bezeichnet. Auf diese Weise schrecken die Schulbehörden andere Eltern davon ab, irgendwelche Einwände zu erheben. [108]

Irreführender und diffuser Bildungsjargon

Wir haben bereits aus dem Buch „The Deliberate Dumbing Down of America“ (siehe [101]) zitiert. Iserbyt wies am Anfang des Buches auf ein entscheidendes Problem hin: „Der Grund, warum die Amerikaner diesen Krieg nicht verstehen, ist, dass er im Geheimen geführt wird – in den Schulen unserer Nation, um unsere Kinder zu erreichen, die in den Klassenzimmern gefangen sind.“ Die Einsätze in diesem Krieg finden mit sehr ausgeklügelten und effektiven Werkzeugen statt:

- Hegelsche Dialektik (Gemeinsamkeiten, Konsens und Kompromisse)
- Gradualismus (zwei Schritte vor, ein Schritt zurück)
- Semantische Täuschung (Neudefinition von Begriffen, um eine Übereinstimmung ohne jegliches Verständnis zu erzielen).

Auch Phillis Schlafly (1924-2016) schrieb über diese Erscheinung. Im Vorwort zu ihrem Buch „Child Abuse in the Classroom“ (auf Deutsch: „Kindesmisshandlung im Klassenzimmer“) sagte sie, dass Psychotherapiekurse eine Reihe von speziellen Begriffen verwenden, um zu verhindern, dass Eltern den wahren Zweck und die wahre Methode solcher Kurse verstehen. Diese Begriffe zielen auf Verhaltensänderung, kritisches Denken höherer Ordnung, moralische Überlegungen und so weiter. [109]

Seit Jahrzehnten haben amerikanische Pädagogen eine schillernde Vielfalt von Begriffen wie Konstruktivismus, kooperatives Lernen, Erfahrungslernen, tiefgreifendes Verständnis, Problemlösung, forschungsbasierte und ergebnisorientierte Bildung, personalisiertes Lernen, konzeptionelles Verständnis, prozedurale Fähigkeiten, lebenslanges Lernen, interaktiver Unterricht von Schülern und Lehrern und so weiter geschaffen. Es gibt zu viele, um sie aufzulisten. Auf der einen Seite erscheinen einige Konzepte vernünftig, aber die Untersuchung des Inhalts der Begriffe und dessen, wofür sie benutzt werden, zeigt, dass ihr

Zweck darin besteht, die traditionelle Bildung zu diskreditieren und die Verdummung in der Bildung zu fördern. Sie sind Beispiele für eine äsopische oder orwellsche Sprache, bezüglich derer der Schlüssel zum Verständnis gerade darin besteht, die Bedeutungen umzukehren. [110]

Massenhafte Änderungen in Schulfächern und Unterrichtsmaterialien

Das in den 1960er Jahren veröffentlichte Buch „None Dare Call It Treason" (auf Deutsch: „Niemand wagt es, es Hochverrat zu nennen"), analysiert die Reform der Lehrbücher der 1930er Jahre. Diese Reform kombiniert Inhalte aus verschiedenen Unterrichtsfächern wie Geschichte, Geografie, Soziologie, Wirtschaft und Politikwissenschaft zu einem einzigen Lehrbuch. Die daraus entstandenen Lehrmaterialien haben den Inhalt, das Wertesystem und die Art und Weise der Kodifizierung traditioneller Lehrbücher aufgegeben. „So ausgeprägt waren die antireligiösen Vorurteile; so offen war die Propaganda für die sozialistische Steuerung des Lebens der Menschen" [111], dass die Lehrbücher die amerikanischen Helden und die US-Verfassung herabgewürdigt haben, schrieben Kritiker.

Diese Lehrbücher waren sehr umfangreich und fielen nicht in den Geltungsbereich der traditionellen Fachgebiete; daher haben Experten verschiedener Fachrichtungen ihnen gar nicht erst viel Aufmerksamkeit geschenkt. Viele Jahre später, als die Öffentlichkeit das Problem erkannte und anfing, sich dagegen zu wehren, waren bereits fünf Millionen Studenten mit solchen Materialien erzogen worden. Heutzutage fallen in den Grund- und Mittelschulen der Vereinigten Staaten Geschichte, Geografie, Staatsbürgerkunde usw. in die Kategorie der „Sozialkunde" – und die Idee dahinter ist dieselbe.

Wären die Änderungen der Lehrbücher transparent gewesen, wären sie von Experten und Eltern in Frage gestellt und abgelehnt worden. Die neu bearbeiteten Lehrbücher, die mehrere Fächer miteinander vermischen, gehören keinem eindeutigen Fachgebiet an, sodass Experten Schwierigkeiten haben, die Inhalte über ihren eigenen Fachbereich hinaus zu beurteilen. Das macht es für Lehrbücher relativ einfach, eine Überprüfung zu bestehen und von einem Schulbezirk und der Gesellschaft akzeptiert zu werden.

Nach zehn oder zwanzig Jahren kann es vorkommen, dass einige Menschen die Verschwörung hinter dieser Art von Lehrbüchern sehen. Wenn sie jedoch so weit sind, zu sprechen, sind die Schüler schon herangewachsen und die Lehrer haben sich an die neuen Lehrbücher und Lehrmethoden gewöhnt. Dann ist es unmöglich, die Lehrbücher wieder in ihre traditionelle Form zu bringen. Selbst wenn eine kleine Anzahl von Menschen die schwerwiegenden Mängel der Lehrbücher erkennt, werden ihre Stimmen von der Öffentlichkeit nicht gehört und sie werden die Entscheidungsprozesse wahrscheinlich kaum beeinflussen. Wenn die Gegenstimmen lauter werden, ist dies jedoch eine Chance, eine nächste Runde von Reformen einzuleiten, die traditionellen Inhalte noch stärker zu verwässern und weitere linksgerichtete Ideen einzubringen. Nach mehreren Reformen wird die neue Generation von Schülern von der eigenen Tradition getrennt, sodass es fast unmöglich ist, zurückzukehren.

Die Aktualisierung der amerikanischen Lehrbücher erfolgt sehr schnell. Einige sagen, dass dies daran liegt, dass das Wissen mit zunehmender Geschwindigkeit gewachsen ist. Tatsächlich ändert sich jedoch an den Grundkenntnissen, die in der Grund- und Sekundarschule erworben werden sollen, nicht viel. Warum also wurden so viele verschiedene Lehrbücher veröffentlicht und kontinuierlich nachgedruckt? Der oberflächliche Grund dafür ist, dass die Verlage miteinander konkurrieren. Um Gewinne zu erzielen, wollen sie nicht, dass die Schüler viele Jahre lang immer wieder dieselben Lehrbücher verwenden. Aber auf einer tieferen Ebene wurde der Prozess, ebenso wie der Umbau der Lehrbuchinhalte, dazu genutzt, dic Lehrmaterialien für die nächste Generation zu verzerren.

Bildungsreform: ein dialektischer Kampf

Seit den 1950er und 1960er Jahren hat die amerikanische Bildung eine Reihe von Reformen erfahren. Aber diese Reformen brachten nicht die erwarteten Verbesserungen in der Qualität der Bildung. 1981 erreichten die SAT-Werte (Scholastic Aptitude Test, Schuleignungstest) der amerikanischen Schüler einen Rekordtiefstand, was die Veröffentlichung des Reports „A Nation at Risk“ (auf Deutsch: „Eine Nation in Gefahr“) und die Bewegung „Back to Basics“ (auf Deutsch: „Zurück zu den Wurzeln“) in der Bildung auslöste. Um die peinlichen Zustände im Bildungswesen der Vereinigten Staaten zu ändern, leiteten mehrere Regierungen seit den 1990er Jahren nacheinander große Bildungsreformen ein – aber sie hatten keine großen Auswirkungen. Sie haben nicht nur nicht geholfen, sondern die Probleme auch noch verschärft. [112]

Wir glauben, dass die meisten an der Bildungsreform Beteiligten aufrichtig Gutes für die Schüler und die Gesellschaft tun wollen, aber wegen des Einflusses verschiedener falscher Denkweisen scheitern ihre Absichten und verkehren sich oft ins Gegenteil. Das Ergebnis vieler dieser Reformen ist die Förderung kommunistischer Ideen. Wie Reformen in anderen Bereichen muss auch die Infiltration durch die Bildungsreformen nicht alles in einem einzigen Kampf erreichen. Der Erfolg einer Reform ist nicht ihr Ziel. Tatsächlich ist jede Reform dazu bestimmt, am Anfang ihres Konzepts zu scheitern, um eine Entschuldigung für die nächste Reform zu liefern. Jede weitere Reform ist eine noch tiefere Abweichung, welche die

Menschen weiter vom traditionellen Glauben entfremdet. Das ist die Dialektik des Kampfes – ein Schritt zurück und dann zwei vorwärts. Auf diese Weise werden die Menschen den Zusammenbruch der traditionellen Kultur nicht bedauern, sondern sich fragen: Was ist mit traditioneller Kultur gemeint?

3. Das Ziel: Zerstörung der Bildung in Ost und West

Der Kommunismus kann bei Bedarf Hunderte von Jahren warten und sein Ziel, die Bildung im Westen zu zerstören, über viele Generationen mittels Änderungen durch die Reformpädagogik erreichen. China hat 5.000 Jahre alte tiefgründige kulturelle Traditionen. Aufgrund der spezifischen historischen Bedingungen zu der Zeit, als die Kommunisten an die Macht kamen, konnten diese jedoch die Mentalität des chinesischen Volkes, schnell Erfolg und sofortige Gewinne zu erzielen, ausnutzen. Dies führte das chinesische Volk dazu, radikale Maßnahmen zu akzeptieren – die es in wenigen Jahrzehnten schnell von der Tradition trennten. Auf diese Weise erreichte der Kommunismus sein Ziel, Bildung und Menschlichkeit des chinesischen Volkes zu manipulieren.

Zu Beginn des 20. Jahrhunderts, als Deweys Reformpädagogik begann, die Vereinigten Staaten zu zersetzen, kehrten seine chinesischen Anhänger nach China zurück. Sie wurden zu Pionieren der modernen chinesischen Bildung. Britische Waffen hatten das Selbstwertgefühl des chinesischen Volkes zerstört, und die Intellektuellen waren sehr daran interessiert, einen Weg zur Stärkung der Nation zu finden. Die Kommunisten nutzten diese Verhältnisse, um eine sogenannte „Neue Kulturbewegung" zu initiieren, welche die Traditionen Chinas ablehnte.

Die Bewegung stellte einen Angriff auf die Kultur dar und war eine Generalprobe für die Kulturrevolution der 1960er

Jahre. Die „Neue Kulturbewegung“ wurde von drei Hauptakteuren dominiert: Deweys Schüler Hu Shi, Chen Duxiu, einer der Gründer der Kommunistischen Partei Chinas, und Lu Xun, der später von Mao Tse-tung als „Oberbefehlshaber der Kulturrevolution Chinas“ gepriesen wurde. Li Dazhao, ein weiterer Gründer der Kommunistischen Partei Chinas, übernahm ebenfalls eine wichtige Rolle in der Kulturbewegung der späteren Zeit.

Die „Neue Kulturbewegung“ prangerte China wegen der Fehler seines bisherigen Entwicklungsweges an und schob die in den vorangegangenen hundert Jahren gewachsene Schwäche Chinas der traditionellen konfuzianischen Kultur zu. Sie befürwortete die Abschaffung des Konfuzianismus. Die traditionelle Kultur wurde als „alte Kultur“ angesehen, während die gesamte westliche Kultur als neu eingestuft wurde. Traditionelle Überzeugungen wurden kritisiert, weil sie nicht den Ideen von Wissenschaft und Demokratie gehorchten. Diese Bewegung war der Vorläufer der heftigen „Bewegung des 4. Mai“ von 1919 bis 1925. Damit begann die erste Welle der rigorosen Umkehrung der traditionellen Ethik und Werte. Gleichzeitig legte diese den Grundstein für den Marxismus, der aus dem Westen in China einmarschierte und erlaubte es diesem, Wurzeln zu schlagen, zu sprießen und zu wachsen.

In der Bildung gehörte die Kampagne zur Förderung der Vernakularisierung (Vernachlässigung) des geschriebenen Chinesisch zu den größten Schäden, die durch die „Neue Kulturbewegung“ verursacht wurden. Dabei wurde, wie von Hu Shi befürwortet, der chinesischsprachige Unterricht in der Grundschule auf das allgemein gebräuchliche mundartliche Chinesisch umgestellt. Dies hatte zur Folge, dass die Mehrheit der Chinesen nach einer Generation kaum noch dazu in der Lage war, klassisches Chinesisch zu lesen und zu verstehen. Dies bedeutete, dass das „Buch der Wandlungen“, die „Frühjahrs- und Herbstannalen“, das „Tao Te King“, die „Innere Alchemie des Gelben Kaisers“ („Huangdi Neijing“) und andere traditionelle Bücher für den gewöhnlichen Schüler nicht mehr zugänglich waren. Stattdessen wurden sie als esoterische Inhalte für spezielle Forschungen von Wissenschaftlern angesehen. Chinas 5.000 Jahre alte glorreiche Zivilisation wurde zur reinen Dekoration umgebogen.

Bei der Entwicklung der chinesischen Kultur wurde durch die Gottheiten arrangiert, dass die schriftliche klassische chinesische Sprache von der gesprochenen Sprache getrennt ist. In China gab es im Laufe der Geschichte viele großflächige Assimilierungen verschiedener ethnischer Gruppen und mehrfache Verlagerungen des kulturellen Schwerpunkts des Landes, wodurch sich die gesprochene Sprache ständig änderte. Durch die Trennung zwischen der gesprochenen Sprache und dem in der Schrift verwendeten klassischen Chinesisch blieb das klassische Chinesisch jedoch weitgehend unverändert. Die Schüler der Qing-Dynastie konnten noch immer die Song-Dynastie, die Tang-Dynastie und sogar die Klassiker der Vor-Qin-Dynastie lesen und verstehen. So konnte die traditionelle chinesische Kultur und Literatur über Jahrtausende hinweg unverfälscht weitergegeben werden.

Der Kommunismus veranlasste das chinesische Volk jedoch dazu, seine kulturellen Wurzeln über die Sprache zu durchtrennen. Gleichzeitig wurde es durch die Kombination von Schriftsprache mit gesprochener Sprache leichter, abnorme Wörter und Phrasen zu vermischen, wodurch sich das chinesische Volk noch weiter von der Tradition entfernte.

Die Alphabetisierungskampagnen und die Popularisierung der Kultur in der Grundschulbildung, die von der Kommunistischen Partei Chinas vor und nach ihrer Gründung durchgeführt wurden, unterwarfen ihre unfreiwilligen Zuhörer einer direkten und expliziten Gehirnwäsche. Die ersten Sätze, die von den Schülern in den Alphabetisierungsklassen und im ersten Jahr der Grundschule gelernt wurden, waren beispielsweise Propaganda wie „Lang lebe der Vorsitzende Mao", „die böse alte Gesellschaft" und „der böse amerikanische Imperialismus" – Sätze, die das von der Partei geforderte, klar auf Hass basierende Klassenkampfethos der Partei in unmissverständlicher Weise zum Ausdruck brachten.

Verglichen mit abweichenden Vorstellungen, die die Reformpädagogik in Kinderbüchern untermischt (wie „Heather Has Two Mommies" – Deutsch: „Heather hat zwei Mütter"), sind die beiden Bewegungen zwar methodisch sehr unterschiedlich; beide stellen aber im Kern eine Form der ideologischen Indoktrinierung dar, die den Jugendlichen aufgezwungen wird. Chinesische Kinder, die auf diese Weise unterrichtet werden, wachsen auf und verteidigen das tyrannische Regime der Kommunistischen Partei Chinas aus eigenem Antrieb, indem sie Menschen verunglimpfen und verprügeln, die von universellen Werten sprechen. Kinder, die in der westlichen Welt unterrichtet werden, wachsen auf, um Teil der verärgerten Studentenbewegung zu werden. Sie hindern später die Redner daran, über traditionelle Werte zu sprechen und beschuldigen sie der Diskriminierung.

Kurz nachdem die Kommunistische Partei Chinas ihr Regime etabliert hatte, begann sie eine Kampagne zur Reformierung der Gedanken gegen Intellektuelle, die sich auf Universitäten und Gymnasien (High Schools) konzentrierte. Das Hauptziel war, die Denkweisen der Intellektuellen zu reformieren sowie diese dazu zu zwingen, traditionellen moralischen Prinzipien zu entsagen. Die Betreffenden mussten die traditionelle Philosophie aufgeben, zuerst sich selbst zu verbessern und dies sodann auf die Familie, den Staat und die Welt auszudehnen. Die Kampagne bediente sich einer marxistischen, auf Klassen basierenden Sichtweise der Welt und des Lebens aus der Perspektive der Arbeiterklasse.

Vor allem Professoren der alten Generation wurden gezwungen, sich immer wieder selbst zu kritisieren, zu beschuldigen und zu akzeptieren, dass sie von ihren Kollegen und Studenten informiert, überwacht und kritisiert wurden. Sie wurden sogar dazu gebracht, „konterrevolutionäre Gedanken" in ihrem eigenen Unterbewusstsein anzuerkennen und zu beseitigen, die als Aggressionen gegen die Arbeiterklasse bezeichnet wurden. Natürlich war das viel intensiver als das heutige Sensibilisierungstraining. Einige konnten die Erniedrigung und den Stress nicht ertragen und begingen Selbstmord. [113]

Anschließend begann die Kommunistische Partei Chinas mit der Neuausrichtung der Fakultäten und Abteilungen an den Universitäten. Dabei wurden Abteilungen wie Philosophie, Soziologie und die mit den Geisteswissenschaften verbundenen Fächer stark verringert, zusammengeführt oder abgeschafft. Es entstanden viele umfassende Universitäten mit ausschließlich naturwissenschaftlichen und ingenieurwissenschaftlichen Fakultäten im sowjetischen Stil. Die Kommunistische Partei Chinas konnte eine unabhängige ideologische Perspektive in Bezug auf Politik und soziale Fragen nicht tolerieren, da diese ihre tyrannische Herrschaft bedrohte. Diese Sichtweise war mit den geisteswissenschaftlichen Fakultäten verbunden, die in den Tagen der Republik China noch akademische Freiheit besessen hatten. Gleichzeitig wurden marxistische Politik und Philosophie für alle Studenten verbindlich vorgeschrieben. Der gesamte Prozess wurde innerhalb von zwei bis drei Jahren abgeschlossen. Im Westen brauchte der Kommunismus eine ganze Generation, um neue Fachrichtungen mit dem Ziel der ideologischen Indoktrination und der Verbreitung des marxistischen Denkens an den Universitäten zu etablieren. Obwohl die Geschwindigkeit zwischen den beiden sehr unterschiedlich war, erzielten sie ähnliche Ergebnisse.

1958 begann die Kommunistische Partei Chinas ihre Bildungsrevolution, die folgende charakteristische Merkmale aufwies: Erstens wurde die Bildung als ein Werkzeug hervorgehoben, das im Dienste des Proletariats eingesetzt werden sollte. Unter der Leitung des Parteikomitees wurden Schüler und Studenten mit der Erstellung von Lehrplänen und Lehrmaterialien beauftragt. In der Fakultät für chinesische Sprache an der Universität Peking verbrachten sechzig Studenten dreißig Tage damit, eine 700.000 Zeichen lange Abhandlung „Geschichte der chinesischen Literatur" zu schreiben. [114]

Dies zeigt in vollem Umfang, um was es bei der Reformpädagogik ging: Die Lehrmethoden sollten „schülerzentriert" sowie auf „experimentelles (exploratives, entdeckendes)" und „kooperatives Lernen" ausgerichtet sein – das heißt: Was zu lernen und wie zu lernen ist, sollte von den Studierenden selbst diskutiert und entschieden werden. Ziel war es, „abergläubische Überzeugungen" in Autoritätspersonen auszulöschen (was dazu dienen sollte, eine der Tradition entgegengesetzte Haltung einzuflößen), die Egozentrik der Schüler zu vergrößern und den Grundstein für die Rebellion während der kommenden Kulturrevolution zu legen.

Zweitens sollte die Einheit von Bildung und produktiver Arbeit hervorgehoben werden. Jede Schule hatte ihre eigenen Fabriken, und während der Blütezeit des „Großen Sprungs nach vorne" schmolzen Lehrer und Schüler Stahl und bestellten das Land. Selbst eine Universität wie die Renmin University of China, die sich zuvor auf soziale Disziplinen konzentriert hatte, betrieb 108 Fabriken. Im eigentlichen Sinne sollte dies den Schülern das „Lernen durch Tun" ermöglichen, aber in Wirklichkeit lernten die Schüler nichts.

In der anschließenden Kulturrevolution wurden die Schüler zur Zerstörung aller mit der traditionellen Kultur verbundenen Formen des kulturellen Erbes mobilisiert, seien sie materiell oder immateriell (weitere Einzelheiten siehe auch Kapitel 6). Damit war sie ein Spiegelbild zur Gegenkulturbewegung, die im Westen stattfand. Nach Beginn der Kulturrevolution war Mao Tse-tung der Meinung, dass die Situation mit den „kleinbürgerlichen Gelehrten", welche die

Schulen regierten, so nicht fortgesetzt werden sollte. Am 13. Juni 1966 veröffentlichte die Kommunistische Partei Chinas eine Mitteilung zur Reform der Hochschulzulassungen und startete die „Kampagne für Gegenmaßnahmen“: Die Aufnahmeprüfungen wurden abgeschafft und eine große Anzahl von „Arbeiter-Bauern-Soldaten“ eingeschrieben.

Der Film „Breaking With Old Ideas“ (auf Deutsch: „Mit alten Ideen brechen“), der während der Kulturrevolution gedreht wurde, reflektierte den Anlass für diese Reform: „Ein Jugendlicher, der auf einem armen Bauernhof aufgewachsen ist, ist nicht ausreichend gebildet, aber die Schwielen an seinen Händen durch harte Landarbeit qualifizieren ihn für die Einschreibung.“ Ein Schulleiter sagte: „Kannst du uns die Schuld für ihre geringe Alphabetisierung geben? Nein! Diese Schuld sollte den Nationalisten, den Grundbesitzern und der Kapitalistenklasse [den Unterdrückern] zugeschrieben werden!“

Im Westen gab es jüngst eine Professorin, die ein Arbeitspapier veröffentlichte, in dem sie behauptete, dass Mathematikprüfungen zu Rassendiskriminierung führen (weil Studenten bestimmter ethnischer Minderheiten im Vergleich zu weißen Studenten niedrigere Punktzahlen in der Mathematik erzielen). [115] Ein anderer Professor veröffentlichte einen Artikel, in dem mathematische Standards aufgeführt wurden, die auf den höheren Werten der männlichen Studenten basierten und die zu geschlechtsspezifischer Diskriminierung von Frauen führen, falls diese nach den gleichen Standards gemessen würden. [116] Ob man nun Studenten auf der Basis der Schwielen an ihren Händen für das höhere Level von Universitäten zulässt oder niedrigere Mathematikergebnisse der Rassen- und Geschlechterdiskriminierung zuschreibt: All das sind Methoden, mit denen der Kommunismus die Studenten verdummt und ihr intellektuelles Wachstum behindert.

Nach der Kulturrevolution kehrte China zur Aufnahmeprüfung für Hochschulen zurück. Von da an ist diese Prüfung zu einem wichtigen Bestandteil des Bildungssystems und zum obersten Ziel der Grund- und Sekundarschulbildung geworden. Unter dem Eindruck dieses zweckbestimmten Bildungssystems wurden viele Schüler zu Maschinen. Sie lernten nur, wie man Prüfungen besteht und blieben ohne die Fähigkeit, selbstständig zu denken oder richtig von falsch zu unterscheiden. Gleichzeitig wurden marxistische Philosophie, Politik und Ökonomie nach wie vor hartnäckig betont und sie blieben obligatorische Pflicht-Prüfungsfächer.

In den Köpfen der von der Tradition abgeschnittenen Schüler werden Recht und Unrecht, Gut und Böse nach kommunistischen Maßstäben bewertet: Nachdem der Terroranschlag am 11. September 2001 in den USA stattgefunden hatte, jubelten viele Studenten. Grundschüler erklärten, dass sie als Erwachsene korrupte Beamte werden wollen. Universitätsstudenten prostituieren sich und Studentinnen werden gegen Bargeld zu Leihmüttern.

Der Kommunismus hat die jüngere Generation in seine Gewalt gebracht.

Fazit: Rückkehr zur traditionellen Bildung

Das Bildungssystem trägt die Zukunft eines Landes, einer Nation und der menschlichen Zivilisation. Es ist ein langfristiges Werk, dessen Wirkung sich über Jahrhunderte oder sogar Jahrtausende erstreckt. Rückblickend auf die letzten hundert Jahre ist das amerikanische Bildungssystem durch die Unterwanderung und den Einfluss der kommunistischen Ideologie praktisch zerschlagen worden. Eltern und Lehrern sind die Hände gebunden und sie können den Schülern keine gute Ausbildung bieten. Schulen, die das Talent der Schüler fördern sollen, haben diese stattdessen vernachlässigt und in die Irre geführt. Die gesamte Gesellschaft ist zutiefst besorgt über den Mangel an Moral, niedriges Qualifikationsniveau, die zerbrechliche Psyche und die schlechten Gewohnheiten sowie über die chaotischen, anti-traditionellen und asozialen Trends, in welche die Schüler verwickelt sind. Hierdurch werden die Kräfte des Bösen sichtbar, die die Nachkommen und die Zukunft der Menschheit verschlingen.

Im Jahr 1958 erschien der Klassiker „The Naked Communist“. Unter den 45 Zielen, die durch den Autor, den ehemaligen FBI-Agenten, Redner und Hochschullehrer W. Cleon Skousen, aufgeführt wurden, werden die Ziele für die Bildung (Punkt 17) wie folgt beschrieben:

„Bekommen Sie die Kontrolle über die Schulen. Benutzen Sie sie als Antriebsriemen für den Sozialismus und die aktuelle kommunistische Propaganda. Weichen Sie den Lehrplan auf. Bekommen Sie die Kontrolle über die Lehrerverbände. Fügen Sie die Parteilinie in Lehrbücher ein.“ [117]

Betrachtet man den derzeitigen Zustand der amerikanischen Bildung, so wurden diese Ziele nicht nur erreicht, sondern die Situation hat sich auch noch verschärft. Aufgrund der politischen und wirtschaftlichen Stärke der Vereinigten Staaten wurde die amerikanische Kultur Gegenstand der Bewunderung und Nachahmung durch Länder auf der ganzen Welt. Die meisten Länder nutzen die Vereinigten Staaten als Modell für die Bildungsreform. Amerikanische Unterrichtskonzepte, Unterrichtsmaterialien, Lehrmethoden und das Schulmanagement haben viele Länder beeinflusst. So ist die Veränderung der amerikanischen Bildung bis zu einem gewissen Grad auch gleichbedeutend mit einer Veränderung der Bildung auf der ganzen Welt.

Sowohl zu Beginn der Schöpfung als auch dann, wenn die menschliche Zivilisation verdorben ist, werden erleuchtete Wesen oder Heilige geboren. Diese erleuchteten Wesen oder Heiligen sind in Wahrheit eine Gruppe von Menschen, die als „Lehrer“ bekannt sind. So war beispielsweise Sokrates, der Gründer der altgriechischen Zivilisation, ein Pädagoge. In den Evangelien nannte sich auch Jesus einen Lehrer. Buddha Shakyamuni hat zehn Namen, von denen einer der „Lehrer von Himmel und Menschheit“ ist. Konfuzius war ein Lehrmeister und Laotse war der Lehrer von Konfuzius. Sie sagen den Menschen, wie sie menschlich sein sollen, wie man Gott respektiert, wie man mit anderen auskommt und wie die Moral verbessert werden kann.

Diese erleuchteten Wesen und Heiligen sind die größten Lehrer der Menschheit. Ihre Worte prägten die großen Zivilisationen und wurden zu grundlegenden Klassikern aller Zivilisationen. Die Werte, die sie lehren und die Art und Weise, wie sie die Moral verbessern, ermöglichen es jedem Einzelnen, spirituelle Transzendenz und Gesundheit zu erreichen. Menschen mit einem gesunden Geist sind für die gesellschaftliche Gesundheit unerlässlich. Es ist kein Wunder, dass diese Lehrer, die größten Lehrer der Menschheit, zu einem ähnlichen Schluss gekommen sind: Der Zweck von Erziehung und Bildung ist die Kultivierung des guten Charakters.

Die klassische Bildung im Osten und Westen, die seit Jahrtausenden praktiziert wird, ist das Erbe der Kultur, die Gott den Menschen gegeben hat. Sie bewahrt auf diese Weise wertvolle Erfahrungen und Ressourcen. Nach dem Ideal der klassischen Bildung sind für den Bildungserfolg sowohl Talent als auch Integrität wichtige Beurteilungskriterien. Im Prozess des Wiederauflebens der Tradition der menschlichen Bildung ist der Schatz der klassischen Bildung würdig, erhalten, erforscht und gelernt zu werden.

Menschen mit hohen moralischen Werten sind in der Lage, sich selbst zu verwalten. Das ist die soziale Norm, die sich die amerikanischen Gründerväter erhofft hatten. Diejenigen, die moralisch edel sind, werden Gottes Segen empfangen. Durch Fleiß und Weisheit werden sie materielle Fülle und geistige Zufriedenheit erlangen. Noch wichtiger ist, dass Menschen mit hoher Moral der Gesellschaft erlauben, sich zu vermehren und über Generationen hinweg zu bestehen. Dies ist die Offenbarung von Erleuchteten und Heiligen – den größten Lehrern der Menschheit – dafür, wie das heutige Volk zur Tradition zurückkehren könnte.

Quellen zu Kapitel 12

[1] Robby Soave, „Elite Campuses Offer Students Coloring Books, Puppies to Get Over Trump Daily Beast", https://www.thedailybeast.com/elite-campuses-offer-students-coloring-books-puppies-to-get-over-trump.
[2] Elizabeth Redden, „Foreign Students and Graduate STEM Enrollment", Inside Higher Ed, October 11, 2017, https://www.insidehighered.com/quicktakes/2017/10/11/foreign-students-and-graduate-stem-enrollment.
[3] G. Edward Griffin, „Deception Was My Job: A Conversation with Yuri Bezmenov, Former Propagandist for the KGB", (American Media, 1984).
[4] Scott Jaschik, „Professors and Politics: What the Research Says", Inside Higher Ed, February 27, 2017, https://www.insidehighered.com/news/2017/02/27/research-confirms-professors-lean-left-questions-assumptions-about-what-means.
[5] Ebd.
[6] Ebd.
[7] Ebd.
[8] „The Close-Minded Campus? The Stifling of Ideas in American Universities", American Enterprise Institute website, June 8, 2016, https://www.aei.org/events/the-close-minded-campus-the-stifling-of-ideas-in-american-universities/.
[9] Fred Schwartz and David Noebel, „You Can Still Trust the Communists... to Be Communists" (Socialists and Progressives too) (Manitou Springs, Colo.: Christian Anti-Communism Crusade, 2010), 2–3.
[10] Zygmund Dobbs, „American Fabianism", Keynes at Harvard: Economic Deception as a Political Credo. (Veritas Foundation, 1960),

Chapter III.
[11] Robin S. Eubanks, „Credentialed to Destroy: How and Why Education Became a Weapon“ (2013), 26.
[12] Walter Williams, „More Liberty Means Less Government: Our Founders Knew This Well“ (Stanford: Hoover Institution Press, 1999), 126.
[13] David Macey, „Organic Intellectual“, The Penguin Dictionary of Critical Theory (London: Penguin Books, 2000), 282.
[14] Karl Marx, „Theses On Feuerbach“ (Marx/Engels Selected Works, Volume One), 13–15.
[15] Bruce Bawer, „The Victims' Revolution: The Rise of Identity Studies and the Closing of the Liberal Mind“ (New York: Broadside Books, 2012), Chapter 1.
[16] Ebd.
[17] Franz Fanon, „The Wretched of the Earth, trans. Constance Farrington“ (New York: Grove Press, 1963), 92.
[18] Jean Paul Sartre, „Preface“, The Wretched of the Earth, by Franz Fanon, 22.
[19] Roger Kimball, „Tenured Radicals: How Politics Has Corrupted Our Higher Education“, revised edition (Chicago: Ivan R. Dee, 1998), 25–29.
[20] Jonathan Culler, „Literary Theory: A Very Short Introduction“ (Oxford: Oxford University Press, 1997), 4.
[21] Fredrick Jameson, „The Political Unconscious: Narrative as a Socially Symbolic Act“ (Ithaca, NY: Cornell University Press, 1981), Chapter 1.
[22] Roger Kimball, „An Update,“ 1998, Tenured Radicals: How Politics Has Corrupted Our Higher Education, 3rd Edition (Chicago: Ivan R. Dee, 2008), xviii.
[23] Karl Marx, „The German Ideology“ (Progress Publishers, 1968).
[24] „Most Cited Authors of Books in the Humanities, 2007“, Times Higher Education, https://www.uky.edu/~eushe2/Bandura/BanduraTopHumanities.pdf.
[25] Joshua Phillip, „Jordan Peterson Exposes the Postmodernist Agenda“, The Epoch Times, June 21, 2017, https://www.theepochtimes.com/jordan-peterson-explains-how-communism-came-under-the-guise-of-iden-

tity-politics_2259668.html.

[26] Roger Kimball, „The Perversion of Foucault", The New Criterion, March 1993, https://www.newcriterion.com/issues/1993/3/the-perversions-of-m-foucault.

[27] David Horowitz and Jacob Laksin, „One Party Classroom" (New York: Crown Forum, 2009), 51.

[28] Ebd., 51–52.

[29] Bawer, „The Victims' Revolution: The Rise of Identity Studies and the Closing of the Liberal Mind", Chapter 3.

[30] Horowitz and Laksin, „One Party Classroom, 3.

[31] David Horowitz, „The Professors: The 101 Most Dangerous Academics in America" (Washington D.C.: Regnery Publishing, Inc., 2013), 84–5.

[32] Horowitz and Laksin, „One Party Classroom", 212.

[33] David Horowitz, „Indoctrinate U.: The Left's War against Academic Freedom" (New York: Encounter Books, 2009), Chapter 4.

[34] Ebd.

[35] Horowitz and Laksin, „One Party Classroom", 1–2

[36] Quoted from http://www.azquotes.com/author/691-Bill_Ayers.

[37] Horowitz, „The Professors: The 101 Most Dangerous Academics in America", 102.

[38] „Who Won the Civil War? Tough Question", National Public Radio, November 18, 2014, https://www.npr.org/sections/theprotojournalist/2014/11/18/364675234/who-won-the-civil-war-tough-question.

[39] „Summary of Our Fading Heritage: Americans Fail a Basic Test on Their History and Institutions", Intercollegiate Studies Institute Website, https://www.americancivicliteracy.org/2008/summary_summary.html.

[40] „Study: Americans Don't Know Much About History", July 17, 2009, https://www.nbclosangeles.com/news/local/Study-Americans-Dont-Know-About-Much-About-History.html.

[41] Howard Zinn, „A People's History of the United States" (New York: Harper Collins, 2003).

[42] Horowitz, „The Professors: The 101 Most Dangerous Academics in America", 74.

[43] Dinesh D' Souza, „Illiberal Education: The Politics of Race and Sex

on Campus“ (New York: The Free Press, 1991), 71.
[44] Paul Samuelson, „Foreword“, in The Principles of Economics Course, eds. Phillips Saunders and William B. Walstad (New York: McGraw-Hill College, 1990).
[45] Alan D. Sokal, „Transgressing the Boundaries: Toward a Transformative Hermeneutics of Quantum Gravity“, Social Text No. 46/47 (Spring–Summer, 1996), 217–252.
[46] Alan D. Sokal, „A Physicist Experiments with Cultural Studies“, Lingua Franca (June 5, 1996). Available at http://www.physics.nyu.edu/faculty/sokal/lingua_franca_v4/lingua_franca_v4.html.
[47] Alan D. Sokal, „Parody“, „All Things Considered“, National Public Radio, May 15, 1996, https://www.npr.org/templates/story/story.php?storyId=1043441.
[48] Alan D. Sokal, „Revelation: A Physicist Experiments with Cultural Studies“, in Sokal Hoax: The Sham That Shook the Academy, ed. The Editors of Lingua Franca (Lincoln, NE: University of Nebraska Press, 2000), 52.
[49] Thomas Sowell, „Inside American Education: The Decline, The Deception, The Dogma“ (New York: The Free Press, 1993), 212–213.
[50] Donald Alexander Downs, „Restoring Free Speech and Liberty on Campus“ (Oakland, CA: Independent Institute, 2004), 51.
[51] Eugene Volokh, „UC Teaching Faculty Members Not to Criticize Race-Based Affirmative Action, Call America ‚Melting Pot' and More“, The Washington Post, June 16, 2015, https://www.washingtonpost.com/news/volokh-conspiracy/wp/2015/06/16/uc-teaching-faculty-members-not-to-criticize-race-based-affirmative-action-call-america-melting-pot-and-more/?utm_term=.c9a452fdb0of.
[52] „Victory at IUPUI: Student-Employee Found Guilty of Racial Harassment for Reading a Book Now Cleared of All Charges“, Foundation for Individual Rights in Education, https://www.thefire.org/victory-at-iupui-student-employee-found-guilty-of-racial-harassment-for-reading-a-book-now-cleared-of-all-charges/.
[53] „Colleges Become Re-Education Camps in Age of Diversity“, Investor's Business Daily, https://www.investors.com/politics/editorials/stu-

dents-indoctrinated-in-leftist-politics/.
[54] Greg Lukianoff, „University of Delaware: Students Required to Undergo Ideological Reeducation", Foundation for Individual Rights in Education, https://www.thefire.org/cases/university-of-delaware-students-required-to-undergo-ideological-reeducation/.
[55] Alison Flood, „US Students Request 'Trigger Warnings' on Literature", The Guardian, May 19, 2014, https://www.theguardian.com/books/2014/may/19/us-students-request-trigger-warnings-in-literature.
[56] „A Nation at Risk", https://www2.ed.gov/pubs/NatAtRisk/risk.html.
[57] Ebd.
[58] Mark Bauerlein, „The Dumbest Generation: How the Digital Age Stupefies Young Americans and Jeopardizes Our Future" (New York: Jeremy P. Tarcher/Penguin, 2008), Chapter One.
[59] John Taylor Gatto, „Dumbing Us Down: The Hidden Curriculum of Compulsory Schooling" (Gabriola Island, BC, Candda: New Society Publishers, 2005), 12.
[60] Charles J. Sykes, „Dumbing Down Our Kids: Why American Children Feel Good about Themselves but Can't Read, Write, or Add" (New York: St. Martin's Griffin, 1995), 148–9.
[61] Thomas Sowell, „Inside American Education" (New York: The Free Press, 1993), 4.
[62] Charlotte Thomson Iserbyt, „The Deliberate Dumbing Down of America: A Chronological Paper Trail" (Ravenna, Ohio: Conscience Press, 1999), xvii.
[63] Robin S. Eubanks, „Credentialed to Destroy: How and Why Education Became a Weapon" (invisibleserfscollar.com, 2013), 48.
[64] Ebd., 49.
[65] Ebd., 45–46.
[66] „Ten Most Harmful Books of the 19th and 20th Centuries", Human Events, May 31, 2005, http://humanevents.com/2005/05/31/ten-most-harmful-books-of-the-19th-and-20th-centuries/.
[67] Mortimer Smith, And Madly „Teach: A Layman Looks at Public School Education" (Chicago: Henry Regnery Company, 1949). See also: Arthur Bestor, Educational Wastelands: The Retreat from Learning in Our Public Schools, 2nd ed. (Champaign, Illinois: University of Illinois Press, 1985).

[68] John A. Stormer, „None Dare Call It Treason" (Florissant, Missouri: Liberty Bell Press, 1964), 99.
[69] I. L. Kandel, „Prejudice the Garden toward Roses?" The American Scholar, Vol. 8, No. 1 (Winter 1938–1939), 77.
[70] Christopher Turner, „A Conversation about Happiness, Review – A Childhood at Summerhill", The Guardian, March 28, 2014, https://www.theguardian.com/books/2014/mar/28/conversation-happiness-summerhill-school-review-mikey-cuddihy.
[71] Alexander Neil, „Summerhill School: A Radical Approach to Child Rearing (New York: Hart Publishing Company, 1960), Chapter 3.
[72] Ebd., Chapter 7.
[73] Joanne Lipman, „Why Tough Teachers Get Good Results", The Wall Street Journal, September 27, 2013, https://www.wsj.com/articles/why-tough-teachers-get-good-results-1380323772.
[74] Daisy Christodoulou, „Seven Myths about Education" (London: Routledge, 2014).
[75] Diane West, „The Death of the Grown-Up: How America's Arrested Development Is Bringing down Western Civilization" (New York: St. Martin's Press, 2008), 1–2.
[76] Fred Schwartz and David Noebel, „You Can Still Trust the Communists… to Be Communists" (Socialists and Progressives too) (Manitou Springs, CO: Christian Anti-Communism Crusade, 2010), back cover.
[77] Stein v. Oshinsky, 1965; „Collins v. Chandler Unified School District", 1981.
[78] John Taylor Gatto, „The Underground History of American Education: A Schoolteacher's Intimate Investigation into the Problem of Modern Schooling" (The Odysseus Group, 2000), Chapter 14.
[79] Diane Ravitch, „Education after the Culture Wars", Dædalus 131, no. 3 (Summer 2002), 5–21.
[80] Steven Jacobson, „Mind Control in the United States" (1985), 16, https://archive.org/details/pdfy-6IKtdfWsaYpENGlz.
[81] „Inside a Public School Social Justice Factory", The Weekly Standard, February 1, 2018, https://www.weeklystandard.com/katherine-kersten/inside-a-public-school-social-justice-factory.
[82] History Social-Science Framework (Adopted by the California State

Board of Education, July 2016, published by the California Department of Education, Sacramento, 2017), 431, https://www.cde.ca.gov/ci/hs/cf/documents/hssfwchapter16.pdf.

[83] Ebd., p. 391.

[84] Stanley Kurtz, „Will California's Leftist K-12 Curriculum Go National?" National Review, June 1, 2016, https://www.nationalreview.com/corner/will-californias-leftist-k-12-curriculum-go-national/.

[85] Phyllis Schlafly, ed., „Child Abuse in the Classroom" (Alton, Illinois: Pere Marquette Press, 1984), 13.

[86] Herbert Marcuse, „Eros and Civilization: A Philosophical Inquiry into Freud" (Boston: Beacon Press, 1966), 35.

[87] B. K. Eakman, „Cloning of the American Mind: Eradicating Morality through Education" (Lafayette, Louisiana: Huntington House Publishers, 1998), 109.

[88] William Kilpatrick, „Why Johnny Can't Tell Right from Wrong and What We Can Do about It" (New York: Simon & Schuster, 1992), 16–17.

[89] Thomas Sowell, „Inside American Education: The Decline, the Deception, the Dogmas" (New York: The Free Press, 1993), 36.

[90] Ebd., Chapter 3.

[91] „Death in the Classroom", 20/20, ABC Network, September 21, 1990, https://www.youtube.com/watch?v=vbiY6Fz6Few.

[92] Sowell, „Inside American Education: The Decline, the Deception, the Dogmas," 38.

[93] Kilpatrick, „Why Johnny Can't Tell Right from Wrong and What We Can Do about It", 32.

[94] „We Teach Children Sex ... Then Wonder Why They Have It", Daily Mail, August 1, 2004, http://www.dailymail.co.uk/debate/article-312383/We-teach-children-sex–wonder-it.html.

[95] „Focus on Youth with ImPACT: Participant's Manual", Centers for Disease Control and Prevention, https://effectiveinterventions.cdc.gov/docs/default-source/foy-implementation-materials/FOY_Participant_Manual.pdf?sfvrsn=0.

[96] Robert Rector, „When Sex Ed Becomes Porn 101", The Heritage Foundation, August 27, 2003, https://www.heritage.org/education/commenta-

ry/when-sex-ed-becomes-porn-101.

[97] Norman K. Risjord, „Populists and Progressives“ (Rowman & Littlefield, 2005), 267.

[98] Madeline Gray, „Margaret Sanger“ (New York: Richard Marek Publishers, 1979), 227–228.

[99] Rebecca Hersher, „It May Be ‚Perfectly Normal' But It's Also Frequently Banned“, National Public Radio, September 21, 2014, https://www.npr.org/2014/09/21/350366435/it-may-be-perfectly-normal-but-its-also-frequently-banned.

[100] Kilpatrick, „Why Johnny Can't Tell Right from Wrong and What We Can Do about It“, 53.

[101] Maureen Stout, „The Feel-Good Curriculum: The Dumbing Down of America's Kids in the Name of Self-Esteem“ (Cambridge, Massachusetts: Perseus Publishing, 2000), 1–3.

[102] Ebd., 17.

[103] B. K. Eakman, Educating for the ‚New World Order'“ (Portland, Oregon: Halcyon House, 1991), 129.

[104] „Teacher of the Year Ceremony“, C-Span, https://www.c-span.org/video/?39846-1/teacher-year-ceremony

[105] Sol Stern, „How Teachers' Unions Handcuff Schools“, The City Journal, Spring 1997, https://www.city-journal.org/html/how-teachers%E2%80%99-unions-handcuff-schools-12102.html.

[106] Troy Senik, „The Worst Union in America: How the California Teachers Association Betrayed the Schools and Crippled the State“, The City Journal, Spring 2012, https://www.city-journal.org/html/worst-union-america-13470.html.

[107] Kilpatrick, „Why Johnny Can't Tell Right from Wrong and What We Can Do about It“, 39.

[108] Samuel Blumenfeld and Alex Newman, „Crimes of the Educators: How Utopians Are Using Government Schools to Destroy America's Children“ (Washington D. C.: WND Books, 2015), Chapter 14.

[109] Schlafly, „Child Abuse in the Classroom“, 14.

[110] Valerie Strauss, „A serious Rant about Education Jargon and How It Hurts Efforts to Improve Schools“, Washington Post, November 11, 2015,

https://www.washingtonpost.com/news/answer-sheet/wp/2015/11/11/a-serious-rant-about-education-jargon-and-how-it-hurts-efforts-to-improve-schools/?utm_term=.8ab3d85e9e45.

[111] Stormer, „None Dare Call It Treason", 104–106.

[112] Regarding the criticism of ‚Common core' see Duke Pesta, „Duke Pesta on Common Core – Six Years Later", https://www.youtube.com/watch?v=wyRr6nBEnz4, and Diane Ravitch, „The Common Core Costs Billions and Hurts Students", New York Times, July 23, 2016, https://www.nytimes.com/2016/07/24/opinion/sunday/the-common-core-costs-billions-and-hurts-students.html.

[113] There are many such cases. For examples, readers to refer to Zhou Jingwen, Ten Years of Storm: The True Face of China's Red Regime [風暴十年：中國紅色政權的真面貌], (Hong Kong: shi dai pi ping she [時代批評社], 1962). Web version available in Chinese at https://www.marxists.org/chinese/reference-books/zjw1959/06.htm#2

[114] Luo Pinghan, „The Educational Revolution of 1958", Literature History of the Communist Party, Vol. 34

[115] Robert Gearty, „White Privilege Bolstered by Teaching Math, University Professor Says", Fox News, October 24, 2017, http://www.foxnews.com/us/2017/10/24/white-privilege-bolstered-by-teaching-math-university-professor-says.html.

[116] Toni Airaksinen, „Prof Complains about ‚Masculinization of Mathematics'", Campus Reform, August 24, 2017, https://www.campusreform.org/?ID=9544.

[117] W. Cleon Skousen, „The Naked Communist" (Salt Lake City: Izzard Ink Publishing, 1958, 2014), Chapter 12.

Kapitel 13

Unterwanderung der Medien

Einführung

Der Einfluss der Medien in der modernen Gesellschaft ist enorm und wächst täglich. Er durchdringt alle Gesellschaftsgruppen jedweder Größe, von der lokalen bis zur globalen Ebene. Die Massenmedien haben mit Zeitungen und Zeitschriften begonnen und später kamen Radio, Film und Fernsehen dazu. Mit dem Aufkommen von Social Media und benutzergenerierten Inhalten hat das Internet die Geschwindigkeit und Reichweite der audiovisuellen Kommunikation noch einmal zusätzlich stark vergrößert.

Die Menschen sind, um die neuesten Nachrichten und Analysen zu erlangen, auf die Medien angewiesen. In einem Ozean von Informationen beeinflussen die Medien, welche Informationen die Menschen sehen und wie sie diese bewerten. Die Medien sind in der Lage, schon den ersten Eindruck der Menschen zu einem bestimmten Thema zu manipulieren und verfügen somit über die weitreichende Macht des psychologischen Primings.

Für soziale Führungsschichten, insbesondere Politiker, legen die Medien den Schwerpunkt der öffentlichen Meinung fest, sie bestimmen die Richtung der öffentlichen Debatte. Themen, die die Medien aufgreifen, erlangen eine große Bedeutung in der Gesellschaft. Probleme, über die sie nicht berichten, werden ignoriert und vergessen.

Thomas Jefferson, der Vater der Unabhängigkeitserklärung der USA und dritte Präsident der Vereinigten Staaten, fasste einmal die wesentlichen Pflichten so zusammen, die die Presse in der Gesellschaft übernimmt:

„Wenn ich zu wählen hätte zwischen einem Volke mit einer Zeitung und ohne eine Regierung – und einem Volke mit einer Regierung, aber ohne eine Zeitung, – so würde ich mich unbedingt für Ersteres entscheiden." [1]

Als Stimme der Gesellschaft können Medien die Verteidiger universeller Werte oder ein Instrument des Bösen sein. Ihre Aufgabe ist, die Wahrheit über die wichtigsten Ereignisse der Welt fair, korrekt und rechtzeitig zu berichten. Sie müssen Gerechtigkeit unterstützen, Fehlverhalten verurteilen und gleichzeitig das Gute fördern. Ihre Mission geht über die privaten Interessen einer Person, eines Unternehmens oder einer politischen Partei hinaus.

Im Westen ist die Presse die Hüterin der Wahrheit und der Grundwerte der Gesellschaft. Sie genießt den hohen Status der „vierten Gewalt". Journalisten werden für ihr Fachwissen und ihre Bemühungen respektiert.

Joseph Pulitzer (1847-1911), ein Zeitungsverleger und Stifter des Pulitzer-Preises, sagte: „Unsere Republik und ihre Presse werden zusammen aufsteigen oder untergehen. Eine fähige, uneigennützige, bürgernah arbeitende Presse mit geschultem Personal, die das Richtige kennt und den Mut hat, es zu tun, kann jene öffentliche Tugend bewahren, ohne die die Volksherrschaft eine Täuschung und ein Hohn ist. Eine zynische, profitsüchtige, demagogische Presse wird mit der Zeit ein Volk hervorbringen, das genau so niederträchtig ist wie sie selbst. Die Kraft, die Zukunft der Republik zu gestalten, liegt in den Händen der Journalisten zukünftiger Generationen." [2]

Doch inmitten des moralischen Niedergangs der Menschheit ist es für die Medien schwierig, ihre Werte zu schützen und ihre Aufgaben unter dem Druck der Macht und der Versuchung des Geldes zu erfüllen. In kommunistischen Ländern werden die Medien vom Staat kontrolliert. Sie sind Sprachrohre des Regimes und unterziehen die Massen einer Gehirnwäsche – sie fungieren als Komplizen der kommunistischen Politik von Terror und Mord.

In der westlichen Gesellschaft wurden die Medien stark vom kommunistischen Denken unterwandert. Sie sind zu einem der wichtigsten Akteure des Kommunismus zur Verbreitung von anti-traditionellen, antimoralischen und dämonischen Trends geworden. Sie verbreiten Lügen und Hass und tragen so dazu bei, dass die moralische Degeneration weiter zunimmt. Viele Medienunternehmen haben sich von ihrer Pflicht, die Wahrheit zu berichten und das moralische Gewissen der Gesellschaft zu schützen, abgewandt. Es ist unerlässlich, dass wir den Zustand, in dem sich die Medien heute befinden, erkennen und die Verantwortung für diesen Bereich wieder übernehmen.

1. Medien in den kommunistischen Ländern sind Instrumente der Gehirnwäsche

Von Anfang an haben Kommunisten die Medien als ein Werkzeug zur Gehirnwäsche angesehen. In ihrem Artikel für den „Bund der Kommunisten" von 1847 forderten Marx und Engels die Mitglieder auf, „revolutionäre Energie und Eifer der Propaganda" zu entwickeln [3]. Marx und Engels verwendeten in ihren Artikeln oft Begriffe wie „Schlachtfeld der Partei", „Sprachrohr der Partei", „politisches Zentrum" oder „Werkzeug für die öffentliche Meinung", um den gewünschten Charakter und die Funktionen der Medien auszudrücken.

Lenin nutzte die Medien als Instrument zur Förderung, Anstiftung und Organisation der russischen Revolution. Er gründete die offiziellen kommunistischen Zeitungen *Iskra* (auf Deutsch: Funke) und „Prawda" (auf Deutsch: Wahrheit), um revolutionäre Propaganda und revolutionären Aktivismus zu fördern. Kurz nachdem die Kommunistische Partei der Sowjetunion die Macht ergriffen hatte, nutzte sie die inländischen Medien zur innenpolitischen Beeinflussung. Im Ausland wurde Reklame und Propaganda durch die Partei betrieben, um ihr Image zu verbessern und den Export der Revolution voranzutreiben.

Die Kommunistische Partei Chinas betrachtet die Medien ebenfalls als ein Werkzeug zur Formung der öffentlichen Meinung im Sinne der Diktatur und als ein Sprachrohr der Partei und der Regierung. Die Kommunistische Partei Chinas ist sich der Tatsache bewusst, dass „die Waffen und die Stifte das sind, worauf sie angewiesen ist, um die Macht zu ergreifen und zu festigen". [4] Schon in der Yan'an-Periode hat Mao Tse-tungs Sekretär Hu Qiaomu das Prinzip der „Parteinatur zuerst" vorgeschlagen und gesagt, dass die Literatur der Partei „die Standpunkte und Erkenntnisse der Partei in allen Artikeln, jedem Essay, jeder Nachrichtensendung und jedem Mitteilungsblatt durchsetzen muss." [5]

Nach der Gründung ihres Regimes verhängte die KP Chinas eine strenge Kontrolle über die Medien, darunter Fernsehen, Radio, Zeitungen, Zeitschriften und später das Internet. Es benutzt sie als Werkzeuge, um die Chinesen in der kommunistischen Ideologie zu schulen und zu indoktrinieren, Dissidenten zu unterdrücken, die Öffentlichkeit einzuschüchtern und die Wahrheit zu verbergen oder zu verzerren. Medienmitarbeiter sind Experten in Sachen Selbstzensur und sind sich ständig bewusst, dass ein einziger Fehler furchtbare

Konsequenzen haben kann. Die Zensur durchdringt nicht nur die offiziellen Nachrichtensender, auch persönliche Blogs, und Online-Communitys werden von einem riesigen System von Internetpolizisten überwacht und kontrolliert.

Es gibt einen zeitgenössischen chinesischen Satz, der die Rolle der Medien unter der Herrschaft der Kommunistischen Partei Chinas anschaulich beschreibt: „Ich bin der Hund der Partei, der an der Tür der Partei sitzt. Ich beiße jeden, von dem die Partei meint, dass ich ihn beißen soll, und so oft, wie mir gesagt wird." Das ist keine Übertreibung. Jede kommunistische politische Bewegung beginnt mit der öffentlichen Meinung – die Presse verbreitet Lügen, um den Hass zu schüren, der in Gewalt und Töten übergeht. Die Medien spielen eine entscheidende Rolle in diesem tödlichen Mechanismus.

Während des Massakers auf dem Platz des Himmlischen Friedens 1989 behauptete die KP Chinas, dass es sich bei den protestierenden Studenten um gewalttätige Schläger handle, und dass man daher die Armee benutze, um den „Aufstand" zu unterdrücken. Nach dem Massaker beteuerte sie, dass die Armee niemanden erschossen und dass es auf dem Platz des Himmlischen Friedens keine Opfer gegeben hätte. [6] Im Jahr 2001, zu Beginn der Verfolgung von Falun Gong, inszenierte das Regime die so genannte „Selbstverbrennung" auf dem Platz des Himmlischen Friedens, um die spirituelle Praktik zu verleumden und Hass gegen Falun Gong in China und auf der ganzen Welt zu schüren. [7]

Führungskräfte der Gremien auf allen Ebenen der KP Chinas messen der Propagandaarbeit große Bedeutung bei und setzen für diese Aufgabe umfangreiches Personal ein. Bis Ende 2010 beschäftigte China mehr als 1,3 Millionen Mitarbeiter im nationalen Propagandaapparat, darunter etwa 56.000 in Propagandaabteilungen auf Provinz- und Bezirksebene, 1,2 Millionen in den lokalen Abteilungen für Propaganda und 52.000 Menschen in den zentralen Propagandabüros. [8] Diese Zahlen beinhalten nicht die noch größere Menge von Mitarbeitern, die für die Überwachung und Manipulation der Meinung in Online-Medien verantwortlich sind, wie zum Beispiel Internetpolizisten, Moderatoren, von der Partei geführte und kontrollierte Kommentatoren und andere, die in verschiedenen Formen der Öffentlichkeitsarbeit tätig sind.

Alle Länder, die von kommunistischen Parteien regiert werden, setzen viele Ressourcen ein, um die Medien zu manipulieren. Jahrzehntelange Erfahrung hat die kommunistischen Staatsmedien zu einem effizienten Sprachrohr der totalitären Herrscher gemacht: Sie setzen alle Mittel ein, um das Volk zu täuschen und zu vergiften.

2. Kommunistische Unterwanderung westlicher Medien

Im letzten Jahrhundert wurde die Welt Zeuge der großen Konfrontation zwischen der freien Welt und dem kommunistischen Lager. Zur gleichen Zeit infiltrierte der Kommunismus die freien Gesellschaften. Dabei wurde die Unterwanderung der Medien in den westlichen Ländern zu einer seiner wichtigsten Methoden. Neben dem Blick auf den außerordentlichen Einfluss der US-Medien auf die Welt untersucht dieses Kapitel den Einfluss des Kommunismus auf die US-Medien.

Nachdem das Sowjetregime die Macht in Russland ergriffen hatte, versuchte es, seine Kontrolle über den öffentlichen Diskurs im Westen auszubauen; dazu entsandte es seine Agenten zur Infiltration der westlichen Medien und zur Anwerbung lokaler kommunistischer Sympathisanten. Es nutzte diese Menschen mit großem Erfolg, um die Sowjetunion zu preisen und die Brutalität der kommunistischen Herrschaft zu verbergen. Die sowjetische Propaganda hatte Einfluss auf eine große Anzahl an Menschen im Westen, und beeinflusste sogar die Regierungspolitik zugunsten der Sowjetunion.

Es ist bekannt, dass der sowjetische Geheimdienst KGB seine Agenten in den USA einsetzte, um direkt mit renommierten amerikanischen Medienunternehmen zusammenzuarbeiten. Unter ihnen waren Whittaker Chambers und John Scott, die als Redakteure der *New York Times* tätig waren, Richard Lauterbach und Stephen Laird vom „Time Magazine" und andere. Sie nutzten ihre Positionen, um sich mit Politikern, Prominenten und Staatschefs zu treffen. Einerseits sammelten sie ein breites Spektrum an Informationen, andererseits beeinflussten sie auch wichtige Beschlüsse und Entscheidungen auf hohen Ebenen der Politik, Wirtschaft, Diplomatie, Kriegsführung und mehr. [9]

Der Moskauer Korrespondent der *New York Times*, Walter Duranty, berichtete ausführlich über die Sowjetunion und gewann 1932 den Pulitzer-Preis für seine 13-teilige Artikelserie aus diesem Land. Jedoch glauben der amerikanische Ex-Kommunist Jay Lovestone und der prominente Journalist Joseph Alsop, dass Duranty als Spion für die sowjetische Geheimpolizei fungierte. [10]

Während der Hungersnot, die 1932-1933 die Ukraine und andere Regionen der Sowjetunion heimsuchte, leugnete Walter Duranty, dass die Hungersnot überhaupt existierte, ganz zu schweigen davon, dass Millionen von Menschen verhungerten. Er behauptete, dass „jeder Bericht, dass in der Sowjetunion heute Hungersnot herrsche, eine übertriebene oder böswillige Propaganda ist". [11]

Robert Conquest, ein berühmter britischer Historiker und führender Wissenschaftler für die Geschichte der Sowjetunion, schilderte die Folgen von Durantys falscher Berichterstattung. So heißt es in seinem Klassiker „The Harvest of Sorrow: Soviet Collectivization and the Terror-famine" (auf Deutsch etwa: „Die Ernte der Trauer: Die sowjetische Kollektivierung und die Terror-Hungersnot"):

„Als einer der bekanntesten Korrespondenten der Welt,

der für eine der bekanntesten Zeitungen der Welt arbeitete, wurde Mr. Durantys Leugnung der Hungersnot als Wahrheit akzeptiert. Er täuschte nicht nur die Leser der *New York Times*, sondern beeinflusste aufgrund des Prestiges der Zeitung auch die Ansichten unzähliger Menschen über Stalin und das Sowjetregime. Sein Einfluss hat zweifellos den neu gewählten Präsidenten Roosevelt beeinflusst, das sowjetische kommunistische Regime anzuerkennen." [12]

Hollywood, die Heimat der amerikanischen Filmindustrie, wurde ebenfalls von kommunistischen und linken Ideen infiltriert und beherbergte sogar einen Zweig der Kommunistischen Partei. Nachdem Willi Munzenberg (1889-1940), ein deutscher Kommunist und Mitglied der Dritten Internationale, in die Vereinigten Staaten gekommen war, begann er Lenins Konzepte der Filmentwicklung und -produktion umzusetzen und den Film als Propagandamittel zu nutzen. Er animierte Amerikaner, in die Sowjetunion zu reisen, um dort Filmwissenschaften zu studieren, und half Praktikanten beim Einstieg in die Filmindustrie. Er war es auch, der die Zweigorganisation der Kommunistischen Partei in Hollywood gründete.

Schrittweise begann der Einfluss der Sowjetunion zu wachsen. Viele Filmemacher der damaligen Zeit verehrten die Sowjets, und diese Empfindungen verstärkten sich während des Zweiten Weltkriegs, als die Vereinigten Staaten und die Sowjetunion kurzzeitig gegen das Dritte Reich verbündet waren. Ein berühmter Dramatiker behauptete, dass die deutsche Invasion in der Sowjetunion „ein Angriff auf unser Mutterland" sei. [13] In dem Film „Botschafter in Moskau" von 1943 wurde öffentlich erklärt, dass „es keinen grundlegenden Unterschied zwischen der Sowjetunion und den traditionellen Vereinigten Staaten gibt". [14]

Neben der Sowjetunion hat das chinesische kommunistische Regime auch stark von linken Medien und Journalisten in der freien Welt profitiert. Prominent unter ihnen sind die linken amerikanischen Journalisten Edgar Snow, Agnes Smedley und Anna Louise Strong.

Edgar Snows „Roter Stern über China" malte ein leuchtendes Bild von Mao Tse-tung und anderen hochrangigen chinesischen Führern der Kommunistischen Partei, während er ihre Verbrechen und die böse Natur des Kommunismus vor westlichen Lesern verheimlichte. Mao sagte: „Snow ist die erste Person, die den Weg für die freundschaftlichen Beziehungen frei macht, damit eine geschlossene Front aufgebaut werden kann." [15]

Agnes Smedley schrieb viele Artikel und Bücher, die der KP Chinas und ihrer Führung schmeichelten. Es gibt stichhaltige Beweise aus den sowjetischen Archiven, die darauf hinweisen, dass sie eine Komintern-Agentin war. Sie arbeitete daran, die bewaffnete Revolution in Indien zu fördern und Informationen für die Sowjets zu sammeln. [16] Anna Louise Strong war ebenfalls eine Bewunderin der chinesischen kommunistischen Bewegung. Die KP Chinas hat diese drei Amerikaner anerkannt, indem sie Briefmarken zu Ehren ihrer „verdienstvollen Leistungen" herausgab.

3. Linke Vorurteile bei Medienschaffenden

Die meisten US-Amerikaner sind skeptisch gegenüber der Qualität der Medienberichterstattung. Laut Umfragen sind 47 Prozent der Menschen der Meinung, dass die Medien liberal ausgerichtet sind. Im Vergleich dazu sind nur 17 Prozent der Meinung, dass es eine konservative Tendenz gibt. [17] Deshalb stellt sich die Frage, warum es in der Nachrichtenbranche, einem Bereich mit so starker Konkurrenz, eine derart einheitliche Tendenz geben kann.

Obwohl Reporter und Redakteure ihre eigenen individuellen, politischen und sozialen Ansichten haben, muss sich dies nicht in ihrer Berichterstattung widerspiegeln. Da Subjektivität und Neutralität Schlüsselprinzipien der journalistischen Ethik sind, sollten Nachrichten keine persönlichen Meinungen enthalten. Nach den normalen marktwirtschaftlichen Grundsätzen sollten Wettbewerbsverzerrungen durch das Auftreten neuer, neutralerer Wettbewerber ausgeglichen werden.

Die Realität ist komplizierter. Der US-Politikwissenschaftler Tim Groseclose nutzte für sein Buch „Left Turn: How Liberal Media Bias Distorts the American Mind" (auf Deutsch etwa: „Linksruck: Wie die Parteilichkeit der liberalen Medien die amerikanische Psyche deformiert") aus dem Jahr 2012 streng wissenschaftliche Methoden, um die politische Orientierung der großen amerikanischen Medien zu analysieren. Seine Ergebnisse zeigen, dass die durchschnittliche politische Orientierung der amerikanischen Medien überaus stark in Richtung Liberalismus und Progressivismus tendiert und sich damit weit links vom typischen Wähler befindet. Die „Mainstream"-Medien sind noch weiter von diesem Durchschnitt entfernt. [18]

Das Buch erklärt, dass die Mehrheit der professionellen Medienschaffenden Liberale sind, was objektiv gesehen Druck auf Traditionalisten in diesem Bereich ausübt. Die wenigen Konservativen, die in liberalen Medienunternehmen arbeiten, gelten als „ziemlich böse oder menschenverachtend", so Groseclose. Selbst wenn sie nicht aus der beruflichen Position gedrängt werden, wagen sie es nicht, ihre politischen Ansichten öffentlich zu äußern, geschweige denn konservative Standpunkte in der Presse oder dem Fernsehen zu vertreten. [19]

Linke Parteilichkeit hält Studenten mit konservativen Ansichten zudem davon ab, Journalismus zu studieren oder sich nach dem Abschluss einen Job in den Medien zu suchen. Die Gemeinschaft der Medienschaffenden schließt Meinungen aus, die nicht mit ihrer liberalen Ausrichtung übereinstimmen. Dadurch bilden sich politische Echokammern. Die Mitglieder dieser Gemeinschaft verstehen sich als die mitfühlende und intelligente Oberschicht an der Spitze der gesellschaftlichen Entwicklung, während sie die normalen Menschen als starrköpfige Banausen betrachten.

Allerdings repräsentieren die Mainstream-Medien (nicht nur der USA) nicht unbedingt die Meinungen des Hauptteils der Gesellschaft. Eine Umfrage von Gallup aus dem Jahr 2016 bestätigt dies. Laut der Umfrage sind 36 Prozent der amerikanischen Bürger Konservative, während die Liberalen etwas mehr als 25 Prozent ausmachen. [20] Anders gesagt: Wenn die Medien genau die Ansichten der Menschen im Land widerspiegeln würden, dann wären die Medien als Ganzes nicht linksgerichtet.

Die linke Schieflage der Medien ist eindeutig nicht das Ergebnis des Volkswillens. Ursache ist vielmehr die hinter den Kulissen betriebene politische Strategie, die gesamte Menschheit nach links zu rücken. Dies wird auch durch die oben genannte Umfrage widergespiegelt – Bürger ändern allgemein ihre Ansichten in Richtung Liberalismus und Progressivismus. 1996 betrug die Kluft zwischen Konservativen und Liberalen 22 Prozent, 2014 waren es 14 Prozent und 2016 11 Prozent. Der Anteil der Konservativen ist stabil geblieben, aber viele Menschen der Mitte sind nach links gewechselt. Die Mainstream-Medien spielen bei dieser Entwicklung der Bevölkerung eine nicht zu leugnende Rolle, was wiederum die ideologische Polarisierung der Medien unterstützt.

Es gibt auch einige Probleme, wenn man sich die parteipolitischen Zugehörigkeiten von Medienschaffenden ansieht. In den Vereinigten Staaten gehören die Demokraten zum linken Spektrum, während die Republikaner zum rechten tendieren. Laut einer Umfrage der *Washington Post* aus dem Jahr 2014 waren 28,1 Prozent der Medienmitarbeiter in den Vereinigten Staaten Demokraten, verglichen mit nur 7,1 Prozent, die sich als Republikaner bezeichneten. [21]

Die Mehrheit der Menschen, die in großen Zeitungen und Fernsehsendern arbeiten, sind Linke, seien es die Eigentümer dieser Einrichtungen oder die Reporter und Kommentatoren. Ihre Parteilichkeit ist offensichtlich. Im US-Präsidentschaftswahlkampf 2016 unterstützten 57 der hundert größten Zeitungen des Landes – mit einer Gesamtauflage von 13 Millionen Exemplaren – offen die demokratische Kandidatin. Nur zwei von ihnen, mit einer Auflage von 300.000 Exemplaren, unterstützten den republikanischen Anwärter. [22]

Warum aber tendieren die Medien so weit nach links? In den 1960er Jahren wurde das Land stark von der kommunistischen Ideologie geprägt, wobei die sozialen Bewegungen der radikalen Linken die Vereinigten Staaten im Sturm eroberten. Die radikalen Studenten der damaligen Zeit traten später in die Medien, die akademische Gemeinschaft, die bürgerliche Gesellschaft, Regierungsbehörden und die Kunstszene ein und etablierten so die Herrschaft über den öffentlichen Diskurs.

Die Mehrheit der Universitätsprofessoren setzt sich aus Linken zusammen, wie bereits in Kapitel 12 erläutert. In von linker Ideologie erfüllten Instituten für Journalismus und Literatur brachten sie Generationen von Absolventen unter ihren Einfluss. Medienschaffende erhalten keine hohen Gehälter, sondern nutzen ihren Idealismus als Mittel, um in der Branche zu überleben. Dieser Idealismus ist zum Instrument geworden, um die Medien in eine linke Plattform und Handlungsbasis zu verwandeln.

Neben den Nachrichtenmedien wird auch die Filmindustrie unter Druck gesetzt. Hollywood ist zu einer Bastion linker Propaganda geworden. Mit raffinierten Produktions- und Erzähltechniken fördern linksgerichtete Produzenten linke Ideologien, die die ganze Welt erreichen. Das Hauptthema der Hollywood-Filme ist in der Regel die Verleumdung des Kapitalismus und die Betonung von Klassenkonflikten, während sie gleichzeitig unmoralisches Verhalten oder Anti-Amerikanismus loben.

Der Autor Ben Shapiro interviewte viele Filmstars sowie Produzenten in Hollywood und schrieb ein Buch mit dem Titel „Primetime Propaganda: The True Hollywood Story of How the Left Took Over Your TV“ (auf Deutsch: Primetime-Propaganda: Die wahre Hollywood-Geschichte darüber, wie die Linke Ihren Fernseher in Besitz nahm). Laut Shapiro sagte ein berühmter Produzent, dass in diesem Beruf der Liberalismus zu 100 Prozent vorherrsche, und dass jeder, der dies leugne, entweder scherze oder nicht die Wahrheit sage. Auf die Frage, ob ein anderer politischer Standpunkt den Weg einer Person in die Filmindustrie versperren könne, antwortete der Produzent: „Absolut."

Ein berühmter Produzent gab unverhohlen zu, dass Hollywood liberale politische Ansichten über die Programme verkauft. Er sagte: „Im Moment gibt es nur eine Perspektive. Und es ist eine sehr fortschrittsgläubige Perspektive.“ [23] Der Produzent einer Fernsehserie über die Kriminalpolizei räumte ein, dass er absichtlich mehr Weiße als Kriminelle zeige, weil er nicht „zu negativen Stereotypen beitragen will“. [24]

Shapiro betont, dass Vetternwirtschaft in Hollywood eher ideologisch als familiär bedingt ist: Freunde engagieren Freunde mit den gleichen ideologischen Ansichten. Die Offenheit, mit der das Hollywood-Völkchen seine antikonservative Diskriminierung innerhalb der Branche zugibt, ist schockierend. Diejenigen, die über Toleranz und Vielfalt sprechen, haben keine Toleranz, wenn es darum geht, die ideologische Vielfalt zu respektieren. [25]

4. Die Übernahme der Medien durch Liberalismus und Progressivismus

Walter Williams, der Begründer des Journalismus-Studiums und der weltweit ersten Journalistenschule an der Universität von Missouri, verfasste 1914 ein wesentliches Journalisten-Credo. Es definierte den Journalismus als einen unabhängigen Beruf, der Gott respektiert und die Menschheit ehrt. Journalisten sollten weder überheblich, stolz auf ihre Meinung noch gierig nach Macht sein. Sie müssten auf Details achten, genau berichten und Selbstbeherrschung, Geduld, Furchtlosigkeit sowie ständigen Respekt vor ihren Lesern haben. [26] Nach den 1960er Jahren setzte sich jedoch der Progressivismus (Fortschrittswahn) durch. Lobbyarbeit ersetzte die Objektivität. Liberalismus und Progressivismus ersetzten die Unparteilichkeit.

Im Buch „The Media Elite“ (auf Deutsch: Die Medien-Elite) beschreibt der Autor Samuel Robert Lichter, dass Reporter dazu neigen, Berichte über kontroverse Themen um ihre eigenen Meinungen und ihren eigenen Bildungshintergrund zu ergänzen. Die meisten Menschen in der Redaktion sind Liberale, was die Berichterstattung zugunsten einer liberalen Politik verändert hat. [27]

In seiner Forschungsarbeit über die Entwicklung von zweihundert Jahren amerikanischen Journalismus kam Jim A. Kuypers zu dem Schluss, dass die heutigen Mainstream-Medien sowohl in ihrer Struktur als auch in ihrer Berichterstattung liberal und fortschrittlich seien. Er zitierte einen liberalen Redakteur einer großen Zeitung mit den Worten: „Zu oft tragen wir den Liberalismus auf der Zunge. Wir tolerieren keine anderen Lebensgewohnheiten und Standpunkte. Wir zögern nicht zu sagen, dass man, wenn man hier arbeiten will, genauso sein muss wie wir; man muss liberal und fortschrittlich sein.“ [28]

In einer anderen Arbeit stellte Kuypers fest, dass die Mainstream-Medien bei der Berichterstattung über Themen wie Rasse, Reform der Sozialleistungen, Umweltschutz, Waffenkontrolle und dergleichen sehr stark zum Liberalismus tendieren. [29]

Die linken Medien übernahmen über die Ökologie die amerikanische Politik und verbreiten ihre ideologische Agenda mithilfe der Nachrichten. In einem Kommentar, der 2001 vom *Wall Street Journal* veröffentlicht wurde, schrieb der ehemalige CBS-Reporter Bernard Goldberg: „Die Moderatoren der Mainstream-Nachrichten waren so voreingenommen, dass ‚sie nicht einmal wissen, was liberale Vorurteile bedeuten'." [30]

Die meisten Menschen in Gesellschaften mit einem großen Vertrauensvorschuss („High-Trust-Societies") wie im Westen haben kaum Zweifel an der Wahrhaftigkeit von Nachrichten, die von den Mainstream-Medien erstellt und verbreitet werden. Es ist für viele selbstverständlich, dass die Berichte objektiv und umfassend verfasst werden und dass es sich bei dem, was zitiert wird, um eine seriöse Expertenanalyse auf der Grundlage von Informationen aus zuverlässigen Quellen handelt. Die linken Medien nutzen das Vertrauen ihrer Konsumenten, um sie im Sinne ihrer ideologischen Weltanschauung zu programmieren.

Obwohl heute gefälschte Nachrichten grassieren, sind diese ein eher ungewöhnliches Phänomen. Die freien Gesellschaften des Westens betonten traditionell die Notwendigkeit wahrheitsgemäßer, objektiver und fairer Medien. So verbreiten die linken Medien in der Regel auch keine Fake News, um die Öffentlichkeit in unverblümter Weise zu täuschen. Ihre Methoden sind subtiler und aufwendiger, wie im Folgenden beschrieben.

Selektive Berichterstattung

Täglich finden auf der ganzen Welt Zehntausende von Ereignissen statt, die es wert sind, dass über sie berichtet wird. Aber welche Ereignisse Aufmerksamkeit erhalten oder ignoriert werden, wird fast ausschließlich davon bestimmt, worüber sich die Medien entscheiden zu berichten.

Zeitgenössische Medien haben eine große Macht. Aufgrund des erheblichen Linksrucks vieler Medienunternehmen und Akteure sind viele fortschrittliche Ideen, wie jene der sogenannten sozialen Gerechtigkeit und Gleichheit oder der Feminismus, Mainstream-tauglich geworden, während die Verbrechen des Kommunismus schöngeredet werden und es kaum darüber Berichte gibt. Der ehemalige Sprecher des Repräsentantenhauses, Newt Gingrich, sagte einmal: „Die akademische Linke und ihre Nachrichtenmedien und Hollywood-Messdiener weigern sich, dem schrecklichen Rekord der endlosen Unmenschlichkeit des Marxismus ins Auge zu sehen.“ [31]

Die selektive Berichterstattung lässt sich im Allgemeinen in drei Kategorien einteilen: Erstens werden Ereignisse nur oder in erster Linie nach ihrem Nutzen ausgewählt, den Lesern zu helfen, den ideologischen Standpunkt der Linken zu akzeptieren. Zweitens wird nur über Faktoren berichtet, die den linken Blickwinkel bekräftigen, anstatt umfassend den Zusammenhang eines Ereignisses wiederzugeben. Schließlich neigen die Medien dazu, jenen, die zur linken Ideologie tendieren oder deren Aussagen mit der linken Ideologie übereinstimmen, mehr Gehör zu verschaffen, während andere Organisationen und Einzelpersonen ausgegrenzt oder verschwiegen werden.

In dem Buch „A Measure of Media Bias“ (auf Deutsch etwa: Ein Maßstab der Medienvorurteile) schreibt Tim Groseclose: „Für jede Gelegenheitssünde [...] glauben wir, dass es Hunderte und vielleicht Tausende von Unterlassungssünden gibt – Fälle, in denen ein Journalist Fakten oder Geschichten ausgewählt hat, die vermutlich nur eine Seite des politischen Spektrums erwähnten“. [32]

Festlegung einer Agenda

In den 1960er Jahren entwickelten Medienforscher die maßgebende Theorie, dass die Aufgabe der Medien darin besteht, festzustellen, welche Themen zur Diskussion geeignet sind. Bernard Cohn hat das prägnant formuliert: „Die Presse ist vielleicht nicht die meiste Zeit erfolgreich, wenn es darum geht, den Menschen zu sagen, was sie denken sollen, aber sie ist erstaunlich erfolgreich darin, ihren Lesern zu sagen, worüber sie sich Gedanken machen sollen." [33]

Das bedeutet, die Presse kann den Stellenwert von Ereignissen anhand der Anzahl der Berichte und Folgeberichte bestimmen, die ein Ereignis erhält, während gleichwertige oder wichtigere Themen zusammenfassend oder gar nicht behandelt werden.

Die Frage der Rechte von Transgender-Personen betrifft beispielsweise nur einen sehr kleinen Teil der Bevölkerung, ist aber zu einem zentralen Diskussionsthema geworden und ein Beispiel dafür, wie Medien erfolgreich die Tagesordnung bestimmen. Darüber hinaus ist die Dominanz des Narrativs einer „globalen Erderwärmung", die im öffentlichen Diskurs zu einem wichtigen Thema geworden ist, das Ergebnis eines langfristigen gezielten Zusammenwirkens zwischen den Medien und anderen Kräften.

Framing

Es gibt viele Probleme, die zu groß sind, um sie zu ignorieren. Die Medien verwenden die Methode des Framings, um über ein Ereignis zu berichten. Die „sexuelle Befreiung" und das staatliche Sozialsystem seit den 1960er Jahren führten zum Zerfall der Familie, verschärften die Armut und erhöhten die Kriminalität. Linke nutzen jedoch die Medien und Hollywood, um ein Bild der starken und unabhängigen alleinerziehenden Mutter zu zeichnen, womit die wahren gesellschaftlichen Probleme hinter diesem Phänomen verschwiegen werden. Einige kritisieren die „White Supremacy" („weiße Vorherrschaft") und führen den schlechten finanziellen und sozialen Status von Minderheiten auf systematische Diskriminierung zurück. Die Häufigkeit solcher Geschichten und Berichte ist weitgehend das Resultat einer stillschweigenden Übereinkunft zwischen den Medien und bestimmten politischen Kräften.

Die Methode des Framings zeigt sich hauptsächlich in dem Phänomen, dass die Story wichtiger ist als Fakten. Bei der objektiven Berichterstattung fasst der Autor die Fakten zu einer Meldung zusammen. Doch Reporter und Redakteure haben oft voreingenommene Meinungen zu einem Thema. Wenn sie Berichte erstellen, biegen sie die Fakten so lange für ihre Story zurecht, bis diese ihre eigenen Vorurteile bestätigen.

Selbstzensur wegen politischer Korrektheit

Politische Korrektheit durchdringt die Medien. Ob in den Blattlinien erwähnt oder implizit angedeutet – viele Medien haben Richtlinien zur politischen Korrektheit, die beeinflussen, worüber berichtet werden darf oder nicht und wie darüber berichtet wird. Aufgrund der Gesetzgebung zu „Hassverbrechen" in einigen europäischen Ländern wagen es viele lokale Medien nicht mehr, über Verbrechen von Migranten zu berichten, obwohl solche Verbrechen zu einem schwerwiegenden sozialen Problem geworden sind und die innere Sicherheit in diesen Ländern bedrohen. Amerikanische Medienunternehmen üben sich ebenfalls in Selbstzensur, wenn sie über Verbrechen berichten, wobei sie oft den Einwanderungsstatus von Tätern unerwähnt lassen.

Kennzeichnung konservativer Quellen zur Neutralisierung ihres Einflusses

Um den Eindruck einer ausgewogenen Berichterstattung zu erwecken, haben die liberalen Medien keine andere Wahl, als auch über die Meinungen von Konservativen oder konservativen Denkfabriken zu berichten. Aber die Medien verwenden beim Zitieren dieser Quellen typischerweise Bezeichnungen wie „konservativ", „rechts" oder „religiös rechts", was auf subtile Weise suggeriert, dass diese Meinungen voreingenommen oder nicht vertrauenswürdig seien, weil sie einfach konservativ sind. Wenn sie Liberale oder liberale Denkfabriken zitieren, verwenden die Medien in der Regel hingegen nur neutrale Titel wie „Wissenschaftler" oder „Experte", was darauf hindeutet, dass diese Meinungen unparteiisch, objektiv, rational und vertrauenswürdig seien.

Erstellung eines Lexikons der politischen Korrektheit

Westliche Medien haben zusammen mit linken politischen Gruppen und Wissenschaftlern ein weitreichendes System politisch korrekter Sprache geschaffen. Diese Sprache wurde von den Medien so intensiv verwendet, dass sie im öffentlichen Bewusstsein tief verwurzelt ist und die Öffentlichkeit auf einer unterschwelligen Ebene beeinflusst.

Sobald die Medien eine linke Meinung vertreten, manifestiert diese sich in allen Aspekten der Gesellschaft. Ein Bericht der *New York Times* vom Oktober 2008 mit dem Titel „Liberal Views Dominate Footlights" (auf Deutsch: „Liberale Ansichten beherrschen das Rampenlicht") beginnt mit dem Satz: „In dieser Wahlperiode können Theaterbesucher in New York ca. ein Dutzend eindeutig politische Stücke über den Irak, die Korruption in Washington, den Feminismus oder die Einwanderung sehen; was sie nicht sehen werden, sind Stücke aus einer konservativen Sichtweise." [34]

Die politische Färbung der Medien spiegelt sich auch in der Berichterstattung über den demokratischen Prozess der Wahlen wider. Liberale Kandidaten werden positiv bewertet, während Kandidaten, die sich für traditionelle Ansichten einsetzen, mehr Kritik abbekommen. Solche Berichte und „Experten“-Analysen haben einen großen Einfluss auf die Wähler. Timothy Groseclose, Professor für Wirtschaftswissenschaften an der Universität George Mason in Oklahoma, stellte fest, dass 93 Prozent der Reporter in der Hauptstadt Washington für die Demokraten stimmten; nur sieben Prozent stimmten für Republikaner. Nach Grosecloses Berechnung gewinnen demokratische Kandidaten dank der Voreingenommenheit der Medien bei einer typischen Wahl etwa acht bis zehn Prozentpunkte hinzu. Ohne diese Ausrichtung der Medien hätte John McCain bei der Wahl Berechnungen zufolge Barack Obama mit 56 zu 42 Prozent besiegt, anstatt mit 46 zu 53 Prozent zu verlieren. [35]

5. Die Filmindustrie: Vorhut gegen die Tradition

Hollywood hat einen enormen Einfluss auf der ganzen Welt. Obwohl amerikanische Filme weniger als zehn Prozent der weltweit produzierten Filme ausmachen, machen Hollywood-Filme 70 Prozent der weltweiten Kinovorführungen seit den 1930ern aus. Es ist unbestreitbar, dass Hollywood-Filme die internationale Filmindustrie dominieren. [36] Als internationales Symbol der amerikanischen Kultur hat Hollywood dazu beigetragen, amerikanische Werte weltweit zu verbreiten und zu verstärken – doch es ist mittlerweile zu einem Werkzeug geworden, um die gesamte Menschheit verfälschten, anti-traditionellen Werten auszusetzen.

Heute ist es für die meisten Amerikaner schwer vorstellbar, dass die Familien in den 1930er und 1940er Jahren keine Angst vor dem negativen Einfluss von Filmen auf Kinder zu haben brauchten. Damals folgte die Filmindustrie strengen moralischen Regeln.

1934 führte die Filmindustrie mit starker Unterstützung

der Kirchen den Leitfaden „Code to Govern the Making of Talking, Synchronized and Silent Motion Pictures“ (auf Deutsch: „Richtlinien zur Regulierung der Herstellung von Ton- und Stummfilmen“) ein, auch bekannt als „Hays Code“. Der erste Grundsatz darin war, dass keine Aufnahme produziert werden sollte, welche die moralischen Standards derjenigen, die sie sehen, mindern würde. Das Publikum sollte nie dazu gebracht werden, sich mit Verbrechen, Fehlverhalten, Bösem oder Sünde zu identifizieren. Das Prinzip des „Hays Code“ für Sex bestand darin, die Heiligkeit der Familie und der Ehe zu wahren: Filmaufnahmen sollten nicht darauf schließen lassen, dass niedrige Formen sexueller Beziehungen akzeptable Normen seien. Ehebruch, auch wenn er manchmal als Handlungsmaterial notwendig ist, durfte nicht als berechtigt oder attraktiv dargestellt oder ausdrücklich so behandelt werden.

Seit den 1950er Jahren hat die „sexuelle Befreiung“ jedoch einen kulturellen und moralischen Schock ausgelöst. Der Aufstieg des Fernsehens in amerikanischen Haushalten sorgte für enormen Marktdruck und enorme Rivalität unter den Filmproduzenten. Hollywood ignorierte zunehmend den „Hays Code“ und verabsäumte es, Selbstdisziplin zu üben. So zeigte „Lolita“ (1962), eine Adaption des gleichnamigen Romans, die ehebrecherische Beziehung zwischen einem Mann und seiner minderjährigen Stieftochter.

„Lolita“ gewann einen Oscar und einen Golden Globe, und obwohl der Film damals sowohl negative als auch positive Kritiken erhielt, hat „Lolita“ heute eine über 93-prozentige Zustimmung unter seinen 41 Kritiken auf „Rotten Tomatoes“, einer amerikanischen Seite für Film- und Fernsehkritik. Dies spiegelt den tiefgreifenden Wandel der gesellschaftlichen Moral wider, der in jüngster Zeit stattgefunden hat.

Die Bewegungen gegen die traditionelle Kultur Ende der 1960er Jahre markierten auch den Zusammenbruch der traditionellen Moral und Ordnung in den Hollywood-Produktionen. Mehrere legendäre Filme, die Themen der Rebellion präsentieren, spiegeln einen bösartigen und ständig anwachsenden Einfluss auf die amerikanische Filmindustrie wider.

Wie in diesem Buch wiederholt dargelegt, ist es eine Schlüsseltaktik des Kommunismus, kriminelles Verhalten in ein edles oder gerechtes Licht zu rücken. „Bonnie und Clyde" ist ein Kriminalfilm aus dem Jahr 1967, der auf der realen Geschichte der gleichnamigen Räuber aus der Zeit der Weltwirtschaftskrise basiert. Während der Weltwirtschaftskrise wurden viele Familien obdachlos, nachdem sie von Banken aus ihren Häusern vertrieben worden waren. Die Protagonisten des Films drücken ihre gerechte Wut über dieses Phänomen aus und werden, selbst wenn sie Bankraub und Mord begehen, als Verfechter gegen soziale Ungerechtigkeit dargestellt.

Der Film, der als eine der ersten Darstellungen visueller Gewalt in Hollywood gilt, deutet für diese Verbrechen unterschwellig eine Geschichte über Gerechtigkeit im Robin-Hood-Stil an. Das kriminelle Pärchen wurde von einem gut aussehenden Mann und einer schönen Frau gespielt und diese beiden Figuren wurden mit einem Sinn für Gerechtigkeit dargestellt. Die Polizisten wurden unterdessen eher als inkompetente Handlanger denn als Beschützer von Recht und Ordnung gezeigt. Der Tod von Bonnie und Clyde im Rahmen eines Polizeieinsatzes hatte tiefgreifende Auswirkungen auf das jugendliche Publikum. Die beiden wurden gleichsam als Märtyrer seliggesprochen, als hätten sie sich für eine großartige Sache geopfert.

Die im Film dargestellten Themen Kriminalität und Gewalt schockierten den Mainstream der amerikanischen Gesellschaft, fanden aber große Resonanz bei rebellischen Studenten. Der Schauspieler und die Schauspielerin, die als Bonnie und Clyde die Hauptrollen spielten, erschienen auf dem Cover des „Time Magazins". Jugendliche begannen, ihren Kleidungsstil, ihre Sprache und die Verachtung für Tradition und Bräuche zu kopieren. Einige versuchten sogar, die Art und Weise des Todes des Paares nachzuahmen. [37] Ein radikaler Führer einer Studentenorganisation schrieb einen Artikel, in dem er Bonnie und Clyde mit vermeintlichen Helden wie dem kubanischen Guerillaführer Che Guevara und Nguyễn Văn Trỗi, einem Vietcong-Terroristen, verglich. [38] Eine radikale Studentenorganisation behauptete: „Wir sind keine potenziellen Bonnies und Clydes, wir sind Bonnies und Clydes." [39]

Abgesehen von der Beschönigung der Kriminalität zeigte „Bonnie und Clyde" ein noch nie dagewesenes Maß an Gewalt und Sexualität. Dennoch wurde der Film von Kritikern gelobt, zehn Mal für den Oscar nominiert und er gewann sogar in zwei Kategorien. Hollywood war von seinen traditionellen Prinzipien abgewichen.

Auch „Die Reifeprüfung" (Englisch: „The Graduate") von 1967 reflektierte die innere Angst und Konflikte der Studenten dieser Zeit. Der Film zeigt einen einsamen Hochschulabsolventen am Scheideweg des Lebens. Die traditionellen Werte der Generation seines Vaters werden als langweilig und heuchlerisch dargestellt. Anstatt in die amerikanische Gesellschaft einzutreten, akzeptiert er die Annäherungsversuche einer älteren verheirateten Frau und verliebt sich auch in deren Tochter, welche die Affäre entdeckt. Bei der Trauung der Tochter mit einem anderen jungen Mann kommt der Protagonist in die Kirche – und er und die junge Frau brennen durch. „Die Reifeprüfung" zeigt ein Gewirr aus jugendlicher Rebellion, unkontrollierter Libido, Inzest und anderen Themen, die das verworrene, anti-traditionelle Milieu rebellischer Jugendlicher jener Zeit widerspiegeln. Der Film war überaus erfolgreich und erzielte mit seinem Erscheinen und in den darauffolgenden Jahren hohe Umsätze an den Kinokassen. Mit sieben Oscar-Nominierungen und einem Oscar-Gewinn erlangte „Die Reifeprüfung" Anerkennung in ganz Hollywood.

Filme wie „Bonnie und Clyde" und „Die Reifeprüfung" läuteten die „New-Hollywood"-Ära ein. Ende 1968 wurde der „Hays Code“ durch ein modernes Filmbewertungssystem ersetzt. Das bedeutet, dass Filme mit allen Arten von Inhalten gezeigt werden können, solange sie mit einer Bewertung versehen sind. Dies lockerte die moralische Selbstdisziplin der Unterhaltungsindustrie massiv und zerstörte in noch stärkerem Maße die Standards von Recht und Unrecht. Dadurch haben Entertainer und Medienmitarbeiter die Moral gänzlich von ihren Kreationen abgekoppelt und den bösen Inhalten freie Hand gegeben.

Verdorbenes Entertainment macht das Publikum süchtig nach billigen, aufregenden und leicht verfügbaren Reizen. Derweil gaben die Produzenten ihrer Gier nach und erzielten gewaltige kommerzielle Gewinne.

Der Film ist ein einzigartiges Medium mit dem Potenzial, eine fesselnde Atmosphäre und realistische Charaktere zu schaffen und das Publikum den Standpunkt des Regisseurs einnehmen zu lassen. Erfolgreiche Filme können ihr Publikum so tief in die filmische Welt eintauchen lassen, dass sie kaum etwas in die Realität zurückrufen kann. Sie spielen eine gewaltige Rolle bei der Gestaltung der Gefühle und des Weltbildes ihres Publikums – in den Händen von Übeltätern können sie Menschen dazu bringen, mit der Tradition zu brechen.

Ein berühmter Filmproduzent sagte einmal: „Dokumentarfilme bekehren den bereits Bekehrten. Fiktionale Filme bekehren den Unbekehrten.“ [40] Mit anderen Worten, Dokumentationen stärken die Werte, die die Zuschauer bereits besitzen, während fiktive Filme faszinierende Geschichten verwenden, um ihr unwissendes Publikum für neue Werte zu begeistern. Der Produzent und männliche Hauptdarsteller von „Bonnie und Clyde“ ist ein bekennender Anhänger des Sozialismus. Sein historisches Drama „Reds - Ein Mann kämpft für Gerechtigkeit“ von 1981 brachte ihm Oscar- und Golden-Globe-Auszeichnungen ein. Auf dem Höhepunkt des Kalten Krieges verwandelte „Reds“ den stereotypischen radikalen Kommunisten in eine lässige und freundliche Person. [41]

In einem weiteren seiner Oscar-nominierten Filme, „Bulworth“, zeigte er einen sozialistischen Präsidentschaftskandidaten. Durch seine Darstellung wurde dem Publikum die Botschaft unterbreitet, dass Klasse und nicht Rasse das zentrale Thema der amerikanischen Politik sei. [42] Dieser Film war ein solcher Erfolg, dass viele ihn drängten, auch real für das Amt des Präsidenten der Vereinigten Staaten zu kandidieren.

Viele dieser Filme hatten eine sehr schnelle Wirkung. Als der Film „Bonnie und Clyde“ während der Premiere zu Ende ging, wurden aus den hinteren Reihen Beleidigungen gegen die Polizei gerufen. [43] Nach der Einführung des Bewertungssystems wurde der erste Film mit R-Rating, „Easy Rider“, sofort zum Hit und trug zur Popularität des Drogenkonsums bei. Der Film zeigte die Erlebnisse von zwei langhaarigen, mit Kokain handelnden Hippie-Motorradfahrern, die der Rockmusik, halluzinatorischen Drogen, Hippie-Kommunen und Bordellen frönen. Bei der Produktion des Films wurden echte Drogen verwendet. Der Lebensstil des asozialen, von konventionellen Werten freien Genusses wurde zum Traum zahlreicher Jugendlicher und machte Drogen zu einem Symbol der Gegenkultur. Der Regisseur gab zu: „Das Kokainproblem in den Vereinigten Staaten liegt wirklich an mir. Vor ‚Easy Rider‘ gab es kein Kokain auf der Straße. Nach ‚Easy Rider‘ war es überall.“ [44]

Seit der Einführung des Filmbewertungssystems begann Hollywood massenhaft Filme zu produzieren, die verdorbene Verhaltensweisen wie sexuelle Freizügigkeit, Gewalt, illegale Drogen und Organisierte Kriminalität in ein positives Licht rückten. Laut einer Forschungsstudie machten Filme mit R-Rating bis zu 58 Prozent der zwischen 1968 und 2005 produzierten Hollywood-Filme aus. [45]

Der US-amerikanische Psychologe und Wissenschaftler Victor B. Cline (1925-2013) analysierte 37 Filme, die in den

1970er Jahren in Salt Lake City gezeigt wurden. Er stellte fest, dass 57 Prozent der Filme Unehrlichkeit als heldenhaft darstellten oder vom Helden aufgrund der Umstände als gerechtfertigt in Szene gesetzt wurde. 38 Prozent der Filme zeigten kriminelle Aktivitäten als etwas, was sich lohnt oder als einen erfolgreichen oder aufregenden Zeitvertreib ohne negative Folgen. In 59 Prozent der Filme töteten die Helden einen oder mehrere Menschen. 72 Prozent der Heldinnen wurden bis zu einem gewissen Grad als sexuell freizügig dargestellt. Tatsächlich zeigte nur ein einziger Film normale sexuelle Beziehungen zwischen einem Mann und einer Frau, die legal miteinander verheiratet waren. In nur 22 Prozent der Filme befanden sich die Hauptfiguren in Verhältnissen, die man als gesunde und einigermaßen zufriedenstellende Ehe betrachten kann. [46]

Ein häufiges Argument gegen die Kritik an Gewalt und Sexualität in Filmen ist, dass solche Dinge auch im wirklichen Leben existieren würden und dass Filme nur die Realität widerspiegelten und keine negativen Auswirkungen hätten. Aber an den oben genannten Zahlen ist zu sehen, dass dies nachweislich falsch ist. Darüber hinaus spiegeln unzählige von Hollywood-Linken produzierte Filme natürlich deren Werte wider und haben damit die Werte der Gesellschaft verändert. Laut dem Filmkritiker und ehemaligen Hollywood-Drehbuchautor Michael Medved prägen die liberalen Sozialrevolutionäre in Hollywood die Werte der Gesellschaft, indem sie die Legitimität der Familie angreifen, sexuelle Perversionen fördern und Hässliches verherrlichen. [47]

Andere argumentieren, dass die Fülle moralisch degenerierter Inhalte in der Filmindustrie lediglich von Marktmechanismen getrieben werde. Die Geschwindigkeit und Kraft, mit der die Filmindustrie benutzt wurde, um die öffentliche Moral zu zerstören, ist erstaunlich. Einige Filme feiern Bestien oder Monster. Diejenigen, die zeigen, wie sich Menschen in Bestien verwandeln oder sogar Geschlechtsverkehr mit Monstern haben, werden vom Hollywood-Mainstream gebilligt und gelobt. Die Menschheit ist also so weit gekommen, dass sie Monster feiert. Dies ist ein realer Ausdruck dafür, wie das Böse die Welt unter seine Kontrolle gebracht hat.

Diese traditionsfeindlichen Filme untersuchen und reflektieren gesellschaftliche Themen, die oberflächlich betrachtet vielschichtig sind. Doch dies dient eigentlich nur als Alibi. Die sorgfältig erschaffene Atmosphäre lässt die Zuschauer in eine Welt eintauchen, in der moralische Standards nur nebensächlich sind. Übeltaten, die von der konventionellen Gesellschaft abgelehnt werden, können so immer in irgendeiner Weise rationalisiert, mitfühlend behandelt oder sogar als etwas Positives gezeigt werden. Die ultimative Botschaft, die dem Publikum im Gehirn eingeprägt wird, ist, dass es keine klare Trennung zwischen richtig und falsch oder Gut und Böse gibt. Traditionen werden als langweilig und unterdrückend dargestellt und Moral als relativ.

6. Fernsehen: Gehirnwäsche in jedem Haushalt

Das Fernsehen ist zu einem allgegenwärtigen Teil des täglichen Lebens geworden. Häufiges Fernsehen verändert die Weltanschauung eines Menschen, ohne dass er es merkt. Untersuchungen des *Media Research Centers* haben diesen Punkt bestätigt. Je mehr ein Mensch fernsieht, desto weniger folgt er traditionellen Tugenden wie Ehrlichkeit, Zuverlässigkeit und Fairness. Seine Einstellung zu Fragen der sexuellen Moral wie dem Sex außerhalb der Ehe, Abtreibung und Homosexualität wird immer lockerer. [48]

Unter den Menschen, die an Gott glauben, geben 85 Prozent an, dass sie gelegentlich fernsehen, insgesamt bezeichnen sich 88 Prozent als „starke TV-Konsumenten". Je mehr ein

Mensch fernsieht, desto schwieriger ist es für ihn, religiöse Prinzipien zu schätzen. Gefragt, ob Menschen „unter allen Umständen immer nach Gottes Lehren und Prinzipien leben“, oder ob Menschen „ihre persönlichen Moralvorstellungen und Werte mit Gottes Moralkodex kombinieren“ sollten, wählen diejenigen, die mehr fernsehen, letzteres.

Daraus lässt sich schließen: Das Fernsehen macht Menschen für den moralischen Relativismus besonders empfänglich.

Seit den 1950er Jahren ist das Fernsehen ein fester Bestandteil des täglichen Lebens geworden. Nicht nur Fernsehserien und Filme erzielen eine ähnliche Wirkung bei der Gestaltung der Werte von Menschen, sondern auch Talkshows, Comedyserien (Sitcoms) und sogar Dokumentarfilme, die ihrem Publikum durch ständige Wiederholung jeden Tag alle möglichen verzerrten Ideen eintrichtern.

Das Beispiel der Talkshows zeigt: Fernsehstudios sind besonders daran interessiert, Gäste einzuladen, deren Meinungen oder Verhaltensweisen im Widerspruch zu traditionellen Werten stehen oder deren Leben konfliktbeladen ist; oder man lädt „Experten“ ein, um einige kontroverse Fragen der Moral zu diskutieren. Die Gäste werden ermutigt, die „tiefen“ oder „komplexen“ Probleme in ihrem persönlichen Leben „mutig“ offenzulegen. Der Gastgeber, die Experten oder das Publikum vor Ort geben verschiedene „Optionen“ zur Lösung der Probleme an. Um die Popularität des Programms zu gewährleisten, wird in der Regel kein moralisches Urteil gefällt. Auf diese Weise werden viele TV-Programme zu einem Ort, an dem korrupte und verzerrte Verhaltensweisen und Perspektiven dargestellt werden. Die Menschen akzeptieren allmählich, dass die Werte, die sie zu wahren gewöhnt waren, unter bestimmten Umständen nicht gelten – was in der Tat die Existenz universeller Prinzipien negiert.

Viele Fernsehprogramme selbst zur Hauptsendezeit sind mit abscheulichen und geschmacklosen Inhalten gefüllt. Einige Moderatoren, auch Moderatorinnen, sind stolz darauf, dass sie fluchen. Während sich das Publikum in einem Zustand der Entspannung befindet, programmiert eine ganze Reihe von Sendeformaten Menschen mithilfe von Unterhaltung mit vulgärem Geschmack und kultur- oder traditionsfeindlichen Inhalten. Im Laufe der Zeit hören Menschen auf, entrüstet zu sein. Sie beginnen, solches Material zu würdigen. Ihr moralisches Denken wird untergraben.

Unterhaltungssendungen werden verwendet, um abweichende Werte und Verhaltensweisen, die im Alltag der Menschen eigentlich selten zu sehen sind, durch wiederholte Ausstrahlung im Fernsehen zu normalisieren.

Ben Shapiro führte eine Szene aus der Episode „Wehe, wenn die Wehe kommt“ als Beispiel an, die in der beliebten US-Serie „Friends“ erschien. Die lesbische Ex-Frau eines der Hauptdarsteller, Ross, bekommt dessen Baby. Ross ist verständlicherweise besorgt, dass sein Kind in einer lesbischen Familie aufwachsen wird. Während Ross sich beunruhigt fühlt, sagt eine weitere Hauptdarstellerin, Phoebe, zu ihm: „Als ich aufwuchs, weißt du, dass mein Vater abgehauen ist, und meine Mutter starb, und mein Stiefvater kam ins Gefängnis, also hatte ich kaum genug Elternteile, um ein ganzes Elternteil zusammenzusetzen. Und hier ist dieses kleine Baby, das drei ganze Elternteile hat, die sich so sehr um es kümmern, dass sie darum kämpfen, wer es am meisten lieben darf. Und es ist noch nicht einmal geboren. Es ist einfach das glücklichste Baby der Welt.“

Ross fühlt sich sofort erleichtert und von ihrer Sichtweise beruhigt. Wie Shapiro schreibt, stellt die Episode „schwangere Lesben und Drei-Eltern-Haushalte nicht nur als normal, sondern auch als bewundernswert“ dar. [49]

Die moderne Medizin hat entdeckt, dass das menschliche Gehirn fünf verschiedene Arten von Gehirnwellen aussendet. Zwei davon sind Gehirnwellen, die im Wachzustand des

Bewusstseins vorkommen: Alpha-(α)-Wellen und Beta-(β)-Wellen. Wenn Menschen arbeiten oder unter Stress stehen, sind ihre dominanten Gehirnströme β-Wellen. Dadurch zeigen Menschen eine verbesserte Fähigkeit zur Analyse und neigen dazu, logisches Denken anzuwenden. Eine Person, die an einer Debatte teilnimmt, würde überwiegend β-Gehirnwellen zeigen. Mit anderen Worten sind Menschen in dem Zustand, in dem β-Wellen dominant sind, wacher und weniger leichtgläubig. Wenn Menschen jedoch entspannt auf „Standby" sind und die α-Wellen dominieren, übernehmen ihre Emotionen die Führung und ihre analytischen Fähigkeiten werden schwächer. Wenn Menschen fernsehen, sind sie nicht auf ernsthaftes Denken vorbereitet, sondern entspannt und beeinflussbar. Unter solchen Umständen neigen Menschen dazu, sich von den Themen und Ansichten der Fernsehsendung unterbewusst überzeugen zu lassen.

Untersuchungen zeigen, dass fast zwei Drittel der Medienprogramme, einschließlich der Kinderprogramme, Gewaltszenen enthalten. Irreführende sexuelle Inhalte sind auch in Fernsehsendungen und Filmen zu finden. Nach dem Sexualkundeunterricht in der Schule nennen Jugendliche die Medien als zweitwichtigste Quelle, um etwas über sexuelle Aktivitäten zu lernen.

Eine Vielzahl von Untersuchungen zeigt deutlich, dass gewalttätige Inhalte in den Medien junge Menschen für Gewalt desensibilisieren und das Risiko erhöhen, dass sie selbst später im Leben Gewalttaten begehen. Die Medien haben einen sehr schlechten Einfluss auf die Jugendlichen und steigern deren Hang zu Gewalt, sexueller Aktivität und die Tendenz zu Teenager-Schwangerschaften. Mädchen, die oft Programme mit Darstellungen sexueller Aktivitäten sehen, waren über einen Beobachtungszeitraum von drei Jahren doppelt so häufig schwanger wie Mädchen, die sich solche Programme nur selten anschauten. Durch die Medien wird auch das Risiko von sexuellen Übergriffen und gefährlichem Verhalten erhöht. [50]

Eine Flut von pornografischen und sexuellen Inhalten greift soziale Werte und Traditionen direkt an. Wie ein Wissenschaftler bemerkte: „Die Medien sind so überzeugend und so voller Sex, dass es für jedes Kind schwer ist, sich zu wehren, selbst für einen Kritiker. [...] Ich betrachte die Medien als unsere wahren Sexualerzieher.“ [51] Aufgrund des Einflusses der Medien werden Sex außerhalb der Ehe, Ehebruch und andere Verhaltensweisen als ein selbstverständlicher Teil eines normalen Lebensstils angesehen – solange alle Beteiligten das wollten, sei nichts dabei.

In dem Buch „Primetime Propaganda“ untersucht Shapiro fast hundert einflussreiche amerikanische TV-Serien. Und er stellt fest, dass diese Programme im Laufe der Zeit immer mehr das Folgende zeigen:

- Akzeptanz des Liberalismus
- Förderung des Atheismus und Geringschätzung des Glaubens
- Förderung von Sex und Gewalt
- Förderung des Feminismus
- Akzeptanz von Homosexualität und transsexueller Personen
- Ablehnung von Moral
- Ablehnung der traditionellen Beziehungen zwischen Mann und Frau oder Eltern und Kind
- eine starke Förderung linker Standpunkte
- Etablierung rücksichtsloser Antihelden ohne jegliche Sympathie als Hauptdarsteller.

Die Entwicklung dieser Programme illustriert den kontinuierlichen Zerfall der moralischen Werte. Diese Art des anti-traditionellen Lebensstils hat die Denkweise der breiten Öffentlichkeit, insbesondere der Jugendlichen, stark beeinflusst. [52]

Viele sogenannte Musiksendungen fördern vorbehaltlos Softcore-Pornos und sogar perverses Sexualverhalten beim jungen Publikum. [53] Seit der Einführung des Filmbewertungssystems können viele pornografische Filme verkauft werden, sofern sie mit einem „X" gekennzeichnet sind. Als sich die neuen Technologien entwickelten, kamen diese unanständigen Programme aus dem Untergrund in den allgemeinen Gebrauch. Sie gelangten in Videotheken und sind mittlerweile über bezahlte Fernsehsender und in Hotels zugänglich.

Fernsehprogramme verderben Menschen bereits in sehr jungen Jahren. Cartoons zeigen hässliche Charaktere oder große Mengen an Gewalt. Andere Kinderprogramme sind vollgepackt mit versteckten Botschaften von Progressivismus und Liberalismus, wie etwa der Vermittlung von Homosexualität unter dem Namen von „kultureller Vielfalt". Sie verwenden Sätze wie „Auf dieser ganzen Welt gibt es nur einen Menschen wie dich", um unverdientes Selbstwertgefühl zu erzeugen. Ziel ist auch, das Konzept der Akzeptanz aller Menschen zu fördern – ohne Rücksicht auf allfälliges unmoralisches Verhalten. [54]

Sicherlich hatten nur wenige Hollywood-Produzenten eine Art formaler Agenda, um ihre Zuschauer für korrupte Ideologien zu begeistern. Aber wenn die Produzenten selbst mit den Konzepten von Progressivismus und Liberalismus übereinstimmen, dann werden diese verdorbenen Ideen auch unweigerlich in den Programmen landen. Der eigentliche Plan ist teuflisch, und Medienvertreter, die sich zu weit vom Göttlichen entfernen, werden zu Handlangern des Bösen.

7. Die Medien: ein Hauptschauplatz in einem totalen Krieg

Die kommunistische Philosophie des Kampfes scheut keine Mittel, um ihre politischen Ziele zu erreichen. Sie respektiert keine Moral. Im US-Präsidentschaftswahlkampf 2016 wandte sich der Kandidat Donald Trump gegen die „politische Korrektheit“ und erklärte, dass er Maßnahmen befürworte, mit denen die USA von extrem links nach rechts verlagert werden soll: Rückkehr zu traditionellen Werten, Rechtsstaatlichkeit, Steuersenkungen zur Wiederbelebung der Wirtschaft, Erneuerung der Ehrerbietung und Demut der Menschen vor Gott und so weiter. Seine Offenheit ließ die Liberalen in Panik geraten. Bewaffnet mit den Mainstream-Medien begannen sie ihren Generalangriff auf Trump.

Während des Präsidentschaftswahlkampfs verwendeten die linken Medien verschiedene Methoden, um Trump absichtlich zu dämonisieren und zu verunglimpfen. Gleichzeitig grenzten sie seine Anhänger aus, indem sie diese als Rassisten, Sexisten, einwandererfeindliche Fremdenhasser und ungebildete Weiße beschrieben. Das heißt: Die Medien versuchten, das Wahlergebnis zu beeinflussen, indem sie die öffentliche Meinung manipulierten. Abgesehen von einer kleinen Anzahl von Medien hatten fast 95 Prozent der Medien wiederholt vorhergesagt, dass Trump definitiv verlieren würde. Entgegen allen Erwartungen besiegte Trump seine Rivalin und wurde zum 45. Präsidenten der Vereinigten Staaten gewählt.

Unter normalen Umständen, egal wie heftig der Wahlkampf auch gewesen sein mag, kehren die verschiedenen Parteien und Gruppen nach Beendigung des Wahlkampfes zum normalen Tagesgeschäft zurück. Noch wichtiger ist, dass die Medien den Grundsatz der Fairness wahren, nationale Interessen in den Vordergrund zu stellen und das Prinzip der Medienneutralität aufrecht zu erhalten. Nach den US-Präsidentschaftswahlen 2016 war jedoch zu beobachten, dass die Medien ihren Wahlkampfwahn fortsetzten, auch auf die Gefahr hin, ihr öffentliches Ansehen zu verlieren.

Die meisten Medien ignorierten bewusst die Errungenschaften der Trump-Administration, wie den auf Rekordniveau hochschnellenden Aktienmarkt, amerikanische diplomatische Errungenschaften und die fast vollständige Ausrottung des Islamischen Staates (IS). Mit einer Arbeitslosenquote, die in den Vereinigten Staaten den tiefsten Stand seit 18 Jahren erreicht, erlebt die amerikanische Wirtschaft eine Wiederbelebung. Darüber hinaus tun die Medien alles, was in ihrer Macht steht, um die Trump-Administration durch unbegründete Anschuldigungen zu lähmen. So erfanden sie eine Verschwörungstheorie über Absprachen zwischen Trump und Russland, doch selbst eine groß angelegte Sonderermittlung konnte keine Beweise dafür finden. Ein Kongressbericht erklärte unmissverständlich, dass es keine Absprachen zwischen Trump und Russland gab. [55]

Um Trump anzugreifen, erdichten die Medien viele Falschnachrichten. Im Dezember 2017 musste ein großer Nachrichtensender sogar zwei leitende Journalisten für vier Wochen ohne Bezahlung suspendieren. Sie mussten ihre Arbeit einstellen, weil sie falsche Berichte fabriziert hatten, die besagten, dass Trump seinen früheren Sicherheitsberater Michael Flynn angewiesen hätte, Kontakt mit Russland aufzunehmen. [56] Schließlich wurden die beiden nicht mehr haltbaren Reporter gezwungen, den Fernsehsender zu verlassen. Genau dieses Team hatte zuvor herausragende Leistungen erbracht und vier Peabody Awards und 17 Emmys gewonnen. Ihre Fake News zerstörten jedoch ihren guten Ruf.

Als Präsident Trump die berüchtigte MS-13-Gang verurteilte, insbesondere diejenigen Mitglieder, die als illegale Einwanderer in die Vereinigten Staaten eingereist waren, sagte er: „Sie sind keine Menschen. Das sind Tiere, und wir müssen sehr, sehr hart sein.“ Jedoch rissen die großen Medien in den USA den Ausspruch sofort aus dem Zusammenhang und behaupteten, Trump hätte gesagt, dass illegale Einwanderer Tiere seien.

Im Juni 2018 wurde ein Foto eines weinenden honduranischen Mädchens in den Medien und im Internet verbreitet.

Dieses kleine Mädchen und seine Mutter wurden von einer Grenzstreife aufgehalten, als sie versuchten, in die Vereinigten Staaten zu kommen. Die Medien behaupteten, dass das Mädchen gewaltsam von seiner Mutter getrennt wurde und nutzten die Gelegenheit, Trumps Grenzpolitik und seine Politik der Null-Toleranz gegenüber illegaler Einwanderung zu kritisieren. Später kombinierte das „Time Magazine" das Foto des kleinen Mädchens mit einem Foto von Trump auf dem Titelbild des Magazins und fügte die Überschrift „Welcome to America" – „Willkommen in Amerika" – hinzu, um Trump zu verspotten. Der Vater des Mädchens sagte den Medien später jedoch, dass die Grenzbeamten es nicht von seiner Mutter getrennt hätten. [57]

Laut Studien des *Media Research Centers* stand Trump im Mittelpunkt der Abendnachrichten, die in den letzten zwei Jahren von den drei großen US-Mediennetzwerken *(ABC, CBS* und *NBC)* ausgestrahlt wurden und ein Drittel der gesamten Sendezeit der Abendnachrichten beanspruchten. Im Jahr 2017 waren 90 Prozent der Berichterstattung über Trump negativ, während die positive Berichterstattung nur zehn Prozent ausmachte (die neutralen Berichte einmal nicht mitgerechnet). Im Jahr 2018 erreichte die negative Berichterstattung 91 Prozent (ohne neutrale Berichte). Der Bericht schloss: „Zweifellos war kein Präsident jemals für einen so langen Zeitraum Opfer einer solchen feindlichen Berichterstattung, wie Trump." [58]

Allerdings wird die amerikanische Öffentlichkeit immer aufmerksamer für Falschnachrichten. Aus einer Umfrage der Monmouth University im April 2018 geht hervor, dass der Anteil der Amerikaner, die der Meinung waren, dass „die wichtigsten Medien Falschnachrichten berichten", von 63 Prozent im vergangenen Jahr auf 77 Prozent gestiegen ist. [59] Eine Gallup-Umfrage ergab im Jahr 2016, dass das Vertrauen der Amerikaner in die Medien auf einen neuen Tiefpunkt gefallen war. Dabei hatten nur noch 32 Prozent der

Menschen ein sehr hohes oder zumindest ein gutes Vertrauen in die Medien – acht Prozentpunkte weniger als im Vorjahr. [60] Kein Wunder, dass der Inhaber eines großen Medienunternehmens beklagte, dass „Fake News der Krebs unserer Zeit sind". [61]

Nach dem Ergebnis der US-Präsidentschaftswahl zu urteilen, unterstützt die Hälfte der Amerikaner Trump, aber die Haltung der Medien ist einseitig gegen ihn gerichtet. Unter diesen außergewöhnlichen Umständen wird Trump angegriffen und verteufelt, weil er sich mit Nachdruck für die Wiederherstellung der Tradition einsetzt – seine Ideale können nicht zusammen mit der anti-traditionellen Ideologie der Linken existieren. Wenn die Angriffe der Medien auf Trump dazu führen, dass die Öffentlichkeit ihr Vertrauen in ihn verliert, würden sie ihr eigentliches Ziel erreichen: Die Gesellschaft daran zu hindern, zur Tradition zurückzukehren.

Noch beunruhigender ist jedoch, dass viele Medien zu Katalysatoren geworden sind, um radikale Rhetorik zu verstärken, Feindseligkeit und Hass zu schüren, die Bevölkerung zu polarisieren und damit die Risse in der Gesellschaft weiter zu vergrößern. Ethische Grundwerte werden aufgegeben, und die Konsequenzen so weit ignoriert, dass man sogar sich selbst zerstört, um den Gegner zu vernichten. Das Land wurde in einen Zustand des extremen Chaos und ernster Gefahr gebracht.

Fazit: Verantwortung in die Medien zurückbringen

Im vergangenen Jahrhundert infiltrierte und kontrollierte das Gespenst des Kommunismus verschiedene Regionen auf der Welt nur teilweise. Heute beherrscht es längst schon unsere Welt – alle Bereiche der menschlichen Welt sind bereits irregeleitet. Der immense Einfluss der Medien auf die

Menschheit wurde effektiv genutzt, um die menschliche Moral mittels Gehirnwäsche zu untergraben, die Menschen zu täuschen und zu verderben, wodurch diese unbewusst von den Traditionen abweichen.

In den westlichen Ländern sind viele liberale Medienunternehmen zu Werkzeugen geworden, um die Wahrheit zu verbergen und die Menschen zu täuschen. Viele haben die Grundprinzipien der Berufsethik aufgegeben. Sie attackieren, verleumden und missbrauchen ihre Macht stattdessen auf skrupellose Art und Weise, unabhängig von den Auswirkungen auf ihren Ruf oder die Gesellschaft.

Das Gespenst war erfolgreich, weil es menschliche Schwächen ausnutzte: das Streben nach Ruhm und Gewinn, Unwissenheit, Faulheit, Egoismus, falsch angewandtes Mitgefühl, Konkurrenzdenken und dergleichen. Einige Journalisten rebellieren selbstgerecht gegen traditionelle Werte – unter dem Vorwand, die Wahrheit zu kennen. Einige entsprechen der ohnehin schon moralisch niedrigen „öffentlichen Nachfrage“, um Zuschauer zu gewinnen. Einige entsprechen den abgesunkenen Standards um ihrer Karriere willen. Einige fabrizieren aus Eifersucht und Ablehnung gefälschte Nachrichten. Manche glauben aus Unwissenheit und Faulheit den Falschnachrichten. Die einen nutzen die Freundlichkeit und Sympathie anderer Menschen, um sich für vermeintliche soziale Gerechtigkeit einzusetzen und so die gesamte Gesellschaft nach links zu rücken. Sie greifen auf skrupellose Taktiken zurück, um ihre politischen und wirtschaftlichen Ziele zu erreichen.

Ursprünglich ist die Mission der Medien eine erhabene. Sie sollen der Rettungsanker sein, durch den die Menschen ihre Informationen über öffentliche Ereignisse erhalten, sie sind auch eine wichtige Kraft für die Aufrechterhaltung einer gesunden Entwicklung der Gesellschaft. Objektivität und Unparteilichkeit sind die ethischen Grundanforderungen an

Medien und wesentlich dafür, dass Menschen ihnen vertrauen. Doch in den Medien herrscht heute Chaos, welches das Vertrauen in sie stark beeinträchtigt. Die Rückbesinnung der Medien auf ihre Mission und die Wiederherstellung der Ehre des Nachrichtenjournalisten liegt in der Verantwortung der in diesem Bereich Beschäftigten.

Die Rückbesinnung der Medien auf ihre Mission bedeutet, dass die Medien die Wahrheit verfolgen müssen. Die Berichterstattung der Medien über die Wahrheit muss umfassend sein und auf Aufrichtigkeit beruhen. Bei der Berichterstattung über soziale Phänomene präsentieren viele Medien Teilwahrheiten, die oft irreführend sind und mehr Schaden anrichten können als reine Lügen.

Ein Aspekt der Mission der Medien ist es, Güte zu fördern. Diese Güte zeigt sich aber weder im Missbrauch von Sympathie noch in politischer Korrektheit. Das Ziel muss das langfristige Wohlergehen der Menschheit sein. Der Ausweg für die Menschheit besteht nicht darin, kurzfristigen wirtschaftlichen Nutzen zu erzielen oder auf eine fabrizierte kommunistische Utopie hereinzufallen. Er besteht darin, dem traditionellen Weg zu folgen, der von den Gottheiten festgelegt wurde, moralische Standards zu erhöhen und an seinen ursprünglichen Ort zurückzukehren: an den wahren und wunderbaren Ursprung des Lebens selbst.

Medien sind gut, wenn sie der Gesellschaft helfen können, die Moral hochzuhalten und aufrechtzuerhalten, denn Gut und Böse sind beide in der menschlichen Gesellschaft präsent. Es liegt in der Verantwortung der Medien, Wahrheit und Tugend zu verbreiten und das Böse aufzudecken und einzudämmen.

Bei der Rückbesinnung auf ihren Auftrag müssen die Medien den großen Ereignissen, die die Zukunft der Menschheit beeinflussen, mehr Aufmerksamkeit schenken. Das letzte Jahrhundert war Zeuge einer großen Konfrontation zwischen der freien Welt und dem kommunistischen Lager. Was wie eine ideologische Konfrontation zu sein schien, war in Wirklichkeit ein Kampf auf Leben und Tod zwischen Rechtschaffenem und Bösem. Denn der Kommunismus ruiniert die Moral, die die Zivilisation der Menschheit zusammenhält. Auch nach dem Zusammenbruch der kommunistischen Regime in Osteuropa besteht das Gespenst des Kommunismus fort – unbesiegt.

In China, einem Land mit alter Kultur, verfolgt die Kommunistische Partei seit 1999 die spirituelle Praktik Falun Gong, die die universellen Prinzipien der Wahrhaftigkeit, Güte und Nachsicht aufrechterhält. Diese Verfolgung betrifft Millionen von Menschen im bevölkerungsreichsten Land der Welt; sie dauert seit fast zwei Jahrzehnten an und wird mit einer Brutalität ausgeübt, die ohnegleichen ist. Es ist die größte Verfolgung eines Glaubens in der zeitgenössischen Geschichte.

Die Verfolgung von Falun Gong ist eine Verfolgung der Grundwerte der menschlichen Zivilisation und ein monströser Angriff auf die Glaubensfreiheit. Wenn man das Ausmaß und die Schwere der tatsächlich stattfindenden Ereignisse mit ihrer Behandlung in den westlichen Medien vergleicht, so ist die Berichterstattung überproportional schwach. Die meisten Mainstream-Medien fielen dem politischen Einfluss der Kommunistischen Partei Chinas zum Opfer, übten Selbstzensur oder schwiegen zu diesem besorgniserregenden Thema. Einige halfen der KP Chinas sogar, ihre Lügen zu verbreiten.

Zur gleichen Zeit entstand ein Trend, der eine Rückkehr zur Tradition befürwortet und sich dem Kommunismus widersetzt. In China traten bereits im Rahmen der „Tuidang"-Bewegung („Austritt aus der Partei") mehr als 300 Millionen Menschen aus der KP Chinas und ihren Unterorganisationen aus. Auch ein so großes Phänomen, das für die Zukunft Chinas und der Welt von großer Bedeutung ist, wird in den westlichen Medien kaum erwähnt.

Da die Welt gerade große Veränderungen erfährt, sind

heute Wahrheit und traditionelle Werte wichtiger denn je. Wir brauchen Medien, die zwischen Recht und Unrecht unterscheiden, sich gut verhalten und helfen, die öffentliche Moral zu bewahren. Es ist die Aufgabe eines jeden Medienschaffenden, über die Interessen von Einzelpersonen, Unternehmen und politischen Parteien hinaus zu gehen, um den Menschen die Wirklichkeit zu zeigen.

Angesichts des moralischen Niedergangs der Medienbranche ist es heute unerlässlich, dass Leser und Zuschauer bewusst zwischen Recht und Unrecht unterscheiden und die von den Medien veröffentlichten Informationen rational hinterfragen. Die Menschen müssen die Dinge im Einklang mit der traditionellen Moral beurteilen, gesellschaftliche Phänomene aus der Sicht universeller Werte betrachten und dabei die Medien zur Erfüllung ihrer historischen Verpflichtung drängen. Dies ist zugleich der Schlüssel für die Menschheit, um den Einfluss des kommunistischen Gespenstes abzuwehren und den Weg in eine bessere Zukunft zu ebnen.

Quellen zu Kapitel 13

[1] Rudolph A. Koss, Milwaukee. Milwaukee, Schnellpressen-Druck des „Herold“, 1871, S. 54. Abgerufen am 18.12.2018. https://books.google.de/books?id=jfMvAQAAMAAJ&pg=PA54&dq=jefferson#v=onepage&q=jefferson&f=false, siehe auch Thomas Jefferson, „The Works“, vol. 5 (Correspondence 1786–1789), quoted in Online Library of Liberty, accessed on October 2, 2018, http://oll.libertyfund.org/quote/302.
[2] Joseph Pulitzer, „Why Schools of Journalism?“ The New Republic, 9. Oktober 1930, S. 283.
[3] „Rules of the Communist League“, The Communist League, Marx/Engels Internet Archive. Abgerufen am 18. Dezember 2018. https://www.marxists.org/archive/marx/works/1847/communist-league/index.htm
[4] Lin Biao, „Speech at the Enlarged Meeting of the Politburo“, Collection of

Documents From China's Cultural Revolution, 18.May 1966. [Auf Chinesisch]
[5] Hu Qiaomu, „Newspapers Are Textbooks", The Collected Works of Hu Qiaomu, Vol. III, Peking, People's Daily Publishing House, 1994, S. 303. [Auf Chinesisch]
[6] Han Mei, „UK Declassifies Files Saying 10,000 Were Killed at Tiananmen; Bodies Stored Underground in Heaps", Sound of Hope Radio, 20. December 2017, http://www.soundofhope.org/gb/2017/12/20/n1378413.html. [Auf Chinesisch]
[7] „Die sogenannte Selbstverbrennung", minghui.org. Abgerufen am 18.12.2018. http://de.minghui.org/cc/88/
[8] „General Overview: Intensify the Fostering of a Mechanism for Innovation, Construct a High-Grade Propaganda Cultural Team", Xinhua News Network, 28. September 2011, http://cpc.people.com.cn/GB/64107/64110/15777918.html. [Auf Chinesisch]
[9] Matthew Vadum, „Journalistic Treachery", Canada Free Press, 1. Juli 2015. Abgerufen am 18.12.2018. https://canadafreepress.com/article/journalistic-treachery.
[10] Marco Carynnyk, „The New York Times and the Great Famine", The Ukrainian Weekly No. 37, Vol. LI (11. September 1983). Abgerufen am 18.12.2018. http://www.ukrweekly.com/old/archive/1983/378320.shtml.
[11] Robert Conquest, „The Harvest of Sorrow: Soviet Collectivization and the Terror-famine", Oxford: Oxford University Press, 1986, S. 319.
[12] Arnold Beichman, „Pulitzer-Winning Lies", The Weekly Standard, 12. June 2003, https://www.weeklystandard.com/arnold-beichman/pulitzer-winning-lies.
[13] Ronald Radosh, „Red Star over Hollywood: The Film Colony's Long Romance with the Left", San Francisco: Encounter Books, 2005, S. 80.
[14] Ebd., S. 105.
[15] Edgar Snow, „Random Notes on Red China", Maos Zitat übersetzt von Xi Boquan, Nanjing: Jiangsu People's Publishing House, 1991, S. 1.
[16] Ruth Price, „The Lives of Agnes Smedley", Oxford: Oxford University Press, 2004, S. 5–9.
[17] Lymari Morales, „Majority in U.S. Continues to Distrust the Media, Perceive Bias", Gallup, 22. September 2011, https://news.gallup.com/

poll/149624/majority-continue-distrust-media-perceive-bias.aspx.
[18] Tim Groseclose, „Left Turn: How Liberal Media Bias Distorts the American Mind“, New York: St. Martin’s Press, 2011.
[19] Ebd., „The Second-Order Problem of an Unbalanced Newsroom“, Kapitel 10.
[20] Lydia Saad, „U.S. Conservatives Outnumber Liberals by Narrowing Margin", Gallup, 3. Januar, 2017, https://news.gallup.com/poll/201152/conservative-liberal-gap-continues-narrow-tuesday.aspx
[21] Chris Cillizza, „Just 7 Percent of Journalists Are Republicans. That’s Far Fewer than Even a Decade Ago“, The Washington Post, 6. Mai, 2014, https://www.washingtonpost.com/news/the-fix/wp/2014/05/06/just-7-percent-of-journalists-are-republicans-thats-far-less-than-even-a-decade-ago/?noredirect=on&utm_term=.3d0109901e1e
[22] „2016 General Election Editorial Endorsements by Major Newspapers“, The American Presidency Project, http://www.presidency.ucsb.edu/data/2016_newspaper_endorsements.php
[23] Ben Shapiro, „The Clique: How Television Stays Liberal“, Primetime Propaganda: The True Hollywood Story of How the Left Took Over Your TV. New York: Broadside Books, 2012.
[24] Ebd., „Making the Right Cry: How Television Drama Glorifies Liberalism“
[25] Ebd., „The Clique: How Television Stays Liberal“
[26] Jim A. Kuypers, „Partisan Journalism: A History of Media Bias in the United States“. Lanham: Rowman & Littlefield, 2014, S. 8.
[27] S. Robert Lichter, et. al., „The Media Elite“. Castle Rock, Colo.: Adler Publishing Co., 1986.
[28] Zitiert in Jim A. Kuypers, „Partisan Journalism“, S. 2.
[29] Jim A. Kuypers, „Press Bias and Politics: How the Media Frame Controversial Issues“. Santa Barbara, Calif.: „Greenwood Publishing Group, 2002.
[30] Zitiert in Jim A. Kuypers, „Partisan Journalism“, S. 4.
[31] Newt Gingrich, „China’s Embrace of Marxism Is Bad News for Its People“, Fox News, 2. Juni 2018. http://www.foxnews.com/opinion/2018/06/02/newt-gingrich-chinas-embrace-marxism-is-bad-news-for-its-people.html

[32] Tim Groseclose and Jeff Milyo, „A Measure of Media Bias", The Quarterly Journal of Economics, Vol. 120, No. 4 November, 2005, S. 1205.
[33] Zitiert in Maxwell E. McCombs' and Donald L. Shaws „The Agenda-Setting Function of Mass Media", The Public Opinion Quarterly, Vol. 36, No. 2 (Sommer, 1972), S. 177.
[34] Patricia Cohen, „Liberal Views Dominate Footlights", New York Times, 14. October 2008. https://www.nytimes.com/2008/10/15/theater/15thea.html.
[35] Tim Groseclose, „Preface", Left Turn: How Liberal Media Bias Distorts the American Mind. St. Martin's Griffin, 28. Februar 2012.
[36] Jonathan Derek Silver, „Hollywood's Dominance of the Movie Industry: How Did It Arise and How Has It Been Maintained?", Dissertation, The Queensland University of Technology (2007), S. 4-6. https://eprints.qut.edu.au/16687/1/Jonathan_Derek_Silver_Thesis.pdf
[37] John Belton, American Cinema/American Culture, 2. Auflage. McGraw-Hill Publishing Company, 2005, Kapitel 14.
[38] Todd Gitlin, „The Whole World Is Watching: Mass Media in the Making and Unmaking of the New Left", Berkeley: University of California Press, 2003, S. 199.
[39] Steven J. Ross, „Hollywood Left and Right: How Movie Stars Shaped American Politics", Oxford University Press, 2011, S. 322.
[40] Ebd., S. 338.
[41] Ebd., S. 338–39.
[42] Ebd., S. 352.
[43] Todd Gitlin, „The Whole World Is Watching", The University of California Press, 1980, S. 199.
[44] Peter Biskind, Easy Riders, „Raging Bulls: How the Sex-Drugs-and-Rock 'N' Roll Generation Saved Hollywood", New York: Simon and Schuster, 1999, S. 74.
[45] Ashley Haygood, „The Climb of Controversial Film Content", Masterarbeit in Kommunikation an der Liberty University, Mai 2007. Abgerufen am 18. Dezember 2018. https://digitalcommons.liberty.edu/cgi/viewcontent.cgi?&httpsredir=1&article=1007&context=masters&sei-re
[46] Victor B. Cline, „How the Mass Media Effects Our Values and

Behavior“, Issues in Religion and Psychotherapy, Vol 1, No. 1. 1. Oktober 1975. https://scholarsarchive.byu.edu/cgi/viewcontent.cgi?article=1004&context=irp.
[47] Michael Medved, „Hollywood vs. America“. New York: Harper Perennial, 1993, S. 3.
[48] „The Media Assault on American Values“, Media Research Center. Abgerufen am 19. Dezember 2018. https://www.mrc.org/special-reports/media-assault-american-values.
[49] Shapiro, „Prologue: How Conservatives Lost the Television War“, Primetime Propaganda.
[50] „The Impact of Media Use and Screen Time on Children, Adolescents, and Families“, American College of Pediatricians, November 2016. https://www.acpeds.org/wordpress/wp-content/uploads/11.9.16-The-Impact-of-Media-Use-and-Screen-Time-on-Children-updated-with-ref-64.pdf.
[51] „Congressional Record“, Volume 141, Number 146. 19. September 1995. https://www.gpo.gov/fdsys/pkg/CREC-1995-09-19/html/CREC-1995-09-19-pt1-PgS13810.htm.
[52] Shapiro, „Primetime Propaganda“.
[53] Libby Copeland, „MTV’s Provocative ‘Undressed’: Is It Rotten to the (Soft) Core?“, Los Angeles Times, 12. Februar 2001. http://articles.latimes.com/2001/feb/12/entertainment/ca-24264.
[54] Shapiro, „Robbing the Cradle: How Television Liberals Recruit Kids“, Primetime Propaganda.
[55] Erin Kelly, „Speaker Paul Ryan: ‘No Evidence of Collusion’ between Trump Campaign and Russians“, USA Today, 7. Juni 2018. https://www.usatoday.com/story/news/politics/2018/06/07/paul-ryan-no-evidence-collusion-between-trump-campaign-russians/681343002/
[56] Julia Manchester, „Trump: ABC Should Have Fired ‘Fraudster’ Brian Ross“, The Hill, 8. Dezember 2017, http://thehill.com/homenews/administration/364061-trump-abc-should-have-fired-fraudster-brian-ross
[57] Samantha Schmidt and Kristine Phillips, „The Crying Honduran Girl on the Cover of Time Was Not Separated from Her Mother“, Washington Post, 22. Juni 2018. https://www.washingtonpost.com/news/morning-mix/wp/2018/06/22/the-crying-honduran-girl-on-the-cover-of-ti-

me-was-not-separated-from-her-mother-father-says/?noredirect=on&utm_term=.bd08dbdaf5bc

[58] Rich Noyes, „TV vs. Trump in 2018: Lots of Russia, and 91% Negative Coverage (Again!)", NewsBusters, 6. März 2018. https://www.newsbusters.org/blogs/nb/rich-noyes/2018/03/06/tv-vs-trump-2018-lots-russia-and-91-negative-coverage

[59] „Fake News' Threat to Media; Editorial Decisions, Outside Actors at Fault", Monmouth University Polling Institute, 2. April 2018. https://www.monmouth.edu/polling-institute/reports/monmouthpoll_us_040218/

[60] Art Swift, „Americans' Trust in Mass Media Sinks to New Low, Politics", Gallup, 14. September 2016. https://news.gallup.com/poll/195542/americans-trust-mass-media-sinks-new-low.aspx

[61] Polina Marinova, „New L.A. Times Owner Tells Readers: 'Fake News Is the Cancer of Our Times", Fortune, 18. Juni 2018, http://fortune/2018/06/18/los-angeles-times-owner/

Kapitel 14

Parteikultur und Pop-Kultur: Moral und Etikette aufgeben, Dekadenz genießen

Einführung

Die Menschheit wurde durch Gottheiten erschaffen. Sie legten im Laufe der Geschichte eine aufrichtige Kultur fest, nach der die Menschen leben konnten. Obwohl die Nationen der Welt unterschiedliche Kulturen haben, ist ihr Kern auffallend übereinstimmend. Alle ethnischen Gruppen im Osten und Westen messen den Tugenden Aufrichtigkeit, Freundlichkeit, Güte, Großzügigkeit, Gerechtigkeit, Mäßigung, Demut, Mut, Selbstlosigkeit und dergleichen Bedeutung bei – Eigenschaften, die jede Nation ihren Nachkommen durch ihre Klassiker übermittelt und gelehrt hat. Gemeinsam sind diesen Tugenden die Verehrung Gottes und die Treue zu Gottes Geboten – denn der Himmel hat den Menschen die Kultur und den Verhaltenskodex gegeben, den sie besitzen und verkörpern sollten. Das ist der Ursprung der universellen Werte.

Die Gründerväter der Vereinigten Staaten legten großen Wert auf Moral und Etikette. In seinen frühen Jahren veröffentlichte Präsident Washington persönlich „110 Rules of Civility & Decent Behavior in Company and Conversation" [1] (auf Deutsch: 110 Regeln des Anstands und gegenseitigen Respekts in Gesellschaft und im Gespräch). Obwohl sich einige der Besonderheiten im Laufe der Zeit ändern können, gibt es viele Gemeinsamkeiten: Man sollte ehrfürchtig sein, wenn man über Götter und verwandte Themen spricht; man sollte außerdem die Moral aufrechterhalten, andere respektieren, bescheiden sein, Menschen angemessen behandeln, auf die öffentliche Moral achten, die Gefühle und Interessen anderer nicht schädigen, sich bei allen Gelegenheiten anständig verhalten, sich ordentlich und sauber kleiden und guten Geschmack zeigen, von verletzenden Worten absehen, nicht hinter dem Rücken schlecht über andere sprechen, von den Weisen und Guten lernen, sein Gewissen bewahren und so weiter.

Dem entsprachen auch die dreizehn Tugenden, die Benjamin Franklin aufzählte: Enthaltsamkeit, Schweigen, Ordnung, Entschlossenheit, Sparsamkeit, Fleiß, Aufrichtigkeit, Gerechtigkeit, Mäßigung, Reinlichkeit, Gemütsruhe, Keuschheit und Demut. Diese Tugenden sind voll und ganz im Geiste der 110 Regeln Washingtons verfasst. [2]

Vor den 1950er Jahren entsprachen die Moralvorstellungen der meisten Menschen einem respektablen, gemeinsamen Standard. Die Menschen in Ost und West bewahrten viele der Traditionen und Bräuche, die der Mensch haben sollte. Selbst in China bewahrte die Gesellschaft nach 1949 viele der traditionellen Tugenden, die vor der Machtübernahme durch die Kommunistische Partei geherrscht hatten – obwohl der Kommunismus bereits mit der Zerstörung von Chinas Erbe begonnen hatte, die Eliten ermordete und die Moral systematisch korrumpierte.

Mit der weltweiten Erweiterung des kommunistischen Machtbereiches führten die Kommunisten ihre Pläne weiter fort. Besonders ab den 1960er Jahren kamen die Menschen in Ost und West immer weiter auf den Weg der moralischen Verdorbenheit.

Die Kulturrevolution der Kommuistischen Partei Chinas begann 1966 mit der Kampagne zur Ausrottung der „Vier Alten", die ein Jahrzehnt dauerte. Es folgte die heftige Gegenkultur-Bewegung der Vereinigten Staaten in den 1960er Jahren sowie die anti-traditionellen Bewegungen – hauptsächlich getragen von der Jugend –, die sich in der ganzen Welt verbreiteten. All dies waren globale Ereignisse, die sich ereigneten, um die Tradition zu zerstören und die Menschheit von den zeitlosen moralischen Normen abzubringen.

Diese politischen und kulturellen Bewegungen haben in der heutigen Welt tiefe Spuren hinterlassen. Seither sind die traditionellen kulturellen Grundlagen der chinesischen Gesellschaft vollständig zerstört worden und die Moral befindet sich rapide im Niedergang. In der westlichen Gesellschaft haben sich derweil Rockmusik, Drogenmissbrauch, „sexuelle Befreiung" und Promiskuität, Homosexualität, die Hippie-Kultur und spirituelle Leere durchgesetzt und damit das Fundament der westlichen Tradition schwer beschädigt.

Nachdem die jungen Radikalen der Gegenkultur in gesellschaftliche Machtpositionen gekommen waren, setzten sie ihre Bewegung mit anderen Mitteln fort. Avantgardistische Kunst und Literatur, moderne Ideologien und alternative Konzepte wurden zusammengeführt. Mithilfe von Fernsehen, Computern, Internet, Mobilfunk und verschiedenen Massenmedien wich die gesamte Menschheit schnell von der traditionellen Kultur und dem traditionellen Leben ab und steuerte den Abgrund der Zerstreuung und Verkommenheit an.

Wenn wir uns die Welt – besonders in den vergangenen Jahrzehnten – ansehen, ist der Niedergang der menschlichen Moral und die Verdorbenheit fast aller Aspekte der Populärkultur und aller Seiten des gesellschaftlichen Lebens schockierend. Nachdem die Kommunistische Partei Chinas die tiefgründige traditionelle chinesische Kultur durch unaufhörliche politische Mobilisierungen zerstört hatte, schuf sie ein böses System der „Parteikultur". Die jüngere Generation wuchs in dieser „Parteikultur" auf und weiß nichts über die traditionelle, göttlich inspirierte Kultur. Man kann sagen, dass es dem Kommunismus beinahe gelungen ist, sein Ziel zu erreichen, die menschliche Kultur und das gesellschaftliche Leben in der ganzen Welt zu zerstören. Nur einige Teile der Gesellschaft im Westen bleiben übrig, die an der Tradition festhalten und sich weigern, sich verführen und unterwerfen zu lassen.

1. Kommunistische „Parteikultur"

Nach der „Reform und Öffnung" der Kommunistischen Partei Chinas in den 1980er Jahren schockierte das Verhalten der Chinesen die Bürger anderer Länder. Zuvor hatten viele Westler den Eindruck gewonnen, das chinesische Volk sei sanft, höflich, bescheiden, freundlich, fleißig und einfach. Nach jahrzehntelanger Gehirnwäsche und Transformation durch die Kommunistische Partei hatte sich das chinesische Volk jedoch völlig verändert. Die Chinesen waren unhöflich und grob geworden und sprachen sehr laut. Sie stellten sich weder an, noch waren sie respektvoll und ruhig in der Öffentlichkeit. Sie rauchten vor Nichtraucher-Schildern. Sie kleideten sich schlampig, spuckten auf den Bürgersteig und warfen mit Müll. Außerdem nutzten sie gerne andere aus.

In den vergangenen Jahren hat das Verhalten einiger chinesischer Touristen die Weltöffentlichkeit schockiert. Sie besteigen und beschädigen Kulturdenkmäler und historische Stätten, lassen Kinder in der Öffentlichkeit ihre Notdurft verrichten, spülen die Toilette nach Gebrauch nicht, greifen übermäßig nach kostenlosen Waren, schnappen und verschwenden Lebensmittel an Buffets in Restaurants, geraten wegen leichter Meinungsverschiedenheiten in Schlägereien und verursachen Probleme auf Flughäfen, was dazu führt, dass Flugpläne nicht mehr eingehalten werden können.

Was ist mit dem chinesischen Volk passiert? Was ist mit China passiert?

Die Antwort ist eigentlich sehr einfach. Die von der Kommunistischen Partei Chinas angeführte proletarische Revolution verpasste denjenigen, die die traditionelle Moral, Zivilisation und Manieren aufrechterhielten, das Etikett der „ausbeuterischen Klasse". Die Kommunistische Partei Chinas beschrieb die Gewohnheiten des Proletariats als revolutionär und gut, forderte die chinesischen Intellektuellen auf, sich im Schlamm zu wälzen und Schwielen an ihren Händen zu haben, und bezeichnete Läuse am Körper als „revolutionäre Käfer". Vom Parteiführer bis zum gewöhnlichen Kader waren alle stolz auf grobe Worte und das Fluchen, weil dies ihr Klassenbewusstsein, ihr Engagement für die Revolution und ihre Nähe zu den Volksmassen zeigen sollte.

So zwang die Partei die Menschen, das Elegante und Zivilisierte aufzugeben und stattdessen den rauen Lebensstil der proletarischen Hooligans zu akzeptieren. Ein Land mit einer so langen Geschichte, das für seine guten Manieren bekannt war, fiel in einen Zustand des Aufruhrs, in dem alle um Ruhm und Reichtum kämpfen. Die Partei verwandelte China in ein Zentrum für Verdorbenheit, eine Ausstellungshalle für kommunistische Kultur.

Mit anderen Worten kann man sagen, dass die Kultur der Kommunistischen Partei eine groß angelegte Erfindung ist, um die Menschheit zu verderben. Der Begriff „Parteikultur" bezieht sich auf die Art des Denkens, Sprechens und Verhaltens, die durch die Werte der Kommunistischen Partei geprägt sind. Die Leitideologien der „Parteikultur" sind Atheismus und Materialismus. Dazu zählen auch Ideen, die alle möglichen abweichenden kulturellen Faktoren sowie die schlimmsten Aspekte der Vergangenheit zusammenfassen und diese in ein neues Gesamtkonzept einbinden. All dies wird den Menschen unter der Herrschaft der Partei eingeflößt. Seitdem die KP Chinas die Macht an sich gerissen hat, hat sie zahlreiche Mittel eingesetzt, um die traditionelle

Kultur zu zerstören, die „Parteikultur" zu etablieren und zu stärken und diese effektiv zu nutzen, um die Gedanken des chinesischen Volkes systematisch zu verändern.

Unter der Kontrolle und Infiltration der „Parteikultur" sind alle Lebensbereiche – einschließlich Literatur, Kunst und Bildung – verkommen. Die „Parteikultur" zeigt überall die ideologischen Merkmale der Kommunistischen Partei: Atheismus, die Philosophie des Kampfes, die Weigerung, zu glauben, dass Götter allgegenwärtig sind und dass es Gerechtigkeit in der Welt gibt. Die Partei will stattdessen „mit Himmel, Erde und Menschheit kämpfen". Die „Parteikultur" flößt den Menschen eine Reihe von pervertierten Normen von Gut und Böse ein und verzerrt das menschliche Denken. Diese Indoktrination wird durch staatliche Gewalt unterstützt. Die Untertanen der Partei werden unmerklich von dem beeinflusst, was sie vom Tag ihrer Geburt an ständig sehen und hören, denn die Partei monopolisiert alle gesellschaftlichen Ressourcen. Eine ständig pulsierende Propagandamaschine zwingt die Menschen, die Werke kommunistischer Führer zu lesen. Gleichzeitig wird die Elite unterwandert und animiert, Lehrbücher, Literatur, Filme, Nachrichten und so weiter zu produzieren, die alle der Förderung der „Parteikultur" dienen müssen.

Es dauerte nur wenige Jahrzehnte, bis der Kommunismus das chinesische Volk dazu gebracht hatte, mit den Gedanken der Partei zu denken, mit der Sprache der Partei zu sprechen, nicht mehr an Götter zu glauben, ohne Rücksicht auf Folgen zu handeln und fast alles zu wagen sowie alle erdenklichen schlechten Taten zu begehen. Fast jede zwischenmenschliche Interaktion kann mit Betrug verbunden sein, und nichts hat ein Nachspiel. Die zombieartige Sprache der Partei und ihre vorgefertigten Lügen sind überwältigend.

Vor fünfzig Jahren, während der Kulturrevolution, verfielen die Roten Garden der „Parteikultur". Mittlerweile sind sie alt und haben durch ihre schlechten Gewohnheiten die jüngere Generation geprägt. Kinder und Jugendliche, die in der „Parteikultur" aufgewachsen sind, sind gerissen und frühreif. Sie kennen schon in jungen Jahren alles Schlechte. Mitglieder der jüngeren Generation glauben nicht an Gott, sind unmoralisch und arrogant. Sexuelle Zurückhaltung und Moral sind nicht mehr vorhanden. Wenn sie provoziert oder verärgert werden, können sie brutal um sich schlagen. So tragen sie zur Zerstörung der Moral bei. Das chinesische Volk, das seine traditionellen Wurzeln verloren hat, übernahm die allerschlimmsten Aspekte der Gegenkultur-Bewegung des Westens.

Die „Parteikultur" hat das heutige chinesische Volk weit von den universellen Werten entfernt. Die Einstellungen, Gedanken und Verhaltensweisen der Menschen haben tiefgreifende Veränderungen erfahren. Sie weichen von normalen Familien-, Sozial-, Bildungs- und Arbeitsbeziehungen ab. Ihr Denken und Verhalten ist oft unvereinbar mit dem von Menschen aus nicht-kommunistischen Gesellschaften und für diese schwer zu verstehen.

Die Kommunistische Partei Chinas spricht aktuell von der Wiederherstellung der traditionellen Kultur, doch was sie „wiederherstellt", ist keine echte traditionelle Kultur. Es ist einfach „Parteikultur" mit traditionellem Aussehen, doch der wichtigste Aspekt der chinesischen Tradition fehlt – der Glaube an Gottheiten. Unter der Führung dieser „Parteikultur" benutzen die Menschen sogar Gottheiten, um ein Vermögen zu verdienen. Der „Nainai Miao" (Großmuttertempel) im Bezirk Yi, Provinz Hebei, ist sehr beliebt. Es heißt, dass die Menschen dort jede Art von „Göttern" finden können, die sie verehren wollen. Wenn man Regierungsbeamter sein will, gibt es einen sogenannten „Gott der Beamten", den man anbeten kann. Ebenso gibt es einen „Gott des Reichtums", der sich aus Banknoten zusammensetzt, einen

„Gott des Studierens“ und sogar einen „Gott der Autos“, der ein Lenkrad hält. Der Betreiber des Großmuttertempels erklärte: „Welcher Gott auch immer fehlt, mach einfach einen neuen.“ [3]

Das moderne China engagiert sich, um angeblich die Tradition wieder zu beleben. Doch angesichts der moralischen Verdorbenheit der Gegenwart: Wie einfach ist es, wirklich zur Tradition zurückzukehren? Obwohl viele literarische und künstlerische Werke alte Geschichten wieder aufgreifen, wird der Inhalt durch zeitgenössische Ideen besudelt. Die Akteure tragen traditionelle Kleidung, engagieren sich aber im zeitgenössischen Drama. So wird die traditionelle Kultur zur Fassade und ihre wahre Bedeutung noch weiter ruiniert. Auf solche Weise sind Palastdramen des kaiserlichen Chinas in den vergangenen Jahren populär geworden. Doch sie sind eine Mischung von Eifersucht und Intrigen – eine Darstellung des Kampfes und des Hasses, die dem Kommunismus innewohnen. Sie sind keine Darstellung historischer Realitäten.

In der willkürlichen Anpassung des Romans „Journey to the West“ (auf Deutsch: Die Reise in den Westen) umarmte und verliebte sich Sun Wukong sogar in jene Dämonen, die er im klassischen Roman bezwang. Noch beängstigender ist, dass viele – vor allem junge Menschen, die nichts von der traditionellen Kultur Chinas wissen – diese ganze Schauspielerei als irgendwie traditionell betrachten. Dies ist die Folge davon, dass die Partei die wahre göttliche Kultur Chinas zerstört, ersetzt und die Öffentlichkeit jahrzehntelang mit ihrer eigenen „Parteikultur“ indoktriniert hat. So sind die Chinesen zu dem Schluss gekommen, dass der ständige und allumfassende Kampf im Leben eine traditionelle Tugend sei. Sie nehmen an, dass Kunst, Literatur und Drama, die von den Ideen der „Parteikultur“ durchdrungen und in traditionelle Kostüme gekleidet sind, die Wahrheit zeigen.

Die „Parteikultur“ bringt die Menschen dazu, nicht an

Gottheiten zu glauben. Eine Krise der Ehrlichkeit ist die direkteste Folge: Betrug, Produktpiraterie, giftige Lebensmittel, Korruption und mehr sind zu häufigen Phänomenen geworden. Die sogenannte „Shanzhai-Kultur" ist ein typisches Beispiel für diese Integritätskrise. Die „Shanzhai-Kultur" bezieht sich auf die Fälschung bekannter, insbesondere ausländischer Produkte oder Marken. Es bedeutet sowohl Diebstahl als auch Täuschung. Der Begriff ist so weit bekannt geworden, dass er in das Oxford-Wörterbuch Chinesisch-Englisch als Wortneuschöpfung aufgenommen wurde. [4]

Das „Shanzhai"-Verhalten in China verfälscht nicht nur Produkte, sondern auch ganze Geschäfte. In China wurden mehrfach gefälschte Apple-Stores entdeckt. [5] Die Geschäfte sind sorgfältig mit allen Merkmalen echter Apple-Stores ausgestattet: Glasfassade, hellen Holztischen, einer Stahltreppe, Postern von iPads und anderen Apple-Produkten sowie einer übersichtlichen Wand mit Zubehör und weißen Apple-Logos. Die Mitarbeiter tragen die charakteristischen dunkelblauen T-Shirts mit dem Apple-Logo und scheinen sogar zu glauben, dass sie in einem echten Apple-Store arbeiten. In einer gesellschaftlichen Atmosphäre, die von solchen Tricks und Mätzchen geprägt ist, schrecken manche Chinesen vor nichts zurück und fürchten keine Strafe durch Himmel oder Mensch. Lügen und Fälschungen wurden zum Teil des Mainstreams. Diejenigen, die sich weigern, Dinge zu fälschen, gelten als Sonderlinge.

Die „Parteikultur" hat auch die Sprache ruiniert. Dies zeigt sich unter anderem in der Verwendung von übersteigerten Wörtern und Phrasen. Restaurants werden „Himmel jenseits des Himmels", „Kaiser über allen Kaisern", „König der Könige" und dergleichen genannt. Literarische Stile neigen zu starken Übertreibungen. In der offiziellen Propaganda erscheinen regelmäßig prahlerische Wendungen wie „der Erste der Welt", „der Eindrucksvollste der Geschichte", „die Vereinigten Staaten haben Angst“, „Japan ist entsetzt“, „Europa bedauert“ und dergleichen. Nachrichten über WeChat, eine beliebte chinesische Social-Media-Anwendung, und Internet-Medien sind voll von solchen Schlagzeilen. Nachfolgend einige typische Beispiele: „Chinas wissenschaftliche und technologische Stärke übertrifft die der Vereinigten Staaten und steht an erster Stelle in der Welt“; „China hat wieder den ersten Platz der Welt errungen, hat persönlich die US Blue Chips besiegt und Apple völlig in die Flucht geschlagen“; „Etwas Großes wird passieren, eine magische Waffe in China lässt die USA wieder Angst haben, die Welt ist fassungslos, Japan ist völlig verängstigt“; „China ist auf einem weiteren Gebiet die Nummer eins der Welt! In nur dreißig Jahren hat es einen historischen großen Wandel vollbracht und die USA, Japan und Südkorea zum Staunen gebracht“; „Huawei gab bekannt, dass es den weltweit ersten 5G-Chip entwickelt hat, der die Welt in Erstaunen versetzt hat!“

Der Propagandafilm „Wunderschön, Mein Land!“ und die Fernsehserie „Mein Land ist großartig!“ sind ebenfalls voller Übertreibungen in Ton und Inhalt. Sie lassen es so aussehen, als würde sich die ganze Welt China ergeben. Sie vermitteln eine Haltung, die an die Propaganda während des Großen Sprungs nach vorn erinnert, als die Partei behauptete, China würde „Großbritannien übertreffen, zu den Vereinigten Staaten aufschließen und 50.000 Pfund pro Hektar produzieren“.

Die neue Welle an Übertreibungen ist die subtile Darstellung des „falschen, übertriebenen, leeren Ethos“ (wie es in China bezeichnet wird) der „Parteikultur“ im Online-Zeitalter. Die grundlegende Frage ist nach wie vor die der Integrität. Die Reform und Öffnung bis in die 1980er und 1990er Jahre brachte China Veränderungen. Die schlimmsten Aspekte der modernen westlichen Kultur wie sexuelle Befreiung, Drogenmissbrauch, Homosexualität, Computerspiele und dergleichen machten sich im Land breit. Die Unterhaltungsprogramme im Fernsehen sind vulgär geworden. Die gesamte Gesellschaft ist zu einem Vergnügungspalast geworden, in dem ungehemmt materiellen und fleischlichen Begierden gefrönt wird.

Der Kommunismus hat Menschen zu Unmenschen und China, ein Land, das einst zivilisiert, prächtig und schön war, zu einem unzivilisierten Ort gemacht.

2. Die Untergrabung der westlichen populären Kultur durch den Kommunismus

Die westlichen Länder der freien Welt sind bekannt für ihre zivilisierten Gesellschaften, in denen Männer vornehm und Frauen tugendhaft und anmutig sind, und in denen die Menschen einander mit Ehrlichkeit und Freundschaft begegnen. Der Kommunismus hat in den westlichen Ländern Vorkehrungen getroffen, um diese Zivilisation zu untergraben, zu sabotieren und zu zerstören. Obwohl er Gewalt und Totalitarismus nicht so direkt wie in China dazu benutzen kann, die westliche Zivilisation und ihre Massenkultur zu schädigen, hat er – wie in China – die negativen, rebellischen Gedanken und Verhaltensweisen der Menschen angestachelt, um die Tradition zu untergraben, die öffentliche Moral zu zerstören und die individuelle Moral zu ruinieren.

Nachdem die Alliierten im Zweiten Weltkrieg triumphiert hatten und die Bevölkerung froh und erleichtert darüber ihr Leben zu leben begann, beschäftigte sich eine andere Gruppierung bereits intensiv mit den Bereichen Ideologie und Kultur. Während die Welt noch über den Krieg und die künftigen ideologischen Trends nachdachte, trug diese Gruppierung zu einer planmäßigen Abschaffung der Traditionen bei, die den Menschen mit dem Göttlichen verbunden hatten.

In den Vereinigten Staaten stützte sich die Beat-Generation, die nach dem Zweiten Weltkrieg entstand, auf eine

Gruppe von amerikanischen Nachkriegsautoren der 1950er Jahre. Sie waren die Vorfahren einer Kunst- und Literaturbewegung, deren Ziel es war, die Gesellschaft zu untergraben. Während sie zu Recht Tendenzen der Heuchelei und moralischen Verderbnis in der Gesellschaft jener Zeit verachtete, war ihre radikale Antwort darauf, alle traditionellen Moralvorstellungen zynisch zurückzuweisen und zu stürzen. Die Mitglieder der Beat-Generation waren weitgehend nihilistisch und zynisch. Sie plädierten für uneingeschränkte Freiheit, lebten ihre eigenen persönlichen Vorstellungen von der Welt voll aus, lehnten traditionelle Tugenden ab, vertieften sich in Pseudomystik, Drogen und Verbrechen und führten ein undiszipliniertes, eigennütziges Leben. Ihre versuchte radikale Kritik an der bürgerlichen, kapitalistischen Gesellschaft fiel mit dem ideologischen Druck des Kommunismus im Westen zusammen, und so wurde sie leicht selbst zu einem Werkzeug des Kommunismus.

Viele Mitglieder der Beat-Generation waren in der Tat stark von der kommunistischen und sozialistischen Ideologie beeinflusst. So hatte Jack Kerouac, der Gründer der Bewegung, die Kurzgeschichte „The Birth of a Socialist" (auf Deutsch: Die Geburt eines Sozialisten) geschrieben, bevor er berühmt wurde. Die Geschichte handelte von seiner Rebellion gegen die kapitalistische Gesellschaft. [6] Ein weiterer Vertreter der Bewegung, Allen Ginsberg, wurde später offen Kommunist (siehe Kapitel 11 dieses Buches) und unterstützte die Pädophilie. Seine Werke folgten nicht den traditionellen Konventionen und Strukturen traditioneller Schöpfungen, waren bewusst desorganisiert, die Formen waren oft unstrukturiert und die Sprache war rau und grob. Diese Gruppe zeigte die erste grundlegende Abweichung von den Regeln und Prinzipien der Tradition. Sie vertrat in der Anfangsphase die Gegenkultur-Bewegung, die später in den 1960er Jahren den Westen eroberte.

In den 1960er Jahren wurde das, was die Beat-Generation

vorgelegt hatte, weiterentwickelt und mit Subkulturen wie Hippie, Punk, Gothic und mehr erweitert. Diese gegenkulturellen Trends fanden in den städtischen Gebieten des Westens ein reges Publikum und verführten einen Jugendlichen nach dem anderen zu Gewalt, Drogenmissbrauch, „sexueller Befreiung", unangemessener Kleidung, kultureller Entfremdung und letztlich zu einer Neigung zu Dunkelheit und Tod.

1968 erreichte die Bewegung ihren Höhepunkt mit den Morden an Martin Luther King sowie Robert Kennedy und der Eskalation des Vietnamkriegs. Im Frühjahr 1968 versammelten sich etwa zweitausend Hippies für mehrere Tage und Nächte im Golden Gate Park von San Francisco und zeigten ihren Widerstand gegen die Gesellschaft mit bizarrem Verhalten, Rock'n'Roll, Liedern, Poesie, Nacktheit und Drogenkonsum.

Im Sommer 1969 versammelten sich mehr als vierhunderttausend Menschen auf die gleiche Art und Weise in Woodstock am Rande von New York City. Sie riefen die Slogans „Liebe", „Freiheit" und „Frieden". Hunderttausende gaben sich in Ausschweifungen und wildem Vergnügen hin. Dies alles trug dazu bei, die Teilnehmer und die Gesellschaft in einen vulgären, dekadenten und moralischen Niedergang zu führen. Woodstock war ein bedeutendes kulturelles Ereignis in der Popmusikgeschichte der 1960er Jahre. In den folgenden Jahrzehnten wurden der New Yorker Central Park, der San Francisco Golden Gate Park und Woodstock zu Symbolen der amerikanischen Gegenkultur.

Gerade als die Gegenkultur in den Vereinigten Staaten an Fahrt gewann, brachen auch in Frankreich Massenunruhen mit Millionen von Menschen aus. Die heute als „Pariser Mai" oder „Mai 1968" bekannten Ereignisse begannen mit wütenden jungen Studenten, die gegen die traditionelle Moral und Kultur rebellierten. Damals gab es in den Schulen strenge Trennungen zwischen männlichen und weiblichen Schülerschlafsälen. Beiden Geschlechtern war verboten, frei in den

Schlafzimmern der anderen ein- und auszugehen. Die Abschaffung dieser Bestimmung und die Forderung nach dem Recht auf sexuelle Aktivitäten in Studentenwohnheimen wurde zu einem der Hauptziele der ersten Proteste. Die Rebellion der Studenten fand damals die Unterstützung der sozialistischen und kommunistischen Parteien in Frankreich. So begann die jüngere Generation durch Chaos und Rebellion die moralischen Prinzipien und Beschränkungen – die alte Ethik, die die Gottheiten für die Menschheit geschaffen hatten und die seit der Antike bewahrt worden war – zu zerschlagen.

In den späten 1960er Jahren gab es zwei Zentren der Revolution: Das eine war Peking, wo die Kulturrevolution in vollem Gange war, das andere war Paris, wo die Ereignisse vom Mai 1968 die Welt erschütterten. Diese wurden von vielen als Kulturrevolution des Westens bezeichnet. Damals marschierten chinesische Studenten mit Slogans und Bannern für die französischen Studentenrebellen, während die „Westlichen Roten Garden“ im fernen Paris zur Unterstützung der Maoisten in China grüne Militärmützen und Uniformen mit roten Armbändern trugen. Sie hielten riesige Porträts von Mao Tsetung in ihren Paraden hoch, und die „drei M‘s“ – Marx, Mao und Marcuse – wurden zu ihrem ideologischen Standbein. [7]

In Japan begann in den 1960er Jahren ebenfalls eine Gegenkultur-Bewegung. Die von der Kommunistischen Partei Japans gegründete japanische linksradikale Dachorganisation von Studenten, der „Zengakuren“ (auf Deutsch: Alljapanischer Allgemeiner Verband der studentischen Selbstverwaltungen), hatte damals großen Einfluss auf die Studenten. Dieser Dachverband wurde von der Kommunistischen Partei kontrolliert, organisiert und als Reaktion auf die Aktivitäten der Roten Garde in China mobilisiert. Der „Zengakuren“ organisierte später in Japan zusammen mit anderen linken Studentenorganisationen wie der „Japanischen Roten Armee“ („Nihon Sekigun“, eine linksradikale Terrororganisation zwischen 1971 und 2001) und den „All-Campus Joint Struggle Councils" zahlreiche Demonstrationen gegen die Kultur und Tradition. Der Verband ging sogar so weit, Gewalt auszuüben, Straßenschlachten mit der Polizei anzuzetteln sowie die japanische Gesellschaft zu bedrohen. [8]

Ähnliche Studentenunruhen und Chaos gab es in einigen latein- und mittelamerikanischen Ländern. So schickten beispielsweise die mexikanische Studentenbewegung „Plaza de las Tres Culturas" und weitere linke Studentengruppen unter dem Einfluss der kubanischen Kommunistischen Partei zur Unterstützung Telegramme an die Studenten in Paris, um den „Pariser Mai 1968" zu unterstützen.

Viele mögen die obige Serie von Aktionen als weitgehend zufällig betrachten. Aus einer größeren Perspektive war jedoch die gesamte Gegenkultur-Bewegung in Ost und West Teil des vorsätzlichen Arrangements des bösartigen Gespensts des Kommunismus. Das Ziel war, die Moral der Gesellschaft zu untergraben. Die moralischen Traditionen und universellen Werte, die den Menschen vom Himmel gegeben wurden, hatten eine tausendjährige Geschichte hinter sich. Doch unter dem Einfluss der globalen Bewegungen, die von dem bösartigen kommunistischen Gespenst sorgfältig arrangiert wurden, haben sie enormen Schaden erlitten. Es ging darum, Unzufriedenheit zu wecken und die Gesellschaft in einen Rausch zu versetzen, um traditionelle Moral und Ideen zu untergraben. Chinas 5.000 Jahre alte traditionelle Kultur wurde zerstört, als die „Vier Alten" in der Kulturrevolution angegriffen wurden.

Westliche Rockmusik, Drogenmissbrauch, sexuelle Befreiung, Abtreibung, eigenwillige Kleidung und avantgardistische Kunst waren allesamt Abweichungen von traditionellen Normen und orthodoxem Glauben. Darüber hinaus sind abweichende sexuelle Eigenarten wie Homosexualität und Promiskuität populär geworden, was nachhaltige negative Auswirkungen auf die gesamte westliche Gesellschaft hat.

Die Herrlichkeit der göttlichen Kultur ist im Westen weitgehend vertrieben worden – und die westliche Zivilisation hat ihre Pracht und ihren Glanz verloren.

3. Pop-Kultur und soziales Chaos

Mit dem Angriff und der Auflösung der traditionellen Kultur begannen die negativen Faktoren der anti-traditionellen Ideologie in die gesellschaftliche Normalität einzudringen und Chaos zu erzeugen. Der folgende Abschnitt will das Chaos aufzeigen, welches diese kulturellen Verfehlungen für die zeitgenössische amerikanische Gesellschaft von heute mit sich bringt. Da Amerika de facto in den Trends der globalen Populärkultur führend ist, hatte die Beeinflussung der amerikanischen Kulturproduktionen enorme negative Auswirkungen auf die Welt. Einige traditionell eher konservative Länder mit tief verwurzelten traditionellen Kulturen wie China und Japan fanden die zerrüttete Populärkultur der Vereinigten Staaten unwiderstehlich und eiferten ihr nach. Das Ergebnis war die weltweite Ausbreitung von übermütigem, ungezügeltem Verhalten und einem rebellischen, asozialen und unmoralischen Lebensstil voller Zynismus, Selbstgefälligkeit und Dekadenz.

a) Hip-Hop und Rock'n'Roll

Der Schwerpunkt der traditionellen Musik lag darin, den Sinn der Menschen für die Schönheit und das Göttliche zu wecken, Tugend zu kultivieren und die geistige und körperliche Gesundheit der Menschen zu stärken. Ihre Wirkung waren gesellschaftliche Ausgeglichenheit und Harmonie zwischen Mensch und Natur. Schöne Musik, die die Herrlichkeit Gottes feierte, wurde gefördert, während atonale, chaotische oder unzüchtige Musik als Gräuel galt. Heute jedoch ist die populäre Musik voll von in schockierender Weise verdorbenen Kompositionen, wobei Hip-Hop und Rock'n'Roll markante Beispiele dafür sind.

Hip-Hop entstand in den 1970er Jahren in den Straßen von New York. Zuerst beeinflusste er die Schwarzen, dann Latinos und jamaikanische Amerikaner. Hip-Hop-Performer oder Rapper äußerten ihre Unzufriedenheit mit Gesellschaft und Politik durch ihre Texte. Viele Einwohner in armen Gemeinden, die keine produktiven Tätigkeiten ausübten oder kein Geld für normale Musikinstrumente hatten, beteiligten sich daran. Die Ursprünge des Hip-Hop, einschließlich der damit verbundenen Praktiken wie Rap, Breakdance und Graffiti, waren daher Produkte von Armut und Langeweile. Der Schwerpunkt der Rap-Texte liegt auf Themen wie Gewalt, Waffen, Pornografie, Obszönitäten, Dekadenz, Rassismus und Armut, die alle in sich reimenden Texten verherrlicht werden, die zu einem Beat gesungen werden.

In den vergangenen Jahrzehnten wurden Rap und Breakdance aus New York exportiert und zu einem globalen Trend. Hip-Hop ist in Asien, Europa und vielen afrikanischen Städten Teil der Populärkultur geworden. Trotz der offensichtlichen moralischen Verdorbenheit dieser Musik, die oft auf sexuelle Freizügigkeit, Töten, Gewalt und Drogen ausgerichtet ist, hat sie weltweite Anerkennung erlangt und wird sogar in weltberühmten Theatern gefeiert.

Im Broadway-Musical „Hamilton" wurde im Jahr 2015 das Leben von Alexander Hamilton, des ersten Finanzministers der Vereinigten Staaten, gesungen und auf der Bühne gerappt. Das Musical war ein sofortiger Erfolg im amerikanischen Showbusiness und wurde mit zahlreichen Preisen ausgezeichnet. Es wurde fast drei Monate lang im Kennedy Center in Washington, D.C. aufgeführt. Die Show stellte Kassenrekorde am Broadway auf und die teuren Tickets konnten erst erworben werden, nachdem man sie online gebucht und sich dann in einer Warteschlange mit Tausenden von Menschen angestellt hatte. [9]

Der Rock'n'Roll wiederum hat seinen Ursprung vor dem Hip-Hop und geht bis in die 1940er Jahre zurück. Rock'n'Roll verwendet Schlagzeug und Gitarre als Untermalung seiner Texte – im Gegensatz zu Hip-Hop, der einen Beat etabliert, zu dem Reime gerappt werden. Rock'n'Roll war eng mit der Beat-Generation verbunden, und zahlreiche Rocksänger ließen sich von deren Protagonisten inspirieren. Die beiden Gruppen waren oft eng miteinander verbunden und arbeiteten zusammen.

In den 1960er Jahren war Rock'n'Roll zum Thema der Gegenkultur geworden. Er versetzte die Zuhörer in einen verrückten, irrationalen Geisteszustand. Der hysterische Gesang, begleitet von verzerrten E-Gitarren und intensiven Trommeln, begünstigte, dass die Zuhörer ihren sinnlichen Instinkten und Wünschen nachgaben. Die Vernunft wurde aufgegeben und die dämonische Natur des Menschen, die normalerweise aufgrund der Anforderungen der Zivilisation in Schach gehalten wird, entfesselt. In vielen Fällen überließen sich die Zuhörer einfach der Kontrolle niederer Mächte.

Was das Ganze noch schlimmer machte: Der Nihilismus wurde zur dominanten Philosophie des Rock, während viele Rock-Subgenres andere Verhaltensweisen förderten. Psychedelischer Rock begünstigte zum Beispiel den Gebrauch von Drogen, während einige psychedelische und andere, dunklere Formen von Rock zu Rebellion, Selbstmord, Gewalt und Homosexualität aufriefen oder Promiskuität, Ehebruch und Ablehnung der Ehe unterstützten. Liedtexte empfahlen Obszönität oder Lüsternheit, genauer gesagt, sie begeisterten sich daran, das Böse zu loben und das Göttliche zu verurteilen.

So rechtfertigten einige sogenannte Rock-Superstars mit ihren populären Texten die sexuelle Belästigung minderjähriger Mädchen, was das Publikum für eine Kultur des sexuellen Missbrauchs und der Freizügigkeit offen machte. Einige Texte waren voll von Aufrufen zu Zwietracht und Streit: „Hey! Ich sagte, ich heiße Aufruhr! Ich werde schreien und brüllen, ich werde den König töten, ich werde über all seine Diener schimpfen..." (aus „Street Fighting Man" von The Rolling Stones). Ein Song trug den Titel „Mitgefühl für den Teufel". Ein Album einer psychedelischen Rockgruppe hieß „Their Satanic Majestic Request". Ein anderes berühmtes Lied heißt „Highway to Hell": „Hey Satan [...] Ich bin auf dem Weg ins Gelobte Land, ich bin auf dem Highway zur Hölle". Einige Rocksongs loben sogar Sozialismus und Kommunismus. So fordert beispielsweise der berühmte Song „Imagine" seine Zuhörer dazu auf, sich eine kommunistische Gesellschaft ohne Paradies, Hölle, Religion, Land und Privateigentum vorzustellen.

Selbst religiöse Gruppen finden es schwer, den negativen Auswirkungen von Rock'n'Roll zu widerstehen. Christliche Kirchenmusik sollte Gott loben, während Rock'n'Roll wegen seiner Schwäche für das Böse ursprünglich ausgeschlossen war. Doch mit der Popularität von Rock'n'Roll griff auch die moderne Musik der christlichen Kirchen Rock-Elemente auf, um junge Menschen anzusprechen, was zur Entstehung der so genannten Zeitgenössischen Christlichen Musik führte. [10]

Begleitet wird Rock'n'Roll von Ehebruch, Gewalt, Dekadenz, Drogenmissbrauch, Korruption und Widerstand gegen den Glauben an Gottheiten. Mit dem Aufstieg des Rock sind verschiedene Arten von korruptem Verhalten aufgetaucht, die durch traditionelle Moral und Glauben verboten waren.

b) Drogenmissbrauch

Drogenmissbrauch ist in den vergangenen Jahrzehnten zu einem globalen Thema geworden. In der Anfangsphase war die Ursache für den massiven Drogenmissbrauch im Westen die Gegenkultur. In ihrem Kampf gegen die bürgerliche Moral versuchten die Hippies, alle Traditionen zu zerschlagen und zu untergraben und ihre eigenen Überzeugungen, moralischen Standards und ihren eigenen Lebensstil zu entwickeln. LSD und Trips mit halluzinogenen Pilzen waren Teil ihrer spirituellen Erkundungen, während sie Amphetamin oder Kokain als Aufputschmittel und Heroin und Barbiturate als Beruhigungsmittel verwendeten. Sie wollten aus der Welt flüchten und sich in einen anderen Zustand versetzen.

Viele junge Mitglieder der Gegenkultur-Bewegung hatten ein großes Interesse an östlicher Philosophie und deren Kultivierungspraktiken. Die Psychedelika wurden zu einer vermeintlichen Abkürzung für sie, um nach Erkenntnissen zu suchen. Sie sahen keine Notwendigkeit, die Herausforderungen der Kultivierung des Geistes oder den körperlichen Schmerz der Meditation zu ertragen. Stattdessen nahmen sie einfach eine Tablette LSD, die ihnen eine pseudogeistige Erfahrung bescherte, ohne ihnen jedoch eine tatsächliche spirituelle Erfahrung zu ermöglichen. Solche Drogen bringen den physischen Körper einfach nur in die Hände von niederen Wesen, die überhaupt nichts mit echten, aufrichtigen Kultivierungspraktiken zu tun haben. Es ist sehr bedauerlich, dass diese Erfahrungen viele Menschen mit wahren spirituellen Bestrebungen auf einen falschen Weg geführt haben.

Viele Popsänger und Rockstars sterben in ihren Zwanzigern oder Dreißigern, oft aufgrund von Überdosen. Der längste und traurigste Krieg der Vereinigten Staaten ist wahrscheinlich der Krieg gegen Drogen. Das Land hat sich seit Jahrzehnten der Verhaftung und Überwachung von Millionen von Drogenhändlern verschrieben. Regierungsbeamte warnen immer wieder vor Drogen, doch der illegale Drogenkonsum ist nach wie vor massiv. Seit dem Jahr 2000 sind über dreihunderttausend Amerikaner an einer Überdosis Opium gestorben. Am 26. Oktober 2017 erklärte Präsident Trump die Opium-Krise zu einem Notstand im Gesundheitswesen und beschrieb, wie er das Problem bekämpfen würde. [11]

Laut dem Bericht des „National Institute on Drug Abuse for Teens“ für 2017 ist der Marihuanakonsum unter Jugendlichen sehr stark ausgeprägt: 45 Prozent der Zwölftklässler sagten, dass sie zumindest einmal Marihuana konsumiert hatten, und 37,1 Prozent von ihnen konsumierten es im Jahr zuvor; 71 Prozent der Älteren in der High School glaubten, dass der häufige Gebrauch von Marihuana harmlos sei. [12]

Der Konsum von Ecstasy und das Rauchen von Marihuana sind bei jungen Menschen zur Mode geworden, während immer neue und stärkere Drogen auftauchen. Fentanyl-gebundenes Heroin zum Beispiel ist viel stärker als Heroin selbst. Während bei Heroin 30 Milligramm einer tödlichen Dosis entsprechen, reichen bei Fentanyl bereits 3 Milligramm. [13] Fentanyl wurde sogar als chemische Waffe bezeichnet. Doch solche zerstörerischen Drogen überfluten die amerikanischen Straßen in einem erschreckenden Tempo und töten viel mehr Menschen als andere Opioide, einfach weil man sie so leicht überdosieren kann.

Nach Angaben des „Nationalen Instituts für Drogenmissbrauch“ waren von den 65.000 Menschen, die 2016, im Jahr der Opioidkrise, an einer Drogenüberdosis starben, 20.000 an Fentanyl gestorben. [14] Der Schmuggel von Fentanyl aus China wurde ausführlich dokumentiert. Im Juli 2018 entdeckten und beschlagnahmten die Hafenbehörden in Philadelphia bei einer Routinekontrolle 55 Kilogramm Fentanyl in Frachtgütern aus China mit einem Marktwert von insgesamt 1,7 Millionen US-Dollar. [15]

Auch in China wird der Drogenmissbrauch zu einem Krebsgeschwür für die Gesellschaft. Die Produktion und der Missbrauch von Drogen, insbesondere von synthetischen Drogen, sind weit verbreitet. Auch der Drogenverkauf im Internet ist außer Kontrolle geraten. Laut dem Bericht der „China National Narcotic Control Commission" (CNNCC) aus dem Jahr 2015 übersteigt die Zahl der illegalen Drogenkonsumenten vierzehn Millionen. Die tatsächliche Zahl ist wahrscheinlich noch höher. Zu den Drogenkonsumenten gehören zunehmend auch Angestellte, Freiberufler, Entertainer und Beamte. [16] Der „China Narcotics Situation Report 2017" der CNNCC zeigt, dass Chinas Drogendezernate 140.000 Drogenfälle aufgedeckt, 5.534 illegale Drogenhandelsgruppen zerschlagen, 169.000 Verdächtige verhaftet, 89,2 Tonnen Drogen beschlagnahmt und 870.000 Razzien durchgeführt haben, bei denen 340.000 neue Drogenkonsumenten ausgemacht wurden. [17]

Der Konsum von Drogen kann Menschen den Verstand verlieren lassen. Die Substanzen machen oftmals stark süchtig und haben zur Folge, dass Menschen ihre Familien zerstören, ihre Karriere ruinieren, ihren Ruf und ihre Freundschaften kaputt machen oder ihr Leben durch eine Überdosis verlieren. Einige werden zu Kriminellen. Der Drogenkonsum und -handel schadet Einzelpersonen, Familien und der gesamten Nation, und ist damit zu einem weiteren dunklen Phänomen der modernen Gesellschaft geworden.

c) Pornografie

Von allen von den Kommunisten geforderten Arten von Revolutionen ist die sexuelle Revolution wahrscheinlich die gründlichste. Während die Eroberung der politischen Macht eine Revolution gegen die greifbaren Komponenten der Gesellschaft darstellte, ist die „sexuelle Befreiung" eine kommunistische Revolution, die im Inneren des Menschen angestoßen wird.

Freuds Pansexualismus, eine Theorie, die alle Wünsche und Interessen als aus dem Geschlechtstrieb abgeleitet betrachtet, lieferte eine theoretische Grundlage für die „sexuelle Befreiung". Gleichzeitig begann die Entwicklung oraler

Verhütungsmittel, um den Geschlechtsverkehr und die Fortpflanzung zu trennen. Die sexuelle Revolution richtete sich gegen die traditionelle Moral und verursachte und förderte radikalen Feminismus, Abtreibung, vorehelichen Sex und die homosexuelle Bewegung. All dies hatte schreckliche Auswirkungen auf die von Gott für den Menschen festgelegte Gesellschaftsordnung und steht in Verbindung mit zahlreichen sozialen Problemen.

Die „sexuelle Befreiung" etablierte die falsche Vorstellung, dass Sex als Freizeitbeschäftigung und der Handel mit Sex grundlegende Menschenrechte seien. Sie zerstörte die traditionelle Sexualethik und die traditionellen Sexualbeschränkungen und ließ Sex zu einem Spiel und einer Form der Unterhaltung werden. Es machte den Menschen zu einem bloßen Sexwerkzeug und öffnete die Tore für Pornografie, um die Gesellschaft zu infiltrieren und zu sabotieren.

In den 1950er Jahren spielte das Magazin *Playboy* eine außerordentlich wichtige Rolle bei der Unterstützung des sexuellen Genusses und machte aus Pornografie ein Geschäft. Während in der Antikriegszeit der Slogan „Make Love Not War" in der Luft lag, erschien 1969 der erste nackte Erwachsenenfilm „Blue Movie". Begleitet von Rockmusik und der Ablehnung aller Traditionen entstand im Westen eine 15 Jahre (1969-1984) andauernde Ära des „Porno-Chic".

Die Größe der heutigen Pornobranche ist alarmierend. Weltweit tätigt die Branche ein Geschäft von rund 100 Milliarden US-Dollar pro Jahr, davon allein in den USA 10 bis 12 Milliarden Dollar. [18] In den 1970er Jahren wurden Pornofilme nur in schäbigen Erwachsenen-Kinos angeboten. Anfang der 1980er Jahre wurde mittels VHS-Videokassetten Pornografie in Millionen von Haushalten eingeführt, während die Verbreitung des Internets in den späten 1990er Jahren und später in der Smartphone-Ära Pornografie auf Bestellung mit sich brachte.

Die Pornobranche in Japan hat sich bereits als Teil der Gesellschaft normalisiert, mit Zeitschriftenständern voller Erwachsenentitel und Comics, die in Supermärkten zu sehen sind sowie nächtlichen Fernsehsendungen mit Pornodarstellern. Pornodarstellerinnen sind als Teenager-Idole verpackt und erscheinen offen in den Medien. Die japanische Pornobranche hat einen starken negativen Einfluss auf ganz Asien ausgeübt.

Die Einführung von Internet und Smartphones hat die Pornobranche stark verändert. Alle pornografischen Inhalte, denen ein typischer Erwachsener in den gesamten 1980er Jahren ausgesetzt gewesen sein konnte, sind nun für ein Kind innerhalb weniger Minuten zugänglich. Früher spielten Kinder nach der Schule Fußball und andere Spiele, doch jetzt schauen sie Pornos. Ein 12-jähriger britischer Junge wurde online so süchtig nach Pornos, dass er seine Schwester vergewaltigte. [19] Die an dem Fall beteiligte Staatsanwaltschaft sagte: „Derartige Fälle werden zunehmend vor Gericht kommen, weil junge Menschen nun Zugang zu Hardcore-Pornografie haben."

Welche Auswirkungen haben Pornos auf Kinder? Zum einen entstehen eine Sucht nach Sex und die frühzeitige Entwicklung sexueller Aktivitäten und Interessen, zum anderen nehmen die Sexualverbrechen zu. Die Kinder entwickeln falsche moralische Werte und glauben, dass Sex nichts mit Eheleben und Beziehungen zu tun habe, sondern einfach ein Dienst sei, der auf Abruf gekauft werden kann. Sie denken, dass perverse sexuelle Praktiken, wie sie in Pornos gezeigt werden, einem „normalen" Verhalten entsprechen.

In den meisten europäischen Ländern ist Prostitution legal, und viele Europäer betrachten sie einfach als eine von vielen Formen der Berufstätigkeit. 1969 war Dänemark das erste Land, das die Prostitution legalisiert hatte. Norwegen, das zuvor die strengsten Beschränkungen zur Prostitution in ganz Europa gehabt hatte, legalisierte sie 2006. [20] Der Kauf von Sex in Dänemark wird manchmal sogar von der Regierung subventioniert. Wenn beispielsweise ein behinderter Mensch einen Antrag stellt und dieser genehmigt wird, dann kann er ein Bordell besuchen, während der Steuerzahler die Rechnung bezahlt – zum Schutz seiner „Gleichberechtigung". [21] Dieser Vorschlag wurde eigentlich zum ersten Mal im 19. Jahrhundert vom Gründer des utopischen Sozialismus, Charles Fourier, unterbreitet.

China war früher eine Gesellschaft, die durch ihre Abstinenz und Zurückhaltung gekennzeichnet war. Selbst die Diskussion über Sex galt als tabu, doch China schloss sich ebenfalls der sexuellen Revolution an. Von allen Maßnahmen der Kommunistischen Partei Chinas in ihrem Reform- und Öffnungspaket war die „erfolgreichste" wahrscheinlich die der „sexuellen Befreiung" – weit über die Öffnung der Wirtschaft oder des politischen Systems hinaus. In den vergangenen dreißig Jahren hat es einen totalen Wandel von der „revolutionären Disziplin" zur „sexuellen Befreiung" gegeben. Prostitution ist in China weit verbreitet, und je mehr „Geliebte" ein wohlhabender Geschäftsmann oder korrupter Beamter hat, desto höher ist sein sozialer Status.

China gilt als die Fabrik der Welt. Das Land exportiert aber auch eine große Anzahl von Prostituierten – unter anderem nach Japan, Malaysia, in den Mittleren Osten, in die Vereinigten Staaten, nach Europa und Afrika. Schätzungen für 2018 deuten darauf hin, dass es 13.000 bis 18.500 chinesische Prostituierte in Ländern südlich der Sahara gab. [22]

In den südostasiatischen und südamerikanischen Ländern geschieht das Gleiche. Viele Städte sind zu wichtigen Zielen für den Sextourismus geworden, eine Praxis, die zwar illegal, aber so weit verbreitet ist, dass sie zum Wirtschaftswachstum beiträgt. Auch in islamischen Ländern wie Ägypten, Tunesien, dem Sudan und anderen muslimischen Ländern läuft die Pornoindustrie – die im Islam verboten ist – heimlich auf Hochtouren.

Die direkte Folge einer von Pornografie überfluteten Gesellschaft ist die Zerstörung der Familie und der Ehe, weshalb diese inzwischen auch als der „stille Familienmörder“ bezeichnet wird. Das regelmäßige Betrachten von Pornografie verursacht Desinteresse an gesunden Familienbeziehungen, während sexuelle Begierde und Lust zunehmen. Dies führt dazu, dass außereheliche Affären zunehmen und das Risiko sexuell übertragbarer Krankheiten steigt. [23]

Während einer Senatsanhörung im Jahr 2004 legte Dr. Pat Fagan Daten vor, die zeigen, dass 56 Prozent der Scheidungsfälle bei Ehen vorkommen , bei denen ein Partner starkes Interesse an pornografischen Websites hatte. [24]

Während der Jahrestagung der „American Sociological Association“ im Jahr 2016 ergab eine dort präsentierte Forschungsarbeit eine Verdoppelung der Scheidungsfälle bei Ehen, bei denen einer der Beteiligten Pornos schaute, im Vergleich zu solchen, bei denen keiner der beiden Partner dies tat. Die Forschungsergebnisse zeigten eine Verdoppelung der Scheidungsrate von fünf auf 10 Prozent, wenn der Mann Pornos sah. Wenn die Frau sich regelmäßig Pornos ansah, verdreifachte sich die Scheidungsrate sogar von sechs auf 18 Prozent. Je jünger die Beteiligten, desto wahrscheinlicher wurde die Scheidung. [25]

Vor den 1950er Jahren wurde in allen Ländern der Welt, in Ost und West, Sex vor der Ehe als unanständig angesehen und als gegen die Gebote Gottes gerichtet betrachtet. Sowohl der gesellschaftliche Druck als auch die öffentliche Meinung richteten sich gegen ein solches Verhalten. Wenn ein junger Mann und eine junge Frau vor der Ehe ein Kind empfangen hatten, wurde von ihnen erwartet, dass sie Verantwortung übernehmen, heiraten und das Kind gemeinsam als Familie großziehen. Damals glaubte die Mehrheit der Menschen, dass, wenn ein

Mann eine Frau unehelich schwängerte, das einzig Anständige wäre, sie zu heiraten. [26] Wenn man einen Fehler macht, wurde erwartet, dass man die Verantwortung dafür übernimmt.

Mit dem moralischen Verfall und dem Anstieg der „sexuellen Befreiung" seit den 1960er Jahren haben die außerehelichen Schwangerschaften drastisch zugenommen. All dies geschah zur gleichen Zeit, als die Pornobranche einen größeren Einfluss auf das öffentliche Bewusstsein bekam. 1964 lag der Prozentsatz von Schwangerschaften vor der Eheschließung in den meisten entwickelten Ländern bei unter zehn Prozent; 2014 war es fast ein Drittel. In den Vereinigten Staaten lag der Anteil der Schwangerschaften außerhalb der Ehe im Jahr 2014 bei durchschnittlich 40 Prozent und erreichte bei den Afroamerikanern sogar 71 Prozent. Von den weltweit 140 Millionen Neugeborenen im Jahr 2016 stammten rund 15 Prozent oder 21 Millionen aus Schwangerschaften außerhalb der Ehe. [27]

Alleinerziehenden-Familien, Schwangerschaften außerhalb der Ehe und Scheidung sind oft eng mit Armut verbunden. Diese Familien erhöhen dann den Druck auf das Sozialsystem.

d) Videospiele

Zahlreiche Kinder verbringen heute unzählige Stunden mit Video- oder Computerspielen. Entwickler machen die Spiele immer realistischer, dynamischer und interaktiver. Sie sind auch immer gewalttätiger und erotischer. Kinder und sogar Erwachsene werden leicht davon süchtig. Video- und Computerspiele sind zu einem großen Problem für Eltern, Schulen und sogar die Regierung geworden. Die Spiele sind jetzt eine Form der Populärkultur geworden, die Menschen von der Kindheit bis zum Erwachsenenalter begleiten, aber was für eine Kultur ist das? Es ist eine Kultur der Zerstörung, nicht anders als die der Drogen. Diejenigen, die von Videospielen abhängig sind, können die Nachteile nicht nüchtern und objektiv sehen. Sie betrachten die Spiele einfach als lustig und interessant und werden nicht aufgeben, bis sie gewinnen, in die nächste Stufe aufsteigen, den Chef besiegen und so weiter.

Darüber hinaus geht es heute bei fast allen Video- oder Computerspielen, von der Bildsprache bis zur Handlung, darum, Gewalt und Tötung zu propagieren. Oder sie enthalten erotische Inhalte und Kaltblütigkeit. Einfach ausgedrückt appellieren die vermittelten Botschaften an die bösartige Seite im Menschen. All dies ist unangemessen und schädlich für Jugendliche und Heranwachsende. Ein Gefühl der Aufregung durch Töten, Vernichten, Gewalt und Kämpfen kann dazu führen, dass junge Menschen desensibilisiert und mit ungesunden Gedanken und Verhaltensweisen vertraut gemacht werden und sich an Verbrechen beteiligen.

Online-Spiele machen noch süchtiger. In der Vergangenheit wurden Spiele als Zeitvertreib verwendet, wenn die Menschen allein waren und sich gelangweilt fühlten. Heutzutage sind Online-Spiele zu einem Sport geworden, an dem die Spieler teilnehmen und gegeneinander antreten. Online-Glücksspiele an sich sind ebenfalls zu einer gesellschaftlichen Aktivität geworden, insbesondere auch für Kinder. Da eine große Anzahl von Spielern im Spiel interagiert, konkurrieren sie miteinander und begeistern sich für die virtuelle Welt des Spiels.

Riesige Mengen an Energie und Kapital werden in solche Spiele investiert. Kinder, die sie nicht spielen, können zu Außenseitern in ihrem Freundeskreis werden. So sind die Eltern teilweise gegen ihren Willen gezwungen, ihren Kindern zu erlauben, an Online-Gaming-Communities teilzunehmen und müssen dann zusehen, wie ihre Kinder eine Sucht entwickeln. Videospiele nehmen Zeit in Anspruch, die zum Lernen und Spielen im Freien sowie für normale zwischenmenschliche Aktivitäten genutzt werden sollte. Stattdessen werden Kinder zu Gefangenen von Video- oder Computerspielen.

Ein Akademiker teilte eine typische Erfahrung aus der eigenen Familie: Sein 12-jähriger Sohn durfte am Wochenende nach Abschluss seiner Hausaufgaben nur wenige Stunden lang Videospiele spielen. Aber wenn es dem Kind erlaubt gewesen wäre, das zu tun, was es wollte, hätte es fast die ganze Zeit Spiele gespielt. Es hätte Körperpflege und Mahlzeiten übersprungen, um weiterzuspielen. Die Forschungen des Wissenschaftlers zeigten, dass Videospiele die gesamte Freizeit junger Menschen belegen und dominieren. Junge Erwachsene, insbesondere solche mit niedrigem Einkommen und niedrigem Bildungsniveau, finden zunehmend ihr Glück in Videospielen und verkürzen so die Zeit, die sie für ihre Arbeit und die reale Welt aufwenden. [28] Dies ist ein häufiges Phänomen in den Vereinigten Staaten und anderen entwickelten Ländern.

Dieser Wissenschaftler hat einen Trend in der heutigen Gesellschaft beobachtet, in der diese Spiele junge Erwachsene dazu veranlassen, sich auf ihre Eltern zu verlassen und sich finanziell unterstützen zu lassen, da sie sich weigern, in den Arbeitsmarkt einzusteigen. Wenn diese jungen Menschen jedoch Eltern werden, werden Videospiele ihnen nicht helfen, ihren Lebensunterhalt zu bestreiten. Es ist unwahrscheinlich, dass sie ihre Fähigkeiten verbessern oder bessere Jobs finden können, da sie in jungen Jahren so viel Zeit in ihrem Leben mit Spielen verschwendet haben. Deren Kinder werden sich nicht auf ihre eigenen Eltern verlassen können. Video- und Computerspiele haben damit den Punkt erreicht, das normale menschliche Leben zu untergraben.

Videospiele sind spirituelle Drogen. Dies unterscheidet sie von harten Drogen wie Heroin, das weltweit verboten ist. Die Entwicklung von Videospielen ist jedoch eine boomende Industriebranche. Was sind die Konsequenzen daraus?

Unternehmen produzieren Drogen, die die nächste Generation zerstören, und Länder, die sich dem Gaming verschrieben haben, sabotieren ihre eigene Zukunft.

Das Aufkommen von Internet und Mobiltelefonen hat der Spieleindustrie einen noch breiteren Markt eröffnet. Der globale Spielemarktbericht des Forschungsunternehmens Newzoo vom April 2018 prognostiziert, dass Spieler auf der ganzen Welt 2018 bereits 137,9 Milliarden US-Dollar für Spiele ausgeben werden, was einem Anstieg von 13,3 Prozent gegenüber dem Vorjahr entspricht. Mehr als die Hälfte aller Gaming-Erlöse wird aus dem Mobilfunksegment kommen. Die Einnahmen aus digitalen Spielen werden 91 Prozent des Weltmarktes für Spiele ausmachen.

Der Bericht prognostiziert auch, dass der Spielemarkt im nächsten Jahrzehnt ein zweistelliges Wachstum aufweisen wird. Während die BIP-Wachstumsrate in vielen Ländern mit niedrigen einstelligen Werten stagniert, setzt die Spieleindustrie ihren Aufwärtstrend fort. Es wird erwartet, dass allein das mobile Gaming bis 2021 schon ein Umsatzvolumen von 100 Milliarden US-Dollar erreichen wird. Die drei wichtigsten Länder auf dem globalen Spielemarkt werden dem Bericht zufolge China, die Vereinigten Staaten und Japan sein, wobei China 28 Prozent des Weltmarktes ausmacht. [29]

Menschen, die an Gottheiten glauben, sollten wissen, dass Gott den Menschen geschaffen und die Art und Weise, wie Menschen leben sollten, sowie entsprechende Formen der Unterhaltung festgelegt hat. Wenn die Menschheit auf einem rechtschaffenen Weg geht, werden die Menschen Befreiung erhalten, aber wenn sich der Mensch von Gott abwendet und einen bösartigen Weg geht, wird der Mensch die himmlische Unterstützung verlieren und ruiniert werden.

Traditionelle Spiele, einschließlich sportlicher Aktivitäten und anderer Outdoor-Aktivitäten, werden durch die natürliche Umgebung, das Wetter, die Ausrüstung und die körperliche Leistungsfähigkeit eingeschränkt. Spieler entwickeln in der Regel keine Sucht nach diesen traditionellen Formen der Unterhaltung und Aktivität. Video- und Computerspiele kennen keine solchen Einschränkungen. Die Spieler sind eingeladen und angelockt, nonstop in die virtuelle Welt des Spiels einzutauchen, ohne Schlaf oder Pausen. Dies, zusätzlich zu der Tatsache, dass solche Spiele selten etwas inhaltlich Aufschlussreiches haben, das sie empfehlenswert machen würde, bedeutet, dass diejenigen, die sie spielen, zunehmend unter dem Einfluss negativer Faktoren stehen.

e) Die „Kultur der Gewalt"

In den USA stieg die Gesamtbevölkerung von 1960 bis 2016 um das 1,8-fache, während die Gesamtzahl der Verbrechen um das 2,7-fache und die Zahl der Gewaltverbrechen um das 4,5-fache anstieg. [30]

Fünfzig Jahre vor den Todesschüssen im Tower der University of Texas, die im Jahre 1966 stattfanden, hatte es nur 25 Fälle von öffentlichem Mord mit Schusswaffen gegeben, bei denen vier oder mehr Menschen getötet wurden. Seitdem hat es immer häufiger Amokläufe mit höheren Opferzahlen gegeben. [31] Von dem Amoklauf in Killeen (Texas) im Jahr 1991, der 23 Todesopfer forderte, bis hin zur Massenerschießung in Las Vegas im Jahr 2017 mit 58 Toten werden die Vorfälle immer schockierender.

Die Zahl der weltweiten Terroranschläge stieg von 650 im Jahr 1970 auf 13.488 im Jahr 2016, was einer Verzwanzigfachung entspricht. Allein seit dem Terroranschlag vom 11. September 2001 hat die Zahl der Terroranschläge um 160 Prozent zugenommen. [32]

Die zunehmende Gewalt in der realen Welt zeigt: Unser tägliches Leben ist von einer „Kultur der Gewalt" geprägt. Nicht nur Musikstile wie Heavy Metal sind voll von Gewalt, auch in Film, Fernsehen, Video- und Computerspielen dreht sich alles immer mehr um Gewalt. Viele Film- und Fernsehproduktionen porträtieren die Mafia, Gangs oder Piraten positiv. Sie lassen diese negativen Gestalten attraktiv und seriös erscheinen, sodass sich die Menschen nicht mehr von ihnen angewidert fühlen. In weiterer Folge begannen einige sogar, selbst ähnliche Verbrechen zu begehen und sich Banden anzuschließen.

Videospiele bieten den Menschen einen weiteren Kanal zur Verherrlichung von Gewalt, der interaktiv ist und es den Spielern selbst ermöglicht, Gewalt in der Spielwelt anzuwenden. Statt der lediglich einseitigen Indoktrination mit Gewalt durch Film und Fernsehen entfalten die Spieler selbst Gewalt durch diese Spiele, die Szenen von enthaupteten Köpfen und zerstückelten Gliedmaßen enthalten, wobei überall Blut spritzt – alles über die normalen Grenzen von Film und Fernsehen hinausgehend.

In einer Studie, die 2013 durchgeführt wurde, analysierten Forscher Filme, die von 1985 bis 2012 produziert wurden. Sie fanden heraus, dass sich von 1985 bis 2012 die Menge der Waffengewalt in PG-13-Filmen (ab 13 Jahren) verdoppelt hat. [33] Eine Nachfolgeuntersuchung ergab, dass sich dieser Trend fortgesetzt hat. [34] Im Jahr 2008 fand das „Pew Research Center" heraus, dass 97 Prozent der Jugendlichen zwischen 12 und 17 Jahren Videospiele spielten, und dass zwei Drittel ihrer Spiele gewalttätige Inhalte beinhalteten. [35]

In Anbetracht des Problems der zunehmenden Gewalt in der Gesellschaft stellen Experten, Wissenschaftler und die breite Öffentlichkeit weiterhin Theorien auf und schlagen Lösungen vor. Im Gespräch sind strengere Einschränkungen durch Gesetze und stärkere Strafverfolgung bis hin zur psychologischen Beratung der Öffentlichkeit. Doch solche Lösungen ähneln dem Abschneiden der Äste eines giftigen Baumes, ohne dessen Wurzeln zu berühren.

Durch die bewusste Sättigung der Populärkultur mit Gewalt und Kriminalität bewirken kommunistische Elemente, dass immer mehr Menschen für diese Art von Inhalten desensibilisiert werden, während einige von ihnen solche Inhalte gar nachahmen. Auf diese Weise wird Gewalt in der Gesellschaft zur Normalität. Durch die Zerstörung der traditionellen Kultur und die Veränderung des Moralgefühls der Menschen entfernt der Kommunismus die Menschen vom Göttlichen – indem er sie dazu bringt, lediglich die Befriedigung ihrer unbegrenzten materiellen Wünsche zu verfolgen. Dies ist die eigentliche Ursache für die Probleme der Gesellschaft.

f) Dekadente Mode

An der Oberfläche der heutigen Gesellschaft scheinen die verschiedenen Formen seltsamer Kleidung, Verhaltensweisen und anderer gängiger Elemente der Populärkultur Teil der „Entfaltungsfreiheit" oder des aktuellen „Modetrends" zu sein, aber tatsächlich steckt mehr dahinter. Verfolgt man diese Phänomene bis zur Quelle zurück, wird deutlich, dass hinter all diesen Dingen negative Elemente stehen. Mit der Zeit gewöhnt sich der Mensch jedoch einfach an sie und findet sie nicht mehr seltsam, sodass diese negativen Faktoren zu einem akzeptierten Bestandteil des täglichen Lebens werden. Nachfolgend einige Beispiele.

Heute ist die Gesellschaft daran gewöhnt, dass Frauen kurze Haare haben, einen „Bob". Der Stil stammt von den westlichen „Flappers" der 1920er Jahre. Beeinflusst von der ersten Welle der Frauenrechtsbewegung und der sexuellen Befreiungsbewegung (siehe Kapitel 7) trugen „Flapper" kurze Kleider, schnitten sich die Haare kurz, hörten Jazz, trugen dickes Make-up auf, tranken starken Wein oder hochprozentigen Alkohol und gingen sehr locker mit Sex um. Das Tragen von kurzen

Haaren war für sie eine Möglichkeit, ihre Verachtung für traditionelle Geschlechterrollen und das Streben nach weiblicher „Emanzipation“ auszudrücken.

Nachdem die Kurzhaarfrisur populär geworden war, sagte eine bekannte Opernsängerin: „Die Bob-Frisur ist ein Geisteszustand und nicht nur eine neue Art, meinen Kopf zu frisieren. [...] Dass wir unsere langen Haare loswerden, halte ich für das Abwerfen einer der vielen kleinen Fesseln, die Frauen auf ihrem Weg in die Freiheit behindert haben.“ [36] Während der Weltwirtschaftskrise in den 1930er Jahren fiel diese Frisur allmählich in Ungnade. In den 1960er Jahren, als die Rebellion gegen traditionelle Normen wieder im Trend lag, kehrten solche kurzen Frisuren für Frauen jedoch wieder zurück.

Auch die Langhaarfrisur der damaligen Männer stammt von den Beatniks und Hippies. [37] Obwohl lange Haare für Männer bis in die Antike zurückverfolgt werden können, hatten Männer im Westen seit dem Ersten Weltkrieg kurze Haare. In den 1960er Jahren förderte die Gegenkultur lange Haare für Männer hingegen als eine Form der Rebellion.

In den 1920er und 1960er Jahren war die Mainstream-Gesellschaft noch sehr resistent gegen junge Menschen, die sich nicht traditionell kleideten. Im Laufe der Zeit gewöhnten sich die Menschen jedoch an anti-traditionelle Trends. Aus der Sicht der Progressiven ist dies auf eine Zunahme der gesellschaftlichen Toleranz zurückzuführen. In den Traditionen von Ost und West spiegeln sich die Unterschiede zwischen Männern und Frauen jedoch nicht nur körperlich und in ihren unterschiedlichen Rollen in Gesellschaft und Familie wider. Sie sollten sich auch in ihrer Kleidung, Frisur, Sprache und Manieren zeigen.

Neben der Auflösung der gesellschaftlichen Klassen zielt der Kommunismus auch darauf ab, die sexuellen Unterschiede zwischen Männern und Frauen zu beseitigen. Ebenso verwenden die homosexuellen und feministischen Bewegungen den Slogan „Gleichheit“, um Geschlechterunterschiede in sozialen und familiären Rollen zu verwischen. Androgyne Modetrends verwischen und kehren den Unterschied in der Kleidung um. Diese Faktoren dienen dazu, den Weg für eine breitere gesellschaftliche Akzeptanz all dessen zu ebnen, was traditionell als abweichende sexuelle Praktik oder Lebensstil angesehen wird, und tragen weiter dazu bei, die traditionelle Moral zu untergraben.

Die Moral des Ostens und des Westens besteht seit Jahrtausenden darin, den Unterschied zwischen Männern und Frauen und die Vorstellung, dass Männer und Frauen, Yin und Yang, ihren jeweiligen Platz in der Welt haben, grundlegend zu berücksichtigen. Der Kommunismus würde Yin und Yang der Menschen jedoch umkehren – mit dem Ziel, die Moral zu verderben, Egozentrik zu erzeugen und die Abkehr von traditionellen Normen zu fördern.

Wenn man dieses teuflische Motiv erkannt hat, kann man sehen, dass, obwohl die verschiedenen Modetrends oberflächlich neu und beliebt erscheinen mögen, sie eigentlich dazu bestimmt sind, die richtige menschliche Lebensweise zu untergraben.

Ein Beispiel ist die heutige Popularität von „Low-Rise“-Hosen (sehr niedrig über dem Gesäß hängende Hosen). Sie werden von denen, die danach streben, modisch zu sein, als sexy angesehen. Sie sind in der Tat eine milde Form der Verdorbenheit der menschlichen Moral. Ihre Vorgänger waren die „Hip-Hugger“ (enge Hüfthosen), die in der Gegenkultur der 1960er Jahre populär wurden und in den Diskotheken der 1970er Jahre weit verbreitet waren. Aus den „Low-Rise“-Hosen entwickelten sich dann die unanständigen „Bum Pants“ (Hinternhosen), die das Gesäß direkt freilegten. [38]

Ein weiteres Zeichen kultureller Dekadenz ist das bei jungen Menschen beliebte Groupie-Phänomen, ebenfalls ein Nebenprodukt der Gegenkultur. In den 1960er Jahren war

Rockmusik im Westen populär und einige junge Mädchen, die von Rockstars besessen waren, folgten diesen zu ihren Auftritten. Sie bildeten Fangruppen, um persönliche und sexuelle Dienstleistungen anzubieten, einschließlich Gruppensex mit Sängern. [39] Die jungen Frauen wurden Opfer einer Modeerscheinung. Andere bewundern heute Stars, die sich dafür einsetzen, die unterschiedlichen Barrieren zwischen den Geschlechtern abzubauen – auch männliche Stars, die sich wie Frauen verhalten und umgekehrt. Es geht darum, die traditionelle Kultur zu untergraben und die Unterscheidung zwischen Mann und Frau zu verwischen.

Weiterhin gibt es auch die vermeintlich modische Punk-Subkultur. Ähnlich wie die Hippie-Bewegung rebelliert auch der Punk gegen die Traditionen und fördert den Nihilismus. Die meisten Hippies waren rebellische Jugendliche aus traditionell bürgerlichen Familien, während Punk eher die Rebellion der Unterschicht gegen gesellschaftliche Traditionen ist. Viele Punk-Bands setzten sich daher auch für den Sozialismus ein. [40] Um ihre vollständige anti-traditionalistische Einstellung auszudrücken, zeigen Punks oft bizarre Frisuren wie etwa Irokesenkämme oder sie tragen zerfetzte Kleidung voller Spitzen und Schnallen. Sie färben sich die Haare, lassen sich tätowieren, durchbohren ihre Körper überall und legen manchmal Körperteile frei, die der Durchschnittsmensch gerne verborgen hält. Punks machen oft keine Geschlechterunterschiede in ihrer Kleidung. Einige Frauen tragen Männerkleidung und umgekehrt. Punks sind die Inspiration für viele der aktuellen Modetrends des heutigen Zeitalters.

Punks befürworten den Hedonismus (die Spaßgesellschaft), weshalb ein beliebter Punk-Slogan lautet: „Leb‘ schnell, stirb jung und lass eine hübsche Leiche zurück.“ Dies spiegelt die Tragödie des verlorenen Glaubens an Gott und der Irreführung in einen Abgrund von Hedonismus und Materialismus wider. Der Einzelne und die Gesellschaft sollten durch diesen traurigen Nihilismus beunruhigt sein, aber das sind sie nicht.

Darüber hinaus gibt es in der heutigen Gesellschaft alle möglichen anderen Anzeichen von Chaos und Sinnlosigkeit. Darunter sind die Darstellung geisterhafter oder dämonischer Bilder auf populärer Kleidung oder Musik, die Wahl hässlicher Bilder für Tattoos, groteske Kinderspielzeuge und Ornamente, Literatur, Filme und Fernsehwerke voller Dämonen, Geister und übernatürlicher Horrorprodukte, die von der Öffentlichkeit häufig bereitwillig angesehen und konsumiert werden. Das Internet ist voll von destruktiven und nihilistischen Inhalten. Auch Fußballfans sorgen regelmäßig für Aufruhr und Rebellion und richten Chaos an. All diese Zeichen der Dekadenz deuten auf negative und dunkle Kräfte als dominanten Einfluss auf die Gesellschaft in ihrer Gesamtheit hin.

Fazit

Jeder hat das Recht, nach Glück zu streben – doch sollte das innerhalb moralischer Parameter geschehen. Übermäßiges Streben nach Vergnügen, jenseits der normalen Grenzen, bringt unweigerlich Leiden, Katastrophen und Sorgen mit sich.

Die traditionelle Kultur der Menschheit verbietet nicht die angemessene Befriedigung des Begehrens. Die traditionelle Kultur lehrt die Menschen jedoch, ihre Wünsche zu kontrollieren und einen gesunden Lebensstil zu wählen. Es geht um Harmonie mit der Natur, um traditionelle Arbeit, harmonische Familienbeziehungen, eine gesunde Zivilgesellschaft und die Teilnahme an Selbstverwaltung und staatlicher Verwaltung sowie an traditioneller Kunst, Literatur, Sport und Unterhaltung. All dies bringt Glück und Zufriedenheit und kommt gleichzeitig dem Einzelnen in Körper und Geist sowie der Gesellschaft insgesamt zugute.

Das ultimative Ziel des Kommunismus ist jedoch die Zerstörung der Menschheit. Eine der Etappen in diesem Prozess ist, die Moral zu verderben und die Gottheiten aus der menschlichen Kultur zu entfernen. Das Ziel ist daher, dass unabhängig vom politischen Regime, der Populärkultur und dem Lebensstil den Menschen Negativität und Dunkelheit vermittelt werden. In den vergangenen Jahrzehnten ist in Ost und West eine davon geprägte Populärkultur entstanden. Der Wahnsinn der modernen Gesellschaft hat viele dazu gebracht, die traditionelle Kultur und Moral aufzugeben. Die Menschen verfallen ihren Wünschen und streben nach grenzenlosem Vergnügen. Egozentrik, Hedonismus und Nihilismus sind verbreitet, akzeptiert und sogar in Mode gekommen. Sie verkörpern heute eine Art globaler Leitkultur. Die Menschen haben den wahren Zweck ihrer Existenz vergessen.

Sex, Drogen, Rockmusik und Videospiele stimulieren und vergrößern die Wünsche. Viele schwelgen in diesen Dingen, um dem Elend und den Enttäuschungen des Lebens zu entkommen – doch sie nehmen sich nie die Zeit, um nachzudenken. Diese Abhängigkeiten bringen nur vorübergehende Befriedigung, gefolgt von noch mehr Schmerz und Tragödien. Drogenmissbrauch verursacht Krankheiten, Störungen der Persönlichkeit und Tod; chaotische sexuelle Beziehungen zerstören die Familien, wodurch Menschen Vertrauen und Wärme verlieren; Videospiele lassen Menschen sich in einer falschen Welt verirren. Süchtige fühlen sich in einem Karneval voller Spaß, doch in Wahrheit werden sie einfach nur von äußeren Kräften ausgebeutet. Das Einzige, was auf sie wartet, sind der physische Tod und spiritueller Verfall.

Das Gleiche gilt für Gesellschaften und Nationen. Wenn eine große Anzahl von Menschen süchtig nach ihren Wünschen und nach Genuss ist, stehen Katastrophen bevor.

Gott schuf die Menschheit und gab jedem Einzelnen den freien Willen. Die Menschen sollten ihre Freiheiten nicht missbrauchen und den Weg der Verkommenheit nicht weitergehen. Stattdessen sollten sie diese Freiheit nutzen und sich dafür entscheiden, zu einer traditionellen Kultur und Lebensweise zurückzukehren. Die Gottheiten haben sich immer um die Menschen gekümmert und sie beschützt. Doch ob die Menschheit auf den richtigen Weg zurückkehren kann, hängt ganz von der Entscheidung jedes Einzelnen ab.

Quellen zu Kapitel 14

[1] „George Washington's Rules of Civility and Decent Behavior in Company and Conversation", Foundations Magazine, http://www.foundationsmag.com/civility.html.
[2] Benjamin Franklin, The Autobiography and Other Writings on Politics, Economics, and Virtue (Cambridge: Cambridge University Press, 2004), S. 68–69.
[3] Xue Fei, „'If a god is missing, just make one': Chaos at the grandmother temple, Hebei", The Epoch Times Chinese edition, August 10, 2017, http://www.epochtimes.com/gb/17/8/9/n9513251.htm, [In Chinese]
[4] „Oxford Dictionary Adds Popular Chinese Terms", China Daily, September 6, 2010, http://www.chinadaily.com.cn/business/2010-09/06/content_11259791.htm.
[5] Loretta Chao, „The Ultimate Knock-Off: A Fake Apple Store", The Wall Street Journal, July 21, 2011, https://blogs.wsj.com/chinarealtime/2011/07/21/the-ultimate-knock-off-a-fake-apple-store/.
[6] Jack Kerouac, „The Birth of a Socialist", Atop an Underwood: Early Stories and Other Writings (New York: Penguin, 2000).
[7] Roberto Franzosi, review of „Power and Protest: Global Revolution and the Rise of Détente", by Jeremi Suri, American Journal of Sociology, 111 (5), 1589.
[8] Meredith Box and Gavan McCormack, „Terror in Japan", The Asia-Pacific Journal: Japan Focus, 2 (6), June 25, 2004, https://apjjf.org/-Meredith-Box–Gavan-McCormack/1570/article.pdf.
[9] Georgia Wallen, „The Seven Stages of the 'Hamilton' Kennedy Center Queue", The Washington Post, March 30, 2018, https://www.washingtonpost.com/opinions/the-seven-stages-of-the-hamilton-kennedy-center-

queue/2018/03/30/c1ae15fc-31f8-11e8-8bdd-cdb33a5eef83_story.html.
[10] Amy D. McDowell, „Contemporary Christian Music", Oxford Music and Art Online, https://doi.org/10.1093/gmo/9781561592630.article.A2234810.
[11] „The Opioid Crisis", https://www.whitehouse.gov/opioids/.
[12] Drug Facts: Marijuana, National Institute on Drug Abuse for Teens, https://teens.drugabuse.gov/drug-facts/marijuana.
[13] Allison Bond, „Why Fentanyl Is Deadlier than Heroin, in a Single Photo", Stat News, September 29, 2016, https://www.statnews.com/2016/09/29/why-fentanyl-is-deadlier-than-heroin/.
[14] „Overdose Death Rates", National Institute on Drug Abuse, September 2017, https://www.drugabuse.gov/related-topics/trends-statistics/overdose-death-rates.
[15] Amanda Hoover, „110 Pounds of Fentanyl Seized at Port in Shipment from China", New Jersey, July 2, 2018, https://www.nj.com/news/index.ssf/2018/07/110_pounds_of_fentanyl_found_in_philadelphia_port.html.
[16] „China Drug Report: More than 14 million drug users nationwide", BBC Chinese-language website, June 24, 2015, http://www.bbc.com/zhongwen/simp/china/2015/06/150624_china_drugs_report. [In Chinese]
[17] Zhang Yang, „China's Drug Situation Report 2017: Released: 140,000 Drug Criminal Cases Cracked Across China", People's Daily Online, June 26, 2018. http://yuqing.people.com.cn/n1/2018/0626/c209043-30088689.html. [In Chinese]
[18] „Things Are Looking Up in America's Porn Industry", NBC News, January 20, 2015, https://www.nbcnews.com/business/business-news/things-are-looking-americas-porn-industry-n289431.
[19] „Boy, 12, Repeatedly Raped Sister after Becoming Fascinated with Internet Porn", New Zealand Herald, November 7, 2016, https://www.nzherald.co.nz/world/news/article.cfm?c_id=2&objectid=11743460.
[20] Lars Gravesen, „Taxpayers Foot Bill for Disabled Danes' Visits to Prostitutes", Telegraph, October 2, 2005, https://www.telegraph.co.uk/news/worldnews/europe/denmark/1499735/Taxpayers-foot-bill-for-disabled-Danes-visits-to-prostitutes.html.
[21] Inga Margrete Ydersbond, „The 'Promiscuous' and the 'Shy': Denmark

and Norway: A Historic Comparative Analysis of Pornography Legislation", The NPPR Working Paper Series: The Politics of Commercial Sex, March 2012, https://www.duo.uio.no/bitstream/handle/10852/34447/NPPRWP201201.pdf?sequence=1.

[22] Takudzwa Hillary Chiwanza, „Thousands of Chinese Prostitutes Are Flocking to Africa for Lucrative Fortunes", The African Exponent, May 7, 2018, https://www.africanexponent.com/post/8965-chinese-prostitutes-have-joined-the-scramble-for-africas-fortunes.

[23] Pat Fagan, „The Effects of Pornography on Individuals, Marriage, Family and Community", Issue Brief, The Family Research Council, accessed October 6, 2018, https://downloads.frc.org/EF/EF11C36.pdf.

[24] Jill Manning, Senate testimony, November 10, 2005, referencing J. Dedmon, „Is the Internet Bad for Your Marriage? Online Affairs, Pornographic Sites Playing Greater Role in Divorces", 2002, press release from The Dilenschneider Group, Inc., 14, https://s3.amazonaws.com/thf_media/2010/pdf/ManningTST.pdf

[25] David Shultz, „Divorce Rates Double When People Start Watching Porn", Science, August 26, 2016,http://www.sciencemag.org/news/2016/08/divorce-rates-double-when-people-start-watching-porn.

[26] George Akerlof, Janet Yellen and Michael Katz, „An Analysis of Out-of-Wedlock Childbearing in the United States", Explorations of Pragmatic Economics (Oxford: Oxford University Press, 2005), 120.

[27] Joseph Chamie, „Out-of-Wedlock Births Rise Worldwide", YaleGlobal Online, March 16, 2017, https://yaleglobal.yale.edu/content/out-wedlock-births-rise-worldwide.

[28] Mark Aguiar, Mark Bils, Kerwin Kofi Charles and Erik Hurst, „Leisure Luxuries and the Labor Supply of Young Men", National Bureau of Economic Research, Working Paper No. 23552 issued in June 2017, p. 1, http://www.nber.org/papers/w23552.

[29] Tom Wijman, „Mobile Revenues Account for More Than 50% of the Global Games Market as It Reaches $137.9 Billion in 2018", Newzoo, April 30, 2018, https://newzoo.com/insights/articles/global-games-market-reaches-137-9-billion-in-2018-mobile-games-take-half/.

[30] „United States Crime Rates 1960–2017", Compiled by DisasterCen-

ter.com from: FBI UCS Annual Crime Reports, http://www.disastercenter.com/crime/uscrime.htm.

[31] Bonnie Berkowitz, Denise Lu and Chris Alcantara, „The Terrible Numbers That Grow with Each Mass Shooting", Washington Post, June 29, 2018, https://www.washingtonpost.com/graphics/2018/national/mass-shootings-in-america/?utm_term=.f63cc1b03c0b.

[32] Global Terrorism Database (GTD), University of Maryland, https://www.start.umd.edu/gtd/.

[33] Jacque Wilson and William Hudson, „Gun Violence in PG-13 Movies Has Tripled", CNN, November 11, 2013, http://www.cnn.com/2013/11/11/health/gun-violence-movies/index.html.

[34] Assil Frayh, „Gun Violence Keeps Rising in PG-13 Movies, Study Says", CNN, January 20, 2017, https://www.cnn.com/2017/01/20/health/gun-violence-pg-13-movies-study/index.html.

[35] „Violent Video Games and Young People", Harvard Mental Health Letter, 27, no. 4 (October 2010), http://affectsofvideogames.weebly.com/uploads/6/4/3/3/6433146/medical_journal.pdf

[36] Quoted in „Short Hair for Women", Encyclopedia of Fashion, http://www.fashionencyclopedia.com/fashion_costume_culture/Modern-World-1919-1929/Short-Hair-for-Women.html#ixzz5MO5NNUTa.

[37] „Long Hair for Men", Encyclopedia of Fashion, http://www.fashionencyclopedia.com/fashion_costume_culture/Modern-World-Part-II-1961-1979/Long-Hair-for-Men.html.

[38] „Hip Huggers", Encyclopedia of Fashion, http://www.fashionencyclopedia.com/fashion_costume_culture/Modern-World-Part-II-1961-1979/Hip-Huggers.html.

[39] Kathryn Bromwich, „Groupies Revisited: The Women with Triple-A Access to the 60s", The Guardian, November 15, 2015, https://www.theguardian.com/music/2015/nov/15/groupies-revisited-baron-wolman-rolling-stone-pamela-des-barres.

[40] David Ensminger, Left of the Dial: Conversations with Punk Icons (Oakland, Calif.: PM Press), 47 ; Neil Eriksen, „Popular Culture and Revolutionary Theory: Understanding Punk Rock", https://www.marxists.org/history/erol/periodicals/theoretical-review/19801802.htm.

Index